本书资源

学生资源：
※ "数字经济下的零售变革和企业增长"专题讲座
※ "直播和新零售的营销逻辑"专题讲座

资源获取方法：
第一步，关注"博雅学与练"微信公众号。
第二步，扫描右侧二维码标签，获取上述资源。

一书一码，相关资源仅供一人使用。
读者在使用过程中如果遇到技术问题，
可发邮件至 yixin2008@163.com 进行咨询。

教辅资源：
※ 教学课件

资源获取方法：
第一步，微信搜索公众号"北京大学经管书苑"，并进行关注。
第二步，点击菜单栏"在线申请"—"教辅申请"，填写相关信息后提交。

网络营销
中国模式和新思维

王锐 著

图书在版编目(CIP)数据

网络营销:中国模式和新思维/王锐著.—北京:北京大学出版社,2022.7
(光华思想力书系.教材领航)
ISBN 978-7-301-33074-6

Ⅰ.①网… Ⅱ.①王… Ⅲ.①网络营销 Ⅳ.①F713.365.2

中国版本图书馆 CIP 数据核字(2022)第 096323 号

书　　　名	网络营销:中国模式和新思维
	WANGLUO YINGXIAO: ZHONGGUO MOSHI HE XINSIWEI
著作责任者	王　锐　著
责 任 编 辑	贾米娜
标 准 书 号	ISBN 978-7-301-33074-6
出 版 发 行	北京大学出版社
地　　　址	北京市海淀区成府路 205 号　100871
网　　　址	http://www.pup.cn
微信公众号	北京大学经管书苑(pupembook)
电 子 信 箱	em@pup.cn
电　　　话	邮购部 010-62752015　发行部 010-62750672　编辑部 010-62752926
印 刷 者	天津中印联印务有限公司
经 销 者	新华书店
	730 毫米×1020 毫米　16 开本　21 印张　371 千字
	2022 年 7 月第 1 版　　2022 年 7 月第 1 次印刷
定　　　价	59.00 元

未经许可,不得以任何方式复制或抄袭本书之部分或全部内容。
版权所有,侵权必究
举报电话:010-62752024　电子信箱:fd@pup.pku.edu.cn
图书如有印装质量问题,请与出版部联系,电话:010-62756370

丛书编委会

顾　问
厉以宁

主　编
刘俏

编委（以姓氏笔画排列）

王　辉	王汉生	刘晓蕾	李　其	李怡宗
吴联生	张圣平	张志学	张　影	金　李
周黎安	徐　菁	龚六堂	黄　涛	路江涌
		滕　飞		

丛书序言一

很高兴看到"光华思想力书系"的出版问世,这将成为外界更加全面了解北京大学光华管理学院的一个重要窗口。北京大学光华管理学院从1985年北京大学经济管理系成立,以"创造管理知识,培养商界领袖,推动社会进步"为使命,到现在已经有三十余年了。这三十余年来,光华文化、光华精神一直体现在学院的方方面面,而这套"光华思想力书系"则是学院各方面工作的集中展示,同时也是北京大学光华管理学院的智库平台,旨在立足新时代,贡献中国方案。

作为经济管理学科的研究机构,北京大学光华管理学院的科研实力一直在国内处于领先位置。光华管理学院有一支优秀的教师队伍,这支队伍的学术影响在国内首屈一指,在国际上也发挥着越来越重要的作用,它推动着中国经济管理学科在国际前沿的研究和探索。与此同时,学院一直都在积极努力地将科研力量转变为推动社会进步的动力。从当年股份制的探索、证券市场的设计、《中华人民共和国证券法》的起草,到现在贵州毕节试验区的扶贫开发和生态建设、教育经费在国民收入中的合理比例、自然资源定价体系、国家高新技术开发区的规划,等等,都体现着光华管理学院的教师团队对中国经济改革与发展的贡献。

多年来,北京大学光华管理学院始终处于中国经济改革研究与企业管理研究的前沿,致力于促进中国乃至全球管理研究的发展,培养与国际接轨的优秀学生和研究人员,帮助国有企业实现管理国际化,帮助民营企业实现管理现代化,同时,为跨国公司管理本地化提供咨询服务,从而做到"创造管理知识,培养商界领袖,推动社会进步"。北京大学光华管理学院的几届领导人都把这看作自己的使命。

作为人才培养的重地,多年来,北京大学光华管理学院培养了相当多的优秀学生，他们在各自的岗位上做出贡献，是光华管理学院最宝贵的财富。光华管理学院这个平台的最大优势，也正是能够吸引一届又一届优秀的人才的到来。世界一流商学院的发展很重要的一点就是靠它们强大的校友资源，这一点，也与北京大学光华管理学院的努力目标完全一致。

今天，"光华思想力书系"的出版正是北京大学光华管理学院全体师生和全体校友共同努力的成果。希望这套丛书能够向社会展示光华文化和精神的全貌，并为中国管理学教育的发展提供宝贵的经验。

北京大学光华管理学院名誉院长

丛书序言二

"因思想而光华。"正如改革开放走过的四十余年,得益于思想解放所释放出的动人心魄的力量,我们经历了波澜壮阔的伟大变迁。中国经济的崛起深刻地影响着世界经济重心与产业格局的改变;作为重要的新兴经济体之一,中国也越来越多地承担起国际责任,在重塑开放型世界经济、推动全球治理改革等方面发挥着重要作用。作为北京大学商学教育的主体,光华管理学院过去三十余年的发展几乎与中国改革开放同步,积极为国家政策制定与社会经济研究源源不断地贡献着思想与智慧,并以此反哺商学教育,培养出一大批在各自领域取得卓越成就的杰出人才,引领时代不断向上前行。

以打造中国的世界级商学院为目标,光华管理学院历来倡导以科学的理性精神治学,锐意创新,去解构时代赋予我们的新问题;我们胸怀使命,顽强地去拓展知识的边界,探索推动人类进化的动力。2017年,学院推出"光华思想力"研究平台,旨在立足新时代的中国,遵循规范的学术标准与前沿的科学方法,做世界水平的中国学问。"光华思想力"扎根中国大地,紧紧围绕中国经济和商业实践开展研究;凭借学科与人才优势,提供具有指导性、战略性、针对性和可操作性的战略思路、政策建议,服务经济社会发展;研究市场规律和趋势,服务企业前沿实践;讲好中国故事,提升商学教育,支撑中国实践,贡献中国方案。

为了有效传播这些高质量的学术成果,使更多人因阅读而受益,2018年年初,在和北京大学出版社的同志讨论后,我们决定推出"光华思想力书系"。通过整合原有"光华书系"所涵盖的理论研究、教学实践、学术交流等内容,融合光华未来的研究与教学成果,以类别多样的出版物形式,打造更具品质与更为多元的学术传播平台。我们希望通过此平台将"光华学派"所创造的一系列具有国际水准的立足中国、辐射世界的学术成果分享到更广的范围,以理性、科学的研究去开启智慧,启迪读者对事物本质更为深刻的理解,从而构建对世界的认知。正如光华管理学院所倡导的"因学术而思想,因思想而光华",在中国经济迈向高质量发展的新阶段,在中华民族实现伟大复兴的道路上,"光华思想力"将充分发挥其智库作用,利用独创的思想与知识产品在人才培养、学术传播与政策建言等方面做出贡献,并以此致敬这个不凡的时代与时代中的每一份变革力量。

北京大学光华管理学院院长

前　言

十九大报告指出,要推动互联网、大数据、人工智能和实体经济深度融合,在中高端消费等领域培育新增长点、形成新动能,而这些都离不开网络营销的串联。所以,对高校来说,"网络营销"无论在当前还是今后,都是一个需要不断深入研究的重要课程。市场营销与网络技术的结合,必将随着网络实践活动的深入开展而不断得到深化,新的结合模式和理论将不断被发现。

一门好的课程离不开一本好教材。正如习近平总书记在哲学社会科学工作座谈会上所指出的,"学科体系同教材体系密不可分。学科体系建设上不去,教材体系就上不去;反过来,教材体系上不去,学科体系就没有后劲"。互联网对传统营销的知识重构,以及不断变化的市场实践,使得《网络营销》教材的内容需要立足当下、不断更新。

结合国家数字化战略对营销管理人才的需求,我从几年前开始就在北京大学开设本科生课程——"互联网时代营销新模式",主要介绍数字时代的网络营销新技术、新实践和新模式,以及传统企业如何适应互联网时代的需求进行数字化转型。在教学过程中,我一直在寻找一本合适的教材,而现有的营销学教材基本上介绍的都是国外发达国家的社会经济现象或为解决其市场问题而进行的探索,很难找到一本具有中国特色的教材。因此,撰写一本基于中国情境和中国实践的《网络营销》新教材是非常必要的,而这正是我编写这本教材的初心所在。

正如习近平总书记所指出的,要努力构建具有中国特色、中国风格、中国气派的学科体系、学术体系、话语体系,因此,《网络营销》的教材内容不仅需要与时俱进,更需要扎根本土,尤其中国互联网营销实践的前沿性是有目共睹的,有中国特色的新教材需要系统梳理中国互联网营销领域实践和理论的独创性贡献,才能增强中国营销学教材的解释力和生命力。编写新教材,可以总结和梳理习近平新时代中国特色经济管理发展实践,也能相对弥补现在高等教育经济管理学科教材中国化的不足。

本教材立足中国情境,用"中国营销好故事"这一特色专栏向读者解读全新的网络营销理念。这本教材讲的是网络营销的中国模式和新思维,力求做到"在实践智慧的引领下,与时代结合、与国情结合、与经验结合"。我在十余年的教学生涯中,深深懂得理论来自实践的道理,而深化案例研究、讲好中国故事是贯彻落实习近平总书记关于哲学社会科学工作、教育工作系列重要论述和指示批示精神的重要举措。在编写本教材的过程中,我将这些年与学生们深入企业所观察到和写出来的有特色、有特点的中国营销实践案例融入其中,就是希望学生们能学到具有时代性和中国化的教材内容。

"新故相推,日生不滞。"网络营销是一个非常年轻的领域,又会随着网络技术的发展而持续变化,不断形成新的局面。因此,我们一定要用发展的眼光去审视网络营销,用发展的思维去学习网络营销,用发展的理念去研究网络营销。所以,本教材还需要不断完善。

也正因为如此,我在本教材编写的过程中也遇到了很多困难。北京大学光华管理学院尤其是市场营销学系的各位同事给了我极大的帮助和启发,中国高等院校市场学研究会以及其他高校营销学科的老师及专家也给了我不少的启发和指点,在此向他们表示由衷的感谢。本教材在编写过程中也得到了国家自然科学基金面上项目(72072004)以及"光华思想力"项目的支持,在此一并表示感谢。最后,感谢北京大学出版社的编辑老师们,他们校稿过程中的严谨和认真让教材质量又上了一个台阶。

"守好一段渠,种好责任田",在我看来,为自己教授的课程编写一本教材,不仅是专业的体现,更是一个心愿和一种责任。这本教材既是我对自己从教十余年的一个阶段性总结,也是新征程的起点。从国外回北京大学从教的这些年,我见证了中国经济管理实践的发展,也看到中国营销研究正在与世界接轨,但整体上我们对中国情境和中国特色的高水平研究还是不足的。我自己的研究也在转型,这本教材也算是转型之作,希望能为建设具有中国特色、中国风格、中国气派的管理学教材体系和理论体系贡献自己微薄的力量。

书中难免存在疏漏以及错误之处,真心期待广大同仁以及教材的使用者提出意见和建议,更欢迎大家批评指正。

王 锐
2022 年 7 月于北京大学

目 录
CONTENTS

第1篇　网络营销概况

第1章　网络营销概述 ⋯⋯⋯⋯⋯⋯⋯⋯⋯⋯⋯⋯⋯⋯⋯⋯⋯⋯⋯⋯⋯⋯⋯⋯ 3
　1.1　网络营销的概念 ⋯⋯⋯⋯⋯⋯⋯⋯⋯⋯⋯⋯⋯⋯⋯⋯⋯⋯⋯⋯⋯⋯⋯ 3
　1.2　网络营销与传统营销 ⋯⋯⋯⋯⋯⋯⋯⋯⋯⋯⋯⋯⋯⋯⋯⋯⋯⋯⋯⋯⋯ 10

第2章　网络营销环境概述及其中国特点 ⋯⋯⋯⋯⋯⋯⋯⋯⋯⋯⋯⋯⋯⋯⋯ 16
　2.1　网络营销环境和市场概述 ⋯⋯⋯⋯⋯⋯⋯⋯⋯⋯⋯⋯⋯⋯⋯⋯⋯⋯⋯ 16
　2.2　中国网络营销环境特点 ⋯⋯⋯⋯⋯⋯⋯⋯⋯⋯⋯⋯⋯⋯⋯⋯⋯⋯⋯⋯ 35

篇后研习 ⋯⋯⋯⋯⋯⋯⋯⋯⋯⋯⋯⋯⋯⋯⋯⋯⋯⋯⋯⋯⋯⋯⋯⋯⋯⋯⋯⋯ 52

第2篇　网络营销战略框架和调研方法

第3章　网络营销战略框架 ⋯⋯⋯⋯⋯⋯⋯⋯⋯⋯⋯⋯⋯⋯⋯⋯⋯⋯⋯⋯⋯ 55
　3.1　网络营销战略 ⋯⋯⋯⋯⋯⋯⋯⋯⋯⋯⋯⋯⋯⋯⋯⋯⋯⋯⋯⋯⋯⋯⋯ 55
　3.2　网络营销战略定位和框架 ⋯⋯⋯⋯⋯⋯⋯⋯⋯⋯⋯⋯⋯⋯⋯⋯⋯⋯⋯ 64

第4章　网络营销下的市场调研 ⋯⋯⋯⋯⋯⋯⋯⋯⋯⋯⋯⋯⋯⋯⋯⋯⋯⋯⋯ 72
　4.1　网络市场调研概述 ⋯⋯⋯⋯⋯⋯⋯⋯⋯⋯⋯⋯⋯⋯⋯⋯⋯⋯⋯⋯⋯⋯ 72
　4.2　网络营销市场研究的新方法 ⋯⋯⋯⋯⋯⋯⋯⋯⋯⋯⋯⋯⋯⋯⋯⋯⋯⋯ 80

篇后研习 ··· 90

第 3 篇　数字时代的中国消费者

第 5 章　网络营销的消费者分析 ·· 93
5.1　影响网络消费者购买的主要因素 ··· 93
5.2　网络消费者的购买动机与购买过程 ··· 96

第 6 章　中国消费市场及其特点 ··· 103
6.1　中国消费市场 ··· 103
6.2　中国网络消费者特点 ··· 110
6.3　中国网络消费文化特点 ··· 121

篇后研习 ··· 138

第 4 篇　网络营销中的产品策略

第 7 章　产品概述 ··· 141
7.1　产品整体概念 ··· 141
7.2　网络产品 ··· 144

第 8 章　产品的基本整合策略 ··· 156
8.1　产品定位策略 ··· 156
8.2　产品组合策略 ··· 157
8.3　新产品开发 ··· 162

第 9 章　品牌管理 ··· 170
9.1　品　牌 ··· 170
9.2　数字时代的品牌 IP 化 ··· 183

篇后研习 ··· 186

第 5 篇　网络营销中的渠道建设

第 10 章　网络营销渠道 ⋯ 191
- 10.1　网络营销渠道概述 ⋯ 191
- 10.2　网络营销渠道主体及决策 ⋯ 198

第 11 章　数字时代的渠道变革 ⋯ 206
- 11.1　新零售对传统零售的影响 ⋯ 206
- 11.2　营销的数字化转型和融合 ⋯ 216
- 11.3　直播带货 ⋯ 219

第 12 章　互联网环境下的渠道管理 ⋯ 225
- 12.1　数字化打破渠道边界 ⋯ 225
- 12.2　渠道整合 ⋯ 231
- 12.3　实施新零售改造 ⋯ 234

篇后研习 ⋯ 241

第 6 篇　网络营销中的价格策略

第 13 章　互联网与定价 ⋯ 245
- 13.1　网络营销定价的特点 ⋯ 245
- 13.2　网络对定价的影响 ⋯ 246

第 14 章　网络定价的方法和策略 ⋯ 250
- 14.1　网络营销中的定价策略 ⋯ 250
- 14.2　基本定价方法 ⋯ 255
- 14.3　产品价格定位 ⋯ 258
- 14.4　网络营销定价管理的程序 ⋯ 263

篇后研习 ⋯ 266

第7篇　数字时代网络营销的传播

第 15 章　网络营销传播的实现 ………………………………… 271
　15.1　互联网的整合营销传播 ………………………………… 271
　15.2　网络广告 ………………………………………………… 276

第 16 章　网络营销的传播路径 ………………………………… 284
　16.1　电子邮件营销 …………………………………………… 284
　16.2　病毒营销 ………………………………………………… 290
　16.3　搜索引擎营销 …………………………………………… 296
　16.4　新媒体营销 ……………………………………………… 299

第 17 章　网络营销的传播内容 ………………………………… 305
　17.1　内容营销策略 …………………………………………… 305
　17.2　内容营销形式 …………………………………………… 306

篇后研习 …………………………………………………………… 319

参考文献 …………………………………………………………… 321

第1篇

网络营销概况

开篇综述

互联网是人类技术发展中的一个伟大的里程碑,它极大地促进了人类社会的进步与发展。移动互联网已经成为人们日常工作、生活中不可缺少的工具。毋庸置疑,快速发展的网络技术已经改变了营销。对顾客来说,它提供了更多产品、服务和价格选择,可以从更多供应商那里以更多的方式方便地挑选和购买商品。对于组织而言,互联网下的数字媒体和新技术平台扩展了其进入新市场、提供新服务、应用新的在线沟通技术的方式,以及与大型企业公平竞争的机会。尤其是在中国,互联网营销的发展在很多方面都引领了潮流,成为世界领先的前沿模式,比如移动支付、短视频平台和电商直播等。

第 1 章　网络营销概述

1.1　网络营销的概念

随着世界互联网与通信技术的发展和广泛应用,网络经济早已在我们的经济体系中生根发芽,并出现繁荣昌盛的势头。毋庸置疑,互联网这一新兴市场潜力巨大,人们也正以新的理念和方法开展营销活动,实现营销目标。在这样的背景下,新的营销理念——网络营销也随之出现,并成为企业研究的焦点。

1.1.1　网络营销基本概念

从"营销"的角度出发,人们将网络营销定义为:企业为适应和满足消费者的需求,以网络环境为基础,运用现代通信技术,系统地使用各类电子工具对产品或服务所进行的一系列经营活动。

网络营销是一种新型的营销模式,旨在通过利用各种互联网工具为企业营销活动提供有效的支持,具有很强的实践性。其实,如何定义网络营销并不重要,重要的是理解网络营销的真正意义和目的,有效地开展网络营销活动。

知识点延伸

因为网络营销具有一定的复杂性,所以关于网络营销的定义,迄今都没有形成一个公认的和较为规范、完善的说法。营销管理学者们往往都是根据自己所拥有的不同知识背景从不同的角度去解读网络营销活动的,所以,他们对网络营销的研究内容和研究方法的解释具有一定的差异。例如,一些学者强调网站的推广技巧,一些学者把网络营销视为网上直销或网上销售,而另一些学者则侧重于研究如何通过网络即互联网实现企业的营销目标。大部分学者更偏向于后者。认识到这样的差异,更有利于我们学习网络营销管理。

随着网络营销的发展和人们对其研究的加深,有的学者这样定义网络营销:指企业以现代营销理论为基础,利用因特网(也包括企业内部网和外部网)的技术和功能,最大限度地满足顾客的需求,以开拓市场、提高企业盈利水平的经营过程。它属于一种最新的直销营销形式,用因特网替代传统的媒介,实质上就是借助互联网对产品的售前、售中、售后各环节进行跟踪服务,自始至终贯穿于企业经营的全过程中,包括市场调查、客户分析、产品开发、销售策略、反馈信息等各个方面。这样的定义内容更具体,同时新的理解也产生了,也就是说,以前网络营销的定义是把传统营销和网络营销区别开来,而随着数字经济的发展,尤其在一些互联网发展快速的市场(比如中国),出现了把线上和线下整合在一起的网络营销思维,并且营销模式和思维随着移动互联网的发展而迅速改变。可以这么说,随着网络通信等技术的进一步发展,会不会有更加准确和完善的说法,我们只能拭目以待。

定义网络营销,很大程度上是为了认识和理解网络营销,从而更好地将其运用到营销实践中。我们在认识和理解网络营销时,应注意以下五个方面:

1. 网络营销不是电子商务

网络营销只是一种营销模式,注重通过开展以互联网为主要手段的营销活动来促进商品交易、提升企业品牌价值、加强并改善对顾客的服务等。电子商务的内涵很广,其核心是电子化交易,强调的是交易方式和交易过程的各个环节都是在网上实现的。例如,在网上交易过程中出现的网上支付、安全与法律等问题,都不是网络营销重点研究的内容。电子商务是网络营销的重要组成部分。

2. 网络营销是企业营销战略的组成部分

网络营销是企业整体营销战略的组成部分,它一方面包括传统营销活动在网络环境下的应用和实现过程,另一方面包括网络环境下特有的以数字化形式的产品及无形服务为核心内容的各种营销活动。网络营销与传统营销并存,并同时在营销实践中得到应用与发展,两者共同为实现营销目标而努力。例如网站推广,除了在网上做推广,还要利用传统营销方法进行推广。

3. 网络营销建立在传统营销理论基础之上

网络营销是企业整体营销战略的一个组成部分,网络营销活动不可能脱离一般营销环境而独立存在,网络营销理论是传统营销理论在互联网环境下的应用和发展。有关网络营销理论与传统营销理论的比较将在后面的内容中做深入分析。

4. 网络营销 ≠ 网上销售

网络营销不单指网上销售,网上销售是企业在网络平台上与消费者开展网上交易的过程,而网络营销则贯穿于企业网上经营的整个过程,包括网站推广、信息发布、顾客服务、网络调研、销售促进和网上销售等内容。网上销售只是网络营销的环节之一。

5. 网络营销不是万能的

互联网已经成为"第五媒体",并且其应用越来越广泛,但就像电视无法取代报纸、杂志、广播一样,网络也无法取代报纸、杂志、广播、电视等传统营销媒体。不同营销方式覆盖的人群及目标顾客各有侧重,优势互补。

网络营销的出现,以及我们对营销市场的理解,让我们对市场营销有了新的认识:它是完整的价值提供过程,并超越企业内部传统的分工界限。这才是网络使我们对市场营销产生的新的理解。

中国营销好故事

苏宁的蜕变:从传统零售到智慧零售

全国工商联发布的2020年中国民营企业500强榜单显示,苏宁控股集团以6 652.59亿元营收位列中国民营企业500强第二位,这已经是苏宁连续第十一年入围该榜单。然而,这一光辉数字的背后却是漫长而又艰辛的蜕变之路。1990年的苏宁仅是南京市淮海路上的一家空调店。在随后的几十年中,苏宁不断发展壮大。随着影响力的提升,其经营范围不断扩大,诸如电子产品、日常用品等。

但是,随着互联网的普及,传统的商业遭受了巨大的冲击。以互联网技术为代表的信息科技前沿技术的快速发展,让社会发生了巨大的改变,对企业而言既是机遇又是挑战。面对这样的不利形势,苏宁结合互联网对企业战略和业务进行了升级,并在2010年上线了其网上销售平台——苏宁易购。近几年来,苏宁继续通过对其门店进行互联网升级、大力发展线上平台和移动端,优化全渠道布局。在线下,苏宁的实体店遍布海内外600多个城市,苏宁云店、苏宁生活广场、苏宁小店、苏宁易购直营店、苏宁超市、红孩子门店等各种业态的4 000多家自营门店和网点随处可见。通过线上自营、开放和跨平台运营,苏宁稳居中国B2C(企业对消费者)市场排名的前三位。苏宁以线上线下融合发展的模式,实现了零售的创新以及转型升级。

苏宁的云商模式是基于"科技转型、智慧服务"的战略发展规划,充分利用互联网技术和大数据以及云服务,整合线上线下资源,不断将产品服务和产品本身相结合,拓展线上线下的宣传、销售渠道,其经营模式体现为"店商+电商+零售服务商"。2013年2月,公司发布公告正式更名为苏宁云商集团股份有限公司,突出其全新的发展理念,即"店商+电商+零售服务商",力求顺应时代的发展,走出一条具有苏宁特色的发展道路。而这次更名代表着苏宁已经开始向科技方面转型,同时也标志着"云商模式"的诞生。同时,苏宁云商在扩大产品品类、提供云服务以及物流等方面积极拓展业务经营范围,为万物互联的物联网等新技术时代继续保持企业活力而做准备。

数字经济时代,苏宁开辟了批发与零售相结合的智慧零售新模式。围绕着渠道建设、商品供应链完善、服务体验提升,苏宁易购打造零售、物流、金融三大业务单元核心竞争能力,运用互联网、物联网技术感知消费习惯,预测消费趋势,引导生产制造,为消费者提供多样化、个性化的产品和服务。随着社会经济的发展与消费升级,苏宁采用的商业模式获得了成功,原因就在于其顺应了数字经济时代的发展,满足了消费者需求。

1.1.2 网络营销的特点

互联网的出现给企业带来了全新的营销架构。网络营销一改过去传统营销的模式,利用网络及社会关系网络连接企业、用户及公众,向用户及公众传递有价值的信息与服务,为实现顾客价值及企业营销目标而规划、实施及运营管理活动。很明显,互联网是开展网络营销的基础,互联网的某些特性使得网络营销呈现出其独有的特点。那么,网络营销究竟有什么特点呢?人们发现,网

络营销的特点是多面的,但综合起来看,主要体现在以下几个方面:

① 跨时空性。互联网具有跨越时间和空间进行信息交换的特点。基于互联网的网络营销也不受时间和空间的限制,使跨时空交易成为可能。借助互联网,企业可以全天候向世界各地的顾客提供产品和服务。今天的人们对网络的跨时空性有着非常多的切身体验,所以对这一点并不难理解。网络到哪儿,营销的抓手就能到哪儿,这让营销有了非常强的渗透力!

② 多媒体性。通过互联网传递的信息不仅仅是文字,利用多媒体技术还可以传递声音、图像、动画等,这些信息被有机地融为一体,以超文本的形式生动活泼地展现给顾客,从而提高网络营销对顾客的影响力。

③ 即时性。移动互联网的普及完全打破了时空对营销活动的限制,使营销者与消费者可以随时随地进行沟通和交易。

④ 成长性。经过十多年的快速发展,中国网民数量的增长进入了一个相对平稳的阶段,互联网在易转化人群和发达地区居民中的普及率已经达到较高的水平,而随着移动互联网的繁荣发展,移动终端设备所具有的价格更低廉、接入互联网更方便等特性,为部分落后地区和难转化人群中的互联网推广工作提供了契机。

⑤ 整合性。网络极大地方便了人们对信息的收集和总结,所以网络营销可以从顾客的需求出发,根据顾客的需求设计产品或服务并送达顾客。开展网络营销需要企业对营销活动进行统一的规划和协调,有效整合企业资源和可利用的社会资源,以统一的传播资讯向顾客传达信息,满足顾客的需求。

⑥ 复合性。网络营销以网络平台为基础,以通信技术为支撑。企业开展网络营销必须有相应的技术投入和技术支持,需要拥有一批既有营销经验又掌握网络通信技术的复合型人才。

以上这些都是网络营销区别于其他营销方式的特性,是独一无二的,也就是说,网络营销具有鲜明的理论特色。有人甚至说,无论是20世纪60年代以来杰罗姆·麦卡锡(Jerome McCarthy)提出的产品策略、价格策略、渠道策略和推广策略4P理论也好,还是90年代以来罗伯特·劳特朋(Robert Lauterborn)提出的"忘掉产品,忘掉定价,忘掉渠道,忘掉促销"的4C理论也罢,都无法与今天的网络营销理念进行比较。这等于在告诉我们,网络营销绝不能局限于用传统理论去理解,而是要用全新的思维去研究和学习。

1.1.3 网络营销的基本功能

网络营销的功能是网络营销实践的前提和基础。具体而言,其基本功能表现在网络调研、信息发布和产品展示、网站推广、网络品牌建设、销售渠道开拓、促销、客户服务等方面。

① 网络调研。网络调研是企业主动性的体现,也是企业提高网络营销能力的一种手段。企业可以使用多种搜索方法主动获取市场信息,研究市场趋势,分析消费者的心理和行为,研究竞争对手的营销目标和策略,从而提高企业对市场的快速反应能力,为企业开展市场活动提供依据。

② 信息发布和产品展示。无论采用哪种营销方式,都应将特定的信息传递给目标群体。互联网为企业发布信息和展示产品提供了便捷的渠道。网络营销的主要内容之一就是通过网站来发布信息和展示产品。

③ 网站推广。为了使产品和服务信息广为人知,企业必须做好网站推广工作,让更多的消费者了解和访问企业网站,为网络营销的成功打下基础。

④ 网络品牌建设。企业在互联网上建立和推广其品牌,并利用互联网促进和推动企业品牌的线下扩张及扩散,提升企业的整体形象。品牌在很大程度上代表了企业的实力和形象,消费者倾向于依据品牌认可度进行产品或服务的选购。

⑤ 销售渠道开拓。在线销售是企业的新销售渠道。企业通过建立具有在线交易功能的网站或在电子商务综合平台上使用在线商店来开展销售活动。

⑥ 促销。网络营销的另一个功能是通过采用各种有针对性的在线促销方式(例如奖品促销、拍卖促销和免费促销)来增加销售。这些促销方法并不仅仅局限在线销售的支持,对于促进离线销售也很有价值。

⑦ 客户服务。在网络营销过程中,企业通过常见问题解答、电子邮件、论坛和各种即时通信工具为客户提供假日免费应急服务、信息跟踪、信息定制、信息传递等服务,以提高客户满意度并加深与客户的关系。

网络营销的功能是通过多种网络营销方法来实现的,而这些功能并不是彼此独立的。相同的功能可能需要多种网络营销方法的共同作用,并且相同的网络营销方法也可能适用于多种网络营销功能。因此,网络营销的各种功能是相互关联和相互促进的。网络营销的最终目的是充分协调和发挥各种功能,以便更好、更及时地满足客户的需求,最大限度地发挥网络营销的作用。

知识点延伸

在传统营销中,产品策略、定价策略、渠道策略和推广策略被称为营销的4P组合策略。基于不同的视角和知识背景,网络营销研究人员对网络营销的理解有所不同,因此对网络营销理论体系的研究具有重要的意义。

重视网络营销相关技术手段研究的学者将网络营销相关技术手段作为整个理论的核心内容,包括搜索引擎检索原理、企业网站服务器建设、网页制作方法等。

重视网络营销运作方法和技巧的学者将网站推广及网络广告作为网络营销的主要内容,并强调网络营销的实用性。

重视传统营销理论研究的学者将网络营销作为一种新的营销模式和现代营销的重要组成部分,并将传统的4P策略整合到网络营销中,形成网络营销的新4C组合策略,分别探究了数字经济时代的产品、价格、渠道和推广策略。该系统比较完整,符合教学需要,但是在实际应用中的局限性体现在落地和应用上,例如很少涉及具体网络技术手段使用的企业网站、搜索引擎、电子邮件等。

中国营销好故事

海尔的网络营销和互联网思维

海尔创立于1984年,是全球大型家电第一品牌。海尔作为国内知名、享誉海外的品牌,在打造优质品牌形象的过程中不断追求卓越。在企业成立初期,海尔着重强调空调质量的重要性。随着质量可靠的形象深入人心,海尔逐渐成长为国内知名品牌。在此基础上,海尔进一步将产品多元化,从最早的冰箱拓展到洗衣机、彩电、空调等多种家用电器。随后,海尔采取国际化战略,将产品推向国际市场,打造世界闻名的品牌。而近几年来,海尔又对企业进行全面升级,在产品、物流等多个层面进行网络化转型。

早在1999年达沃斯"世界经济论坛"上,海尔就意识到电子商务和网络营销的重要性,提出了"企业内部组织适应外部变化、全球知名品牌的建立、网上销售体系的建立"三条原则。2000年3月10日,海尔投资成立电子商务有限公司,其也成为我国家电行业所有企业中迈出这一关键步骤的排头兵。在此之后,海尔开始构建其网上商城并不断予以完善。互联网的通达性使消费者能够足不出户就了解其产品,这也为产品个性化提供了便捷的条件。海尔推出了产品定制服务,消费者可以方便地在网上下单定制个性化的冰箱等产品。

海尔的互联网思维体现在内部网络信息系统和外部电子商务平台上,比如,内部各个工业园区、各地工贸企业和工厂相互之间通过内部网络进行信息传递,各种信息系统(比如企业资源计划系统、客户关系管理系统、物料管理系统、分销管理系统、电话中心,等等)的应用日益深入,集团外部的电子商务平台则实现了网络化管理、网络化营销、网络化服务和网络化采购。

海尔充分意识到互联网对物流的重要性,为此,与思爱普(SAP)公司合作共建其国际物流中心,打造世界领先的供应链网络。海尔集团董事局名誉主席张瑞敏曾表示:"在网络经济时代,一个现代企业如果没有现代物流就意味着没有物可流。对海尔来讲,物流不仅可以使我们实现三个零的目标,即零库存、零距离和零营运资本,更给了我们能够在市场竞争中取胜的核心竞争力。"依托网络技术,新的物流系统在保证产品高效交货的同时大大降低了库存成本。

2014年以来,海尔重点打造"海创汇"创客孵化加速平台,同时聚焦智慧生活生态圈、互联网工厂和投资孵化。"海创汇"是首家以大企业创业转型为依托,全面开放大企业资源,具备全要素、全流程、全生命周期服务特征的创客孵化和创业加速平台,开放、专业和生态是其三大特征。

1.2　网络营销与传统营销

网络营销是一种新的营销模式和手段,虽然其与传统营销同属现代市场营销体系,但二者之间还是具有一定的区别。只有将网络营销与传统营销相结合,企业才能更好地吸引消费者、满足消费者需求。

1.2.1　网络营销与传统营销的异同

1. 网络营销与传统营销的不同点

网络营销与传统营销的不同之处主要表现在以下四个方面:

① 目标市场。在传统营销活动中,目标市场的选择多数只针对某一特定

消费群体,而网络营销的目标市场选择多数是针对个性需求者。企业通过网络收集大量信息,了解不同消费者的不同需求,并针对每一位消费者制定相应的营销策略,为其提供个性化的产品或服务。

② 营销策略。不同于真实世界,在网络营销中,消费者无法感受和试用产品。因此,企业也必须根据虚拟环境要求设计、展示产品。

③ 营销环境。传统营销以工业经济为基础,而网络营销除此之外还与网络经济、网络技术和现代通信技术息息相关。网络营销通过互联网和企业内部网络实现企业营销活动的信息化、自动化与全球化,打破了时间和空间的限制。

④ 沟通方式。传统营销中交易双方直接面对面接洽。网络营销中交易双方通过网站、邮件等进行沟通。

网络营销势必会对传统营销造成巨大的冲击。作为一种全新的营销理念和营销方式,网络营销从根本上改变了传统营销的思路和格局,动摇了传统营销的理论根基和管理章法。

2. 网络营销与传统营销的相同点

网络营销与传统营销的相同点主要体现在以下三个方面:

① 目标。作为现代市场营销理论的重要组成部分,网络营销和传统营销的目标都是通过发现需求并满足需求来实现销售、创造利润。

② 活动范围。网络营销和传统营销的活动范围都包括消费者需求调查、产品设计开发、产品定价、销售、促销、了解消费者的评价及反馈等,涵盖从产品研发到消费结束的全过程。

③ 中心。网络营销和传统营销都以消费者为中心,围绕消费者需求提供产品和服务,通过满足消费者的需求实现企业的盈利和发展。网络营销和传统营销都需要通过市场调研发现、唤醒、引导、激发消费者的需求,然后有针对性地去满足这些需求。

所以,在进行网络营销时,我们不能完全背离或否定传统营销,而应在传统营销的基础上,根据网络营销的特点,有选择地开展营销实践活动。

知识点延伸

近年来,互联网产业高速发展,而传统企业则面临着产能过剩的窘境。以家电行业为例,随着家电下乡等政策红利的取消,越来越多的厂商需要依靠运营效能的提升和市场规模的扩大来获得竞争优势,企业投入的增加导致不良库存率提高,经营严重困难。在传统制造型企业还没有找到有效的去产能、调结构方法的同时,互联网企业如雨后春笋般地出现,加剧了传统企业面临的危机。这些互联网企业免费赠送硬件,结合大数据技术进行信息共享,精准捕捉潜在客户。在这样的双重冲击下,大量的传统企业的营销理念、手段都已陈旧过时,依靠海量产品规模化生产,价格、广告战以及拉关系的营销模式难以为继。

1.2.2 网络营销的优势和不足

1. 网络营销的优势

网络营销的优势主要可以概括为以下三点:

① 提供公平的市场竞争环境。在网络营销中,没有时间、空间的限制,减少了市场壁垒和市场拓展的障碍,所有企业都不受自身规模的约束,而是面对覆盖全球的网络市场公平竞争。每家企业都可以拥有自己的网站,可以通过网络随时传递产品信息,寻找贸易合作伙伴,创造贸易机会。

② 快速的市场反应能力。网络具有快捷、方便等特性,开展网络营销提高了营销活动的效率和企业的市场反应能力,为企业更高效地获取市场信息、满足消费者需求提供了可能。

③ 拉近了与消费者之间的距离。在产品方面,网络营销顺应了当今社会消费需求个性化、多样化的发展趋势,使消费者拥有比传统营销更大的产品选择自主权。在服务方面,销售前,通过互联网为消费者提供丰富生动的产品信息和相关资料,为消费者的自主选择留出更大的空间,使其能够更理智地进行购买;在买卖过程中,消费者无须花费时间在商场中进行选择并与店内工作人员协商沟通,只需在相应的购物网站上浏览商品,在线支付货款,通过专业的物流公司获得所购商品;如果消费者在购买后发现问题,可以及时、快速地获得卖方提供的全天候的技术支持和服务。在价格方面,网络营销的主体直接面对消费者,节约了中介成本,降低了销售成本;企业通过网络采购将原材料采购与产品制造有机结合起来,形成了一个完整的信息传递和信息处理系统,大大降低了采购成本;在网上发布信息和与消费者沟通的成本通常较低,从而节省了促销成本。在渠道方面,网络营销的优势主要体现在企业与消费者之间的零距离

沟通和交流上。通过网络,企业可以将产品直接销售给消费者,减少了批发商、零售商等中间环节和产品库存,节约了大量的门店运营成本和人工成本,降低了整个商品供应链的费用和运营风险。在促销方面,网络营销强调与消费者的双向互动沟通。它是一种以消费者为主导的、非强制性的、低成本的、人性化的促销方式。

2. 网络营销的不足

和许多事物一样,网络营销也是一把双刃剑,在实践中也面临着很多问题与挑战:

① 增加了网络安全隐患。网络营销中可能会出现网络用户信息泄露、网络黑客勒索和通信信息诈骗等问题。

② 提高了消费者对价格的敏感度。由于消费者极易获得不同产品的价格并进行比较,价格问题对消费者购买决策的影响进一步加强。网络营销企业为了获得更多的订单和销量,也常把价格作为重要的竞争策略。

③ 降低了消费者的购物乐趣。对一些消费者来讲,商品的选购过程是一个休闲娱乐的过程。网上购物尽管方便、快捷,但在虚拟的网络空间中的购物活动失去了传统线下购物过程中的乐趣。同时,网上购物也无法满足消费者社交的心理需要,无法使其获得在线下购物中所能得到的显示其社会地位或支付能力等方面的心理体验。

但是,随着网络技术的发展,当前的这些不足可能会逐渐淡化甚至消失。如增强现实技术的出现,在一定程度上弥补了网络营销对购物乐趣的负面影响。

知识点延伸

当下,互联网面临着来自众多黑客或不法分子的威胁,相比之下,这些安全漏洞对刚刚兴起的物联网而言会更为致命。账户信息、网络摄像头、传感器和警报器等都暴露于这些危险之下,一旦遭受攻击,后果不堪设想。

为了保障通信的安全性,通信设备与通信网络的联动防护便成了目前较为有效的一类通信安全方案。该类通信安全方案的主要做法是,在通信设备及通信管理渠道上进行相应的安全管理布置,通过平台线上管理保障通信信息的安全。

通信设备一侧主要是通过通信模组来监测通信网络的稳定性,确保通信信息在通信网络的传输过程中不出现缺失或改变的情况,并时刻向通信管理平台反馈相应的监测结果,一旦出现问题,即刻告警,并形成相应的报障排障流程,维护信息的完整性与可靠性。

通信管理平台一侧则是通过智能调配,自动完成每次通信过程的发起、确认、终止与检查。首先要确保的便是信息的保密性,通过管理平台,并利用信息加密、授权认证、访问控制、安全通信协议等技术,对每次通信设备发出的通信信息进行相应的处理,以防止通信信息被非法泄露给无关人员,使得有用信息只可被授权对象获取。其次,通信管理平台应当智能控制信息传输与信息存放的时机。在日常的信息采集中,网络拥堵是极常见的一类网络问题,通信管理平台应当合理调配信息传输与信息存放的对应时间,避免信息传输过程中出现信道拥堵的情况,提升信息管理效率。最后,通信管理平台应适当存储其获取到的信息,并且确认相应信息的来源均为已鉴权的可靠来源,验证信息均为有效信息,甄别无效信息。

此外,还要保证授权用户在正常情况下的信息获取时刻有效,对于非正常状况下的信息获取能实现通信信息的再采集,在网络遭受重大波动时二次获取的机制能够运行,从而使信息采集流程能够及时恢复正常。

由此可以看出,在信息安全的联动防护中,起主要作用的是通信管理平台。甚至在有些包含通信卡片的安全管理方案中,还会在通信卡片中写入SDK(软件开发工具包),从而使得SIM(用户识别)卡自身便能向通信管理平台反馈足够的信息。SIM卡不仅起到了通信鉴权的作用,还被加入整个安全管理体系中,进一步加强了平台、设备、SIM卡之间的联系,使得通信管理平台能够更好地采取相应的安全措施。

随着这一技术的不断发展,还出现了空中写卡、一卡多号的新技术,通信管理平台能够依据通信信号的强弱,通过SIM卡中的SDK,对SIM卡的通信运营商进行相应的调整与转换,自动切换至信号较好的通信运营商,并利用平台自有的有效信息补采机制,达到实时通信、永不掉线的目的。这一技术在很大程度上解决了不同通信运营商因基站布设所导致的信号不稳定问题,在移动设备运用与跨国设备贸易中能够起到极其重要的作用。

 本章要点

1. 网络营销的基本内涵、特点和功能。

2. 网络营销与传统营销的优势和不足。

3. 网络营销健康运行的条件。

? 思考分析园地

1. 找一个中国企业网络营销实例,通过对其过程的分析,想一想哪些地方体现了网络营销的特点和基本功能。

2. 用案例说明网络营销和传统营销的优势互补性。

第 2 章　网络营销环境概述及其中国特点

2.1　网络营销环境和市场概述

2.1.1　网络营销环境综述

企业的网络营销环境是指影响企业的网络营销活动及其目标实现的各种因素和动向。环境的变化是绝对的、永恒的。随着社会的发展,特别是网络技术在营销中的运用,环境也更加变幻莫测。企业只有不断地观察和分析环境的变化并适应这种变化,网络营销活动才能取得成功。

1. 网络营销宏观环境

宏观环境是指一个国家或地区的政治和法律环境、经济环境、社会文化环境、人口环境、科学技术环境和自然环境等宏观因素。宏观环境对企业的长远发展和发展战略的制定具有重大的影响。具体而言,网络营销宏观环境主要包括以下六种,如图 2.1 所示。

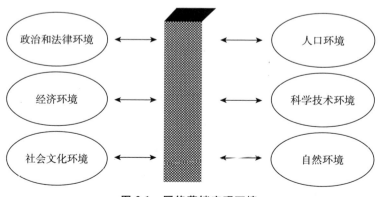

图 2.1　网络营销宏观环境

（1）政治和法律环境

网络营销的政治和法律环境包括政治环境和法律环境。政治环境主要包括一个国家（或地区）的政治制度和政治局势，以及政府在发展电子商务、网络营销方面的方针政策等因素。法律环境是指能对企业的网络营销活动起到规范或保障作用的有关法律、法令、条例及规章制度等法律性文件的制定、修改、废除及其立法与司法等因素的总称。

政治和法律环境因素对企业开展网络营销活动的保障和规范作用主要体现在以下四个方面：

① 企业的网络营销活动要遵守目标市场东道国的相关法律法规。

② 企业要积极利用国家政策给网络营销带来的机会及时开展营销活动。

③ 企业的网络营销活动要服从国家有关发展战略与政策的要求。

④ 企业要积极运用相关的法律法规武器，保护自己在网络营销活动中的合法权益。

（2）经济环境

在网络营销活动中，企业需要考虑的经济环境因素主要有两个方面，即现实的经济环境和网络经济。

① 现实的经济环境。现实的经济环境主要包括经济发展水平、经济体制、社会经济结构和宏观经济政策等。

经济发展水平：一个国家经济发展的规模、速度及其所达到的水准。反映一个国家经济发展水平的常用指标有国民生产总值、人均国民生产总值、经济增长速度等。

经济体制：国家经济组织的形式。经济体制规定了国家与企业、企业与企业、企业与各经济部门的关系，并通过一定的管理手段和方法调控或影响社会经济流动的范围、内容及方式等。目前，世界上大多数国家均实行市场经济体制。

社会经济结构：国民经济中不同的经济成分、不同的产业部门以及社会再生产各个方面在组成国民经济整体时相互的适应性、比例关系及关联性等。社会经济结构主要包括五个方面，即产业结构、分配结构、交换结构、消费结构、技术结构，其中以产业结构最为重要。

宏观经济政策：国家制定的一定时期内国家经济发展目标及其实现的战略与策略，包括综合性的国家经济发展战略和产业政策、国民收入分配政策、价格政策、物资流通政策、金融货币政策、劳动工资政策、对外贸易政策等。经济政策是影响国民经济发展和产业结构调整的主要政策。

②网络经济。网络经济是指建立在计算机网络基础上的生产、分配、交换和消费的经济关系。网络经济并不是独立于传统经济之外、与传统经济完全对立的纯粹的"虚拟"经济，而是一种在传统经济基础上产生的，经过以计算机为核心的现代通信技术提升的高级经济发展形态。网络经济与传统经济相比有许多不同的特点，这些特点对网络营销从经营理念到营销战略与策略都会产生极大的影响。网络经济主要有以下几个特点：

第一，网络效应和几何级增长。网络经济的增长性突出表现在四大定律上：一是吉尔德定律（Gilder's Law），即通信系统的总带宽将以每8个月增加1倍的速度增长；二是梅特卡夫定律（Metcalf's Law），即网络产生和带来的效益将随着网络用户的增加而呈指数形式增长；三是马太效应（Matthew Effect），即在一定条件下，优势或劣势一旦出现并达到一定程度，就会不断加剧并且自行强化，出现"强者更强，弱者更弱"的局面；四是摩尔定律（Moore's Law），即计算机芯片的运算处理能力每18个月就增加1倍，或价格减半。

第二，边际效益递增。由于网络资源是无限的，因此网络经济呈现边际效益递增性。网络经济中的边际成本是递减的。信息网络成本主要由三部分构成，即网络建设成本，信息传递成本，信息的收集、处理、制作成本。在无限的虚拟空间中，网络信息可以被长期存储使用，网络建设成本和信息传递成本与入网人数无关，因此，网络建设和信息传递的边际成本为零。信息的收集、处理、制作成本受到入网人数的影响，随着入网人数的增多，信息收集、处理、制作成本增加，但其边际成本呈下降趋势。网络经济具有累积增值性。在网络经济中，对信息的投资不仅可以获得一般的投资报酬，还可以获得信息累积的增值报酬。一方面，网络信息能够发挥特殊功能，将零散而无序的大量资料、数据、信息按照使用者的要求进行加工、处理、分析、综合，从而形成有序的、高质量的信息资源，为决策提供科学依据；另一方面，网络信息的使用具有传递效应，即信息的使用会带来不断增加的报酬，使网络经济呈现边际收益递增的趋势。

第三，全球一体化。以互联网为基础的网络经济打破了时间和空间的限制，将世界变成了一个"地球村"，使地理距离变得无关紧要。基于网络的经济活动受空间因素的制约很小，经济全球化进程大大加快，世界各国的相互依存性空前加强。

第四,网络经济的核心是创新,创新的核心是速度。网络经济时代大大缩短了产品的生命周期,产品更新换代的速度越来越快。创新成为企业获得超额回报的手段和条件,企业为了追求市场垄断,就必须在创新的速度上展开激烈的竞争。

网络经济具有与传统经济迥然不同的特征、原理和规律。在网络经济中,企业必须顺应环境的变化,采取新的竞争战略与策略,只有这样才可能在激烈的竞争中取胜。

(3) 社会文化环境

任何企业都是由社会成员所组成的一个小的社会团体,存在于一定的社会文化环境中,受到社会文化环境的影响和制约。社会文化环境的内容很丰富,在不同的国家、地区、民族之间存在明显差异。在营销竞争手段向非价值、使用价值型转变的今天,企业必须重视对社会文化环境,尤其是网络文化的研究。

网络技术为人们创造了一个"虚拟社会"。在这个虚拟社会里,没有权威和世俗的约束,人们可以自由地彰显个性。通过快速、高效的信息传递和虚拟身份,人与人之间进行着前所未有的思想、观念的交流,进而产生了行为模式的转变,并形成了一种独具特色的网络文化。

网络文化作为一种以互联网为基础的打破国界与地区的亚文化,涵盖了人们在参与信息网络应用与技术开发过程中所建立起来的价值观念、思想意识、语言习惯、网络礼仪、网络习俗以及社会关系等,并对网络消费群体产生了重大影响。

(4) 人口环境

人是企业营销活动的最终对象,是产品的购买者和消费者。人口规模决定着市场规模和潜力;人口结构影响着消费结构和产品构成;人口组成的家庭、家庭类型及其变化,影响着消费品的消费结构及其变化。网络营销的人口环境包括网民数量、结构及其变化趋势等。

(5) 科学技术环境

网络营销的产生与发展离不开计算机和通信技术的支持。科学技术的进步不仅促进了网络的发展,也为企业改善经营管理提供了有力的技术保障。因此,企业在开展网络营销时,必须密切关注信息技术的最新变化,掌握信息技术的发展变化对网络营销的影响,及时调整营销方式和策略。

技术的进步改变了网络用户的结构,扩展了网络营销的范畴。宽带技术的发展使视频点播、多媒体网络教学成为可能;无线上网技术的发展实现了移动办公、移动购物,进一步促进了电子商务和网络营销的发展。

(6) 自然环境

自然环境是指一个国家或地区的客观环境因素,主要包括自然资源、气候、地形地质、地理位置等。网络营销自然环境是指影响网络营销目标市场客户需求特征与购买行为的气候、地貌、资源、生态等因素。尽管网络营销活动本身并不受自然环境的影响,但从网络营销目标市场需求特征与消费行为来看,自然环境因素对网络营销策略的选择也有较大的影响。

知识点延伸

目前,关于电子商务、网络营销的国际法律法规主要有联合国国际贸易委员会的《电子商务示范法》和《电子签字示范法》、国际商会的《电传交换数据统一行动法则》、国际海事委员会的《电子提单规则》等。我国的电子商务法规主要有《计算机信息网络国际联网安全保护管理办法》《互联网信息服务管理办法》《中华人民共和国计算机信息网络国际联网管理暂行规定》《关于互联网中文域名管理的通告》《互联网站从事登载新闻业务管理暂行规定》《互联网电子公告服务管理规定》《中华人民共和国电子签名法》和《网络营销服务技术规范》等。

2. 网络营销微观环境

微观环境由企业及其周围的活动者组成,直接影响着企业为顾客服务的能力。它包括以下六大因素:

(1) 企业内部环境

在网络营销活动中,信息交换和网上交易是营销活动的重要内容,并由此形成三种网络化:企业内部网络化,例如管理信息系统和以互联网为基础的企业内联网;企业与企业之间的网络化,例如关联企业之间、企业与供应商和分销商之间的网上交易和信息交换平台;企业与消费者之间的网络化,企业通过互联网与分布广泛且不稳定的消费者进行交易。

网络化是网络营销活动的基础,网络营销部门在制订网络营销计划时,应以企业营销战略和发展目标为依据,兼顾企业内部各部门之间、企业决策层与管理层之间、企业各级管理层之间的沟通、协调和配合,使整个企业成为快速高效、有较强市场反应能力和竞争力的有机整体。

(2) 网上公众

网上公众是指对网络营销企业实现其营销目标造成实际或潜在影响的任何团体、单位和个人,包括网民、网络媒体、企业内联网公众、网络金融服务机构、政府等。

网民是网络营销的潜在消费者,是企业网站的主要访问者和企业的营销对象,是企业关注的核心。网络营销企业需要通过关注网民对其网站、产品或服务的态度和评价,树立良好的企业形象。

网络媒体由发布网上新闻、网上特写和网上社论的机构组成,主要包括电子化报纸、电子化杂志、主要搜索引擎、提供网站评估服务的专业性网站等,为企业提供站点推广和广告宣传支持。

企业内联网公众包括董事会成员、员工等。企业内联网是企业内部信息传递和交流的重要平台。

网络金融服务机构是网络营销企业的融资对象或投资人,包括网上银行、风险投资公司等。

政府是互联网和网络营销的立法者及监督管理者,负责管理网络企业审批、网络链接、网络交易、网络安全、网络立法等工作,以确保网络经济健康、稳定、有序地发展。

(3) 网络供应商

供应商是指向企业及其竞争者提供生产经营所需原料、部件、能源、资金等资源的企业或个人。

企业和供应商之间不仅仅是交易关系,同时也是竞争关系和合作关系。首先是交易关系,双方因各自的需要而相互交换产品、服务和信息。其次是竞争关系,对方为各自独立的经济利益而讨价还价,力图获得定价权。最后是合作关系,交易的结果是双方相互依赖和交流,通过有效合作实现共赢。企业需要妥善处理与供应商之间的这三种关系,最终与其形成合作伙伴关系。

（4）网络营销中介

网络营销中介包括网络服务提供商（internet service provider，ISP）、第三方物流提供商、认证中心、网上金融服务商、网上营销服务机构及网络中间商（如网络批发商、网络零售商、经纪人和代理商）等。网络营销中介机构与企业的关系如图2.2所示。

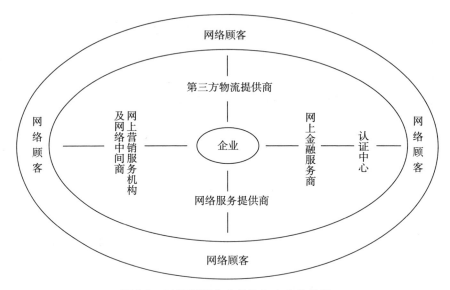

图 2.2　网络营销中介机构与企业的关系

企业为了使其网站正常运转，需要与相关的网络服务提供商合作以获得相关技术支持。当前网上信息呈爆炸式增长，网站访问者面对零散的信息常常无所适从。因此，网络服务提供商需要对信息进行有效的组织和引导，过滤和梳理杂乱的信息，为访问者节省搜索、分类、整理信息的时间，从而提高网站的访问量。对于网络营销企业而言，与网络服务提供商建立长期、良好的合作伙伴关系，有利于提高网络营销活动的效率。

第三方物流提供商是为交易的商品提供运输配送服务的专业机构。在网络营销活动中，合同的订立、所有权的转移、资金的支付、信息的交流都可以在网络平台上完成，而只有商品实体的转移需要在线下进行。借助于快捷高效的第三方物流来完成交易已成为许多网络营销企业的首选。因此，企业需要与第三方物流提供商建立良好的合作伙伴关系，以降低物流成本，提高物流效率。

认证中心和网上金融服务提供商是影响网络营销的关键因素。认证中心提供对企业和顾客身份的认证,确定交易双方身份的合法性、真实性,保障交易安全可靠。网上金融服务提供商通过提供各种电子支付方式,简化企业与顾客之间的支付活动,提高支付效率,实现安全支付。

网上营销服务机构及网络中间商是为企业提供网络技术支持、网络调研、营销策划、网络广告设计发布、站点推广、会计及法律咨询等服务的中介机构,协助企业顺利开展网络营销活动,在提升效率的同时降低成本,是社会分工专业化的结果。

在网络经济时代,企业借助于网络直接与最终用户接触,减少了中间环节,降低了交易成本,对传统营销中的中间商功能和作用的发挥产生了重要影响。

(5) 网络竞争者

市场经济决定了竞争的必然性。企业开展网络营销,也面临着来自以相同方式向相同市场提供相同或相近产品和服务的企业的竞争压力。研究竞争对手,取长补短,是取得竞争优势的重要途径。

在网络环境下,企业主要面对两个竞争者:一是线下竞争者,二是线上竞争者。线上竞争者通常会用相同的方式、相同或相近的价格,向相同的顾客提供相同或相近的产品或服务,是网上企业的主要竞争对手。为取得竞争优势,企业通过直接访问线上竞争者的网站,了解其新产品、价格、服务、优惠措施等信息;通过阅读与线上竞争者有关的新闻,了解顾客对竞争者产品、服务的评价;通过自己的网站,了解顾客对本企业的评价或与线上竞争者的对比情况等,做到知己知彼。

(6) 网络顾客

顾客是产品的购买者或消费者,是企业最终的营销对象。计算机和网络技术的发展大大缩短了企业与顾客之间的空间距离,为双方提供了一个快速、高效的信息交流平台,使经济全球化、市场一体化得以实现。互联网的发展不仅为企业提供了广阔的市场营销空间,而且为顾客在更大范围内选择商品、比较商品创造了条件。互联网提供了双向沟通的平台,一方面,通过网络,顾客可以获得更多的产品或服务信息,做出更为合理的购买决策;另一方面,企业可以充分展示其产品,丰富产品服务信息,了解顾客需求和市场竞争状况,有针对性地开展营销活动,从而更好地满足顾客需求。

中国营销好故事

网络催生中国式消费场景

随着以互联网为代表的数字技术逐步与经济社会各领域进行深度融合,"互联网+"促进了消费升级,大数据、人工智能等助推传统产业升级,帮助经济社会实现转型。数字经济成为经济发展的新引擎和国家发展的强大推力。

互联网也催生了许多中国式消费新场景,主要体现在以下几个方面:

(1) 电子商务行业持续向好。随着相关法律法规的逐步完善,电子商务行业正迈向高质量发展阶段。外卖行业的环境进一步得到优化,外卖平台与餐饮企业开始重点打造外卖品牌;旅行预订方面,旅游企业强化战略合作,丰富旅游主题,以产品和服务驱动市场销量。

(2) 网络支付已成为消费者付款的重要方式。一方面,互联网的发展让中国更多的百姓接入并使用网络,另一方面,支付宝、微信支付本身具备的便捷性优势使其被广大消费者所接受,目前,手机支付已经成为许多消费者的一种支付习惯。

(3) 在线教育移动化程度提高,人工智能技术助力在线教育产业升级。智能设备的快速普及、移动互联网的发展为在线教育创造了更多机会,人们可以便捷地使用移动设备获取碎片化的知识,随时随地提升自己。许多应用也借助微信等社交平台开发在线学习工具,方便用户分享知识,并有助于自身获得更多新用户。语音识别、云存储等技术在直播课堂已得到广泛应用,提升了在线教学的效果。

(4) 网络娱乐类应用迅速成长,网络文化娱乐产业进入全面繁荣期。短视频的蓬勃发展引得诸多巨头竞相涌入该市场。百度、腾讯、搜狐网等也纷纷进行布局。与此同时,随着法律法规的出台,网络文化娱乐内容进一步得到规范,这也为网络娱乐行业在未来保持强大的生命力提供了根本保障。

(5) 社交等应用稳步发展。即时通信类的互联网应用近年来不断推动模式创新,不仅优化了产品功能的探索,还进一步拓展应用的场景、提升内容的质量。社交应用与传统媒体相互补充,融合发展。一方面,传统媒体大规模入驻各类社交平台,成为社交平台优质内容的重要来源;另一方面,社交平台助力传统媒体实现大众化传播,同时也提升了自身的影响力。

（6）网约车行业规模不断扩大。数据显示，目前已经有一百余家网约车平台获得了经营许可，美团、携程等公司进入网约车市场，新兴的打车平台如T3出行等也被更多的消费者所熟知。2019年，我国网约车用户的规模超过3亿。

中国营销好故事

Z世代和版权付费意识

Z世代是指出生于1995—2005年的人群。Z世代成长在互联网普及的时代，因此也被称为"互联网原住民"。Z世代人群普遍接受过高质量的教育，正处于充满活力、极具创造力的年纪，喜欢新鲜事物，希望通过自我表达和社区互动实现自我价值。他们在文化娱乐需求上追求个性化，看重消费所带来的体验，喜欢活跃在自己感兴趣的社群中，个性化、定制化的服务和内容更能够获得他们的青睐。[①] Z世代对网络消费的接受度较高，腾讯企鹅调研发布的《2019 Z世代消费力白皮书》显示，网络虚拟内容消费是Z世代除餐饮、服饰、线下娱乐和交通出行外的第五大消费。与其他年龄段相比，他们愿意为网络上优质的内容和服务买单，重视付费产品的性价比，追求体验和价值认同感，有更强的版权意识。[②] 内容质量、体验感知、价格感知、权益感知和版权意识是Z世代是否愿意成为付费用户的主要影响因素。

网络视频是中国网民获取咨讯、学习和娱乐的重要渠道。根据中国互联网中心（CNNIC）发布的《第44次中国互联网络发展状况统计报告》，截至2019年6月，我国网络视频用户规模达到7.59亿，较2018年年底增长3 391万，占网民整体的88.8%，其中长视频用户为6.39亿，占网民整体的74.7%。随着视频网站行业的发展、国民可支配收入的增长以及网络支付的普及，网络用户的视频使用和付费习惯也在发生变化。

年轻群体是为视频内容付费的主要人群。据QuestMoblie研究院发布的《2019付费市场半年报告》，2019年6月，视频行业付费用户占全行业总用户的18.8%，付费用户普遍偏年轻，其中，19~30岁的付费用户占总付费用户的

---

① 陈杰，《洞察"Z世代"消费趋势》，《知识经济》2019年第26期，第66—99页。
② 《QuestMobile 2019付费市场半年报告：手游、游戏直播最吸金，在线视频规模效益开始凸显》，QuestMobile研究院，2019年8月28日。

59%。同一报告指出,Z世代对泛娱乐行业的付费热情尤为突出,这一人群的付费用户占比,与互联网整体付费用户占比相差15.5%,付费比例显著高于全体网民。

资料来源:夏裕凡,《Z世代网络视频产品付费意愿影响因素的实证研究》,北京大学光华管理学院本科论文(指导老师:王锐),2020。

2.1.2 网络市场概述

1. 网络市场的含义

市场是社会分工和商品交换的产物,它具有三大功能:交换、分配和服务。现代科学技术的发展和广泛应用重新塑造了现代市场。国际互联网的建成与应用使得广大消费者(用户)可以通过互联网进行交易谈判、合同签订,最终实现商品交易,网络市场应运而生。作为市场,网络市场也必须具有一般市场的三要素,即商品、愿意购买商品的人和购买力。综上所述,网络市场是指那些对某些产品或服务具有特定欲望及需求,并且愿意和能够通过互联网来购买这些产品或服务的客户总和。

2. 网络市场的分类

通常而言,开展网络营销活动的企业并不能满足所有网络顾客的所有需求。企业应按一定的标准对网络市场进行分类,制定不同的营销策略来满足不同类型市场中顾客的需求。网络市场上顾客的购买目的是不同的,按照顾客购买的不同目的,网络市场可以被划分为网络消费者市场和网络组织市场两大类。

① 网络消费者市场。个人和家庭是市场的基本购买单位。网络消费者市场是指以满足个人或家庭消费为目的,由网民构成的市场。研究网络消费者的购买目的、动机、影响其购买行为的主要因素及购买过程等,对制定网络营销策略、有效地开展网络营销活动至关重要。

② 网络组织市场。企业、政府部门及其他非营利组织所组成的网络市场称为网络组织市场。它们购买商品,通常以组织消费或再生产、再销售为目的。

制造商购买产品或服务的目的在于生产其他产品或劳务,以供销售、出租;

中间商购买产品或服务的目的在于转售或出租给他人;各级政府和非营利组织购买产品或服务的目的在于履行政府职能,维持机构的正常运作。

2.1.3 中国 B2C 消费互联网市场

B2C 模式是中国最早产生的电子商务模式,以 8848 网上商城正式运营为标志。B2C 即企业通过互联网为消费者提供一个新型的购物环境,消费者通过网络在线上商店中购物。这种模式节省了消费者和企业的时间与空间,大大提高了交易效率。

中国的 B2C 电子商务市场不断发展,许多网民已经形成了网购习惯并更加重视信用和品牌。此外,许多 C2C(消费者间)企业向 B2C 模式转型。与此同时,外贸企业着眼于内销,商品供给能力增强。总体来看,整个电商环境逐渐趋于完善,整个产业链日趋成熟。

1. 中国 B2C 电商运营模式概述

中国 B2C 电商运营模式十分多样化,各个平台也不断对运营模式进行创新以迎合用户群体对商品服务质量以及性价比的要求。传统的平台运营模式比如天猫、京东不断优化服务质量,提高用户满意度;特卖模式平台比如唯品会在优质品牌、商品进驻方面不断发力;各主流平台开始结合社交工具流量,扩大用户基础;消费升级风潮下,优选模式电商平台以及频道的出现也为追求品质生活的用户提供了渠道。具体如下:

(1)质量成为平台运营模式 B2C 电商平台的特点

越来越多的用户在使用平台运营模式 B2C 电商平台时,将平台对商品质量的保障情况作为首要的考虑因素。在消费升级的趋势下,消费者对商品质量的关注度越来越高,而选择使用 B2C 电商平台的用户对质量的要求更高,平台品控的重要性更加突出。以天猫、京东、苏宁易购为代表的 B2C 电商平台经过长时间的发展,已形成较大规模并积累了广泛的用户基础。但典型的平台式交易企业的获客成本日趋高昂,各平台为了解决这一问题,积极进行业务升级,对细分市场的开发力度不断加大,渗透至不同类型的人群中。头部平台也利用资源优势不断吸引大牌入驻,以及提高物流服务质量,满足用户日益提升的商品和服务需求。

(2)特卖模式平台主打特价

许多用户对特卖模式 B2C 电商平台的价格优惠最为认可,使得其价格优惠认可度领先于其他B2C电商运营模式。

如今,越来越多的用户在选择特卖模式B2C电商平台时看重商品价格折扣情况以及商品质量保障情况。特卖模式的目标用户对商品质量以及价格的关注度都较高,而这部分人群是目前消费者的主流,针对其开展的特卖模式B2C电商平台将会继续加速发展。

(3)社交模式——微信助力发展、平台入局

微信等社交工具的发展为B2C电商平台的创新发展提供了助力,借助微信发展的红利,许多B2C电商平台纷纷推出社交模式产品。B2C电商社交模式产品可以利用用户的社交关系实现裂变式传播,降低获客成本;同时,在社交工具上,能触达更多未养成电商使用习惯的用户;而创新的社交电商模式,也能有效刺激用户的消费需求。

(4)优选模式——主打品质生活、线上线下融合

为了迎合B2C电商用户对商品品质和性价比的追求,优选模式电商发展迅猛。部分互联网及硬件巨头厂商已经开始对模式进行探索,以平台品牌作为背书寻求发展。此外,B2C电商平台也利用用户基础发展优选模式,适应核心用户消费需求的变化。而优选模式对品质商品的重视,也使线下体验门店发展的重要性不断提升,线上线下结合的趋势日趋明显。

(5)优选模式B2C电商平台正品保障更受信赖

优选模式B2C电商平台对其商品的正品保障情况更受用户信赖。而特卖运营模式的平台则由于推行品牌特卖,使用户对其商品的正品保障情况有较高的信任度。

优选模式B2C电商平台起步时往往选择用对品牌要求度不高的家居类商品打开市场,但随着用户对优质商品需求的提升,优选模式平台发展加快,平台提供的商品种类也需要进一步丰富。

2. 中国B2C市场特点

在中国B2C网站中,虽然第三方平台型购物网站天猫商城仍占有很大的市场份额,但越来越多独立的B2C网站开始发力,争夺市场,如京东、苏宁易购、唯品会等网站近年来订单在不断增加,可见竞争愈发激烈。总的来说,我国B2C市场有如下特点:

(1) B2C市场仍是电商行业主流,品牌背书的重要性将更加突出

随着电商行业的发展进入成熟期,头部电商平台的综合服务能力愈加突出,B2C电商能从平台品控、物流配送等方面更好地服务用户,未来其作为电商行业主流的情况仍将持续。而消费者对品质也会有更高的追求,因此会愈加看中B2C电商平台自身以及平台商品的品牌背书能力。

(2) 平台发展渗透垂直领域,产品细分化趋势愈发明显

物流配送服务的提升使B2C电商平台有能力渗透到更多细分领域,而对不同垂直领域商品的覆盖也使用户的个性化需求得到更好的满足。未来B2C电商行业产品细分化的趋势会更加明显,更多垂直电商平台会出现,而综合型的B2C电商平台也会利用自身资源优势渗透至各个领域。

(3) B2C电商运营模式多样化发展,紧抓消费主流的特卖模式发展空间大

随着线上获客成本的不断提高,B2C电商平台纷纷创新运营模式,多种玩法以及针对不同类型人群的运营模式层出不穷。而针对主流消费者消费需求的变化,特卖模式等能满足用户对优质、高性价比商品消费需求的运营模式未来将有较大的发展空间,能否针对主流消费者进一步提升服务质量以及商品品控也成为平台竞争的重点。

(4) 提升高净值用户体验,平台会员服务打造升级

现阶段B2C电商平台纷纷推出会员服务,会员制度可以帮助平台有效筛选高净值用户,提升这部分用户的体验,增强平台高净值用户的黏性。同时,随着人们付费观念的普及,未来平台或许会更多针对不同人群推出分级会员服务,以进一步提升用户体验。

(5) 结合本地化仓储提升物流效率,B2C电商发展将更进一步

为了解决最后三公里的配送问题,各平台对于仓储物流的布局将会继续加强,在未来,通过本地化配送服务支撑,远程物流的效率也将在很大程度上得到提升。随着物流配送效率的提升,未来B2C电商行业仍会有巨大的发展空间。

(6) 线下场景成争夺重点,各平台继续加强对新零售的布局

各B2C电商平台纷纷推出线下门店和提高配送效率,这些都显示出新零售业务的竞争趋向激烈,线下场景也成为竞争重点。新零售业务的发展可以帮助电商平台拓展线下流量,降低获客成本,提升消费者体验。未来各平台围绕新零售的布局将不断加强。

> **中国营销好故事**
>
> ### 中国 B2C 电商市场的整合与发展
>
> 首先,随着中国 B2C 电商市场的不断成熟,许多巨头相互取长补短,展开深度合作。一个典型的例子便是腾讯、京东与唯品会的合作。2017 年年末,腾讯、京东联合投资了唯品会之后,微信与京东都提供了唯品会的入口,使消费者可以方便地从微信钱包和京东首页进入唯品会,从而起到了引流的作用。在之后的唯品会全球特卖狂欢节中,消费者可以在京东领取唯品会购物券,同时,京东首页醒目位置还可以看到唯品会的秒杀等活动。在这一合作中,唯品会提供了优质的品牌,腾讯与京东充分发挥了平台优势,最终三家企业实现了共赢。其次,越来越多的电商着重打造自己的物流服务。京东以其优质快速的物流服务享誉国内。在中国境内,京东已设立几大物流仓储中心,使其自营产品能够迅速送达消费者。在意识到物流对电商的重要性之后,许多电商平台也开始布局自己的物流网络。例如,苏宁发布百川计划、苏宁秒达、苏宁帮客家三款产品,用仓储网串联起新场景,专注于为消费零售提供高效的基础设施服务。此外,新零售业态的发展也是近年来的一个明显趋势。苏宁在实体店的基础上继续开展线上线下融合,打造智慧零售模式。而京东作为电商平台,将线上零售延伸到线下。例如,京东与曲美联合打造了曲美京东之家,该店是京东曲美-时尚生活体验馆在供应链、智能体验、时尚生活等方面全方位、多维度的整体升级,探索无界零售的可能性。无独有偶,居然之家与天猫也进行了合作,天猫协助居然之家的门店进行数字化改造。

2.1.4 中国 B2B(企业间)产业互联网市场

互联网近年来的主要发展之一是消费互联网的发展。除此之外,互联网也对产业造成了深远的影响,互联网主体已经逐渐渗透到企业和全产业链条、全生命周期,产业互联网时代已经到来。在产业互联网时代,优势产业平台将凭借对实体资源的把控,凭借互联网的力量实现对信息、交易、定价的全面把控。企业的价值将由收入、利润等财务指标延伸到对客户数、服务能力和可拓展空间等互联网要素进行重估。

移动互联网的普及使虚拟化进程从个人蔓延到企业。行业经验、渠道、网络、产品认知等壁垒让传统消费互联网巨头优势不再,并购、合作、自主发展成为其进入产业互联网的主要方式。对于产业龙头企业而言,产业互联网则是一片蓝海。

产业互联网与国家重点产业安全息息相关,对核心产业能否弯道超车起到了关键的作用。未来产业互联网中的龙头企业将影响到信息、交易、定价、流通各个环节大数据的把控,而产业链在互联网化过程中能否有效把控和使用上述资源关系到一国的核心竞争力,关系到国家安全,同时产业互联网也是中国经济转型升级的助推器。

产业互联网对生产、销售、流通、融资、物流各个领域都会产生较大影响,互联网+金融+各个领域的全新商业模式、新微笑曲线将在各个产业环境中形成具有影响力的平台企业。

1. 产业互联网的背景

(1) 产业全面互联网化

产业互联网泛指以生产者为用户,以生产活动为应用场景的互联网应用,体现在互联网对各产业生产、交易、融资、流通等各个环节的改造上。

硬件的发展是互联网进步的基础。个人电脑、智能终端、网络连接成本的下降助力了消费互联网的发展,更低成本的传感器、数据存储和更快的数据分析能力加速了产业互联网的突破。

社会生产生活对互联网的需求也对互联网的发展起到了推动作用。消费互联网得以迅速发展是因为个人的生活体验借助互联网得到了极大的提升,购物、阅读、娱乐、出行等方面因为互联网的出现而变得更加方便、快捷。而产业互联网将会因为更高的生产、资源配置、交易效率而得到快速推进。

知识点延伸

近年来,智能手机、平板电脑等智能终端的渗透和普及使得人们几乎时时刻刻都与网络世界相连接。而随着科技的进步,穿戴式设备如谷歌眼镜、苹果手表等越来越多的新产品进入消费者的视野,可以预见的是,在未来,虚拟世界将成为人们生活中必不可少的一部分。

除了这些,产业虚拟化的进程也会加速,并涉及更多的方面。例如,一家工厂的整个流程进行虚拟化的对象主要包括以下几个方面：智能机器——以新的方法将现实世界中的机器、设备、团队和网络通过传感器、控制器和软件应用程序连接起来；大数据分析——使用基于物理的分析法、预测算法自动化和材料科学、电气工程及其他关键学科的深厚专业知识来理解机器与大型系统的运作方式；人员——建立企业之间的实时连接，连接各种工作场所的人员，以支持更为智能的设计、操作、维护以及高质量的服务与安全保障。

（2）互联网产业应用是国家战略层次的需求，掀起了一轮新的生产力革命

我国虽然是世界第二大经济体，但是在很多领域大而不强，受西方国家的制约。比如，我国是橡胶的最大进口国和消费国，橡胶对我国来说是重要的战略商品资源，但是我国在橡胶定价上却缺乏话语权。构建重要资源的产业平台，集合产业力量做大做强，抢夺在全球定价上的话语权也是我国产业互联网发展的重要使命。可见，发展互联网产业对于国家的长远发展而言至关重要。

知识点延伸

2014年，中央网络安全和信息化领导小组成立，习近平总书记亲自担任组长。这显示出我国保障网络安全、维护国家利益、推动信息化发展的坚定决心。从党的十五大提出"推进国民经济信息化"，到十六大提出"坚持以信息化带动工业化，以工业化促进信息化"，再到十七大提出"大力推进信息化与工业化融合"，我国信息化与工业化的相互推动、累累硕果为今后互联网的产业应用奠定了坚实的基础。在强有力的领导机构引领下和良好的"两化"融合基础上，产业互联网将在未来持续推动经济转型升级。

"工业4.0"是以智能制造为主导的第四次工业革命，或革命性的生产方法。"工业4.0"的设想就是要将生产设备联网，也就是实现生产的一体化，把不同的设备通过数据交互连接到一起，让工厂内部甚至工厂之间都能成为一个整体。"工业4.0"的概念包含了由集中式控制向分散式增强型控制基本模式的转变，目标是建立一个高度灵活的个性化和数字化的产品与服务的生产模式。在这种模式下，传统的行业界限将消失，并会产生各种新的活动领域和合作形式。创造新价值的过程正在发生改变，产业链分工将被重组。

"工业4.0"能够持续带来覆盖整个价值网络的资源生产率和效率的增益，同时也能够将人口结构变动和社会因素考虑在内，并设定合适的方式来组织生产。智能辅助系统可以把工人从单调、程式化的工作中解放出来，使其能够将精力集中到创新和增值业务上。正因如此，德国早已将"工业4.0"上升为国家级战略予以推动。

通用电气(GE)公司提出了工业互联网革命(Industrial Internet Revolution)，一个开放、全球化的网络将人、数据和机器连接起来。曾任通用电气公司董事长兼首席执行官(CEO)的杰夫·伊梅尔特(Jeffrey Immelt)曾指出："这是一个庞大的物理世界，由机器、设备、集群和网络组成，能够在更深的层面将连接能力、大数据、数字分析完美结合。"正如过去互联网的普及是由个人电脑、网络连接成本的下降所推动的，工业互联网的突破是由更低成本的传感器、数据存储和更快的数据分析能力所推动的。现在工业机器的监测诊断系统已得到改进，并且信息技术的成本有所下降，基于越来越多的实时数据的计算能力得到了提高——可处理大量信息的远程数据存储、大数据集和更先进的分析工具日趋成熟，并且应用更加广泛。

2. 产业互联网在中国的机遇

中国工业化、信息化与互联网化浪潮叠加的独特节奏，经济结构的调整进程，以及互联网基础设施的完善都为产业互联网的发展提供了良好的机遇。我们必须重视并加快互联网在传统产业的应用，促进互联网与传统产业的融合，从而推动整体经济的转型升级。

(1) 工业化、信息化与互联网化浪潮叠加

尽管中国工业化、信息化进程起步较发达国家晚几十年甚至上百年，但是互联网化的滞后却并不明显，尤其在移动互联网领域与发达国家并驾齐驱。工业化、信息化进程的相对滞后，互联网化进程的相对超前，两股浪潮的叠加激荡出产业互联网的广泛应用。中国在工业化、信息化程度达到一定水平后跨入产业互联网时代，产生了很多具有中国特色的产业互联网应用。

(2) 互联网基础设施不断完善

中国近年来互联网基础设施的建设为产业互联网的进一步发展奠定了坚

实基础。光纤宽带已经走进千家万户，5G 网络开始覆盖全国。在社会评价体系和支付体系方面都已经具备广泛的群众基础。

（3）产业集群优势明显

在长期的经济发展过程中，很多区域形成了自己区域特色的优势产业集群，这些产业集群在应对竞争、提高效率的过程中借助互联网提高了沟通与交易的效率，打造了很多区域经济平台。

3. 产业互联网的模式

根据企业在产业链中所处的地位和扮演的角色，产业互联网可以被划分为四种模式，分别为交易平台、物流交付平台、增信融资平台、智能制造平台。

（1）交易平台

交易平台是目前比较常见的产业互联网应用的模式。交易平台不仅仅体现为简单的 B2B 电商，更体现为对产业信息的集成、对产业技术的交易、对产业商品定价的话语权。显示供求信息仅仅是交易平台最原始的功能；交易的撮合、支付的集成、线下物流仓储的集成是交易平台的中级模式；而对产品的标准化、指数化、金融化，进而影响行业商品的定价则是交易平台的高级模式。

（2）物流交付平台

物流交付平台主要是为了适应在 O2O（在线离线/线上到线下）趋势下线上线下一体化，物流、信息流、资金流三流合一的需求。

（3）增信融资平台

2013 年 7 月，国务院副总理马凯在全国小微企业金融服务经验交流电视电话会议上表示，要着力强化对小微企业的增信服务和信息服务，搭建综合信息共享平台，健全融资担保体系，大力发展贷款保证保险和信用保险业务，形成小微企业、信息和增信服务机构、商业银行利益共享、风险共担的新机制。

（4）智能制造平台

智能制造平台主要专注于追踪最新技术以及研发智能装备，从而为产业提供在工业互联网时代具有竞争力的智能制造解决方案。其核心在于不仅能为企业提供制造装备，还能把握行业发展趋势，在原料技术、制造技术领域提供最新的解决方案，提高装备的智能化程度和联网能力，适应柔性化、个性化的制造趋势。

> **中国营销好故事**
>
> ### 产业互联网发展之互联网医疗
>
> B2B2C(business to business to customer)服务模式中,第一个B指商品或服务供应商,第二个B指从事电子商务的企业,C表示消费者,B2B2C是一种依托互联网形成的电子商务类型的网络购物商业模式,是B2B、B2C模式的演变和完善。
>
> 以医联为例。2014年11月,国家出台医师多点执业政策,为以医生为核心的医疗资源带来了新的市场想象空间,但是医生并不清楚具体哪家医院、哪个患者需要自己。在这一背景下,医联形成的商业模式是:用经纪团队去挖掘医生的高价值环节,连接医院、医生、患者及相关服务商,打造以医生为中心的全产业链服务模式。业务内容可用三款产品来显示:一是医联App(应用程序),用来满足医生的学术社交需求。二是医联通App,是连接医生和医生业务的产品,提供药品和医疗器械选择、患者转诊以及保险和金融等业务。三是医联云,用来连接诊所和一些小型的私立医院,做信息管理的业务。它是以"软件即服务"(SaaS)模式运营的医院信息系统产品。SaaS被称为软件运营,是一种基于互联网提供软件服务的应用模式。SaaS模式随着互联网技术的发展和应用软件的不断成熟而逐步完善,是软件科技发展的最新趋势。如何整合医疗产业链资源、找到盈利点是各类商业模式成败的核心。
>
> 资料来源:许敏烨,《中国互联网医疗产业的商业模式分析》,北京大学光华管理学院MBA论文(指导老师:王锐),2019。

2.2 中国网络营销环境特点

2.2.1 数字经济及其中国特点

1. 数字经济的概念

作为经济学概念的数字经济是人类通过大数据(数字化的知识与信息)的识别—选择—过滤—存储—使用,引导和实现资源的快速优化配置与再生、实现经济高质量发展的经济形态。从广义上来说,凡是直接或间接利用数据来引导资源发挥作用,推动生产力发展的经济形态都可以纳入数字经济的范畴。在技术层面,包括大数据、云计算、物联网、区块链、人工智能、5G通信等新兴技术。在应用层面,新零售、新制造等都是其典型代表。

数字经济可以被看作一个经济系统,在这个系统中,数字技术被广泛使用并由此带来了整个经济环境和经济活动的根本变化。与此同时,数字经济也是一个全新的、综合的社会政治和经济系统,在这一系统中,所有的信息和商务活动都被数字化了。企业、消费者和政府之间通过网络进行的交易迅速增加。数字经济主要研究生产、分销、销售都依赖数字技术的商品和服务。数字经济所创造的企业和消费者双赢的环境使该商业模式能够良好地运转。

数字经济的出现与发展也给包括竞争战略、组织结构和文化在内的管理实践带来了巨大的冲击。先进的网络技术与实践的结合颠覆了人们关于时间和空间的原有观念。企业正在努力想办法整合与顾客、供应商、合作伙伴在数据、信息系统、工作流程和工作实务等方面的业务,而它们又都有各自不同的标准、协议、传统、需要、激励和工作流程。

20世纪90年代以来,美国引领了数字革命,并借助其创造了十多年的经济繁荣。欧洲、日本等地区和国家,也抓住数字革命的机遇,产生了巨大的成效。对于发展中国家来说,数字革命更是千载难逢的良机。

2. 中国数字经济背景及其发展

在数字时代,中国充分利用数字经济中的后发优势,缩小与发达国家的数字鸿沟。

(1) 政策支持

为了推动数字经济的健康发展,中国出台了一系列的政策,见表2.1。

表2.1 中国数字经济相关政策一览

时间	颁布单位	政策文件	相关内容
2015.11	十二届全国人大四次会议	《中华人民共和国国民经济和社会发展第十三个五年规划纲要》	宣布实施国家大数据战略,推进数据资源开放共享

（续表）

时间	颁布单位	政策文件	相关内容
2017.10	—	十九大报告	加强应用基础研究,拓展实施国家重大科技项目,为建设科技强国、质量强国、航天强国、网络强国、交通强国、数字中国、智慧社会提供有力支撑
2017.12	—	中共中央政治局第二次集体学习	推动实施国家大数据战略,加快完善数字基础设施,推进数据资源整合和开放共享,切实保障国家数据安全,加快建设数字中国
2019.10	国家发展改革委、中央网信办	《国家数字经济创新发展试验区实施方案》	在浙江省、河北省(雄安新区)、福建省、广东省、重庆市、四川省等六个试点省市等启动国家数字经济创新发展试验区创建工作,利用三年时间进行探索,数字产业化和产业数字化取得显著成效
2020.04	国家发展改革委、中央网信办	《关于推进"上云用数赋智"行动,培育新经济发展实施方案》	明确将数据作为一种新型生产要素写入政策文件,要培育数据要素市场,推进政府数据开放共享,提升社会数据资源价值,加强数据资源整合和安全保护,使大数据成为推动经济高质量发展的新动能
2020.7	国家发展改革委、中央网信办、工信部等13个部门	《关于支持新业态新模式健康发展激活消费市场带动扩大就业的意见》	积极探索线上服务新模式,激活消费新市场;加快推进产业数字化转型,壮大实体经济新动能;鼓励发展新个体经济,开辟消费和就业新空间,培育发展共享经济新业态,创造生产要素供给新方式

（2）具体行动

2020年中央经济工作会议提出"要大力发展数字经济","十四五"规划和2035年远景目标纲要提出"打造数字经济新优势"的要求,所以我们还面临着更好地建设数字中国的目标任务。对此,需充分发挥数字经济在生产要素配置中的优化与集成作用,进一步促进数字经济与实体经济的深度融合,进而提升实体经济的发展韧性与创新能力。我国主要从以下四个方面入手大力发展数字经济：

① 高质量编制好"十四五"数字经济政策规划。面对新形势、新变化,加强

统筹谋划、前瞻布局,高质量编制好国家总体、各领域、各省份数字经济发展战略举措和推进机制,并使各种发展政策相互协同、相互配套,形成支持数字经济发展的长效机制。

② 优化数字营商环境。重点是营造创新、公平、包容的数字营商环境,提升数字经济创新动力。提高数字化监管能力和水平,强化反垄断和防止资本无序扩张,支持数字经济公平、健康、有序发展。

③ 加快实体经济数字化转型。开展制造业数字化转型行动,夯实制造业数字化基础,积极推进企业数字化改造,深化各环节的数字化应用。坚持智能制造主攻方向,加快工业互联网创新发展,发展智能制造、服务型制造、规模化定制等数字化新模式、新业态。

④ 提升产业链、供应链的稳定性和竞争力。聚焦 5G/6G、人工智能、高端芯片、高端工业软件等技术和关键领域,增强自主可控能力。加快编制实施网络强国建设行动计划,有序推进 5G 网络建设及应用,推进车联网、人工智能等先导区建设,加快构建具有国际竞争力的先进数字产业集群。

(3) 发展成果

党的十九大报告总结了十八大以来中国经济建设取得的重大成就,肯定了数字经济等新兴产业蓬勃发展对经济结构优化的深远影响。习近平总书记在中共中央政治局第二次集体学习时的讲话中指出,要加快发展数字经济,推动实体经济和数字经济融合发展,推动互联网、大数据、人工智能同实体经济深度融合,继续做好信息化和工业化深度融合这篇大文章,推动制造业加速向数字化、网络化、智能化发展。可见,数字经济的发展是推动国家重大战略发展的关键力量,对当下和未来的供给侧改革、创新驱动发展等将发挥极其重要的作用。从 20 世纪 90 年代中国互联网行业起步到成长为世界公认的数字化大国,短短二三十年间,中国数字经济不仅在规模上实现了飞跃式发展,创新模式也由模仿创新向自主创新蜕变,在部分领域开创了"领跑"局面。2017 年,由"一带一路"沿线二十国青年评选出的中国"新四大发明"无一例外地都与数字经济具有直接或间接的关联,中国为世界展现了一条具有中国特色和中国智慧的网信事业发展之路。

随着手机网民的逐渐壮大,互联网行业迎来移动端时代,中国数字经济的基本格局已经形成,并迈入成熟期。智能手机全面融入人们的生活中,串联起了线上与线下,并且产生了深远的双向影响。数字经济成熟阶段的业态主要有两大特征。第一,传统行业互联网化。以网络零售为基础,生活服务的各个方面都从线下拓展到了线上,打车可以使用"滴滴出行",叫外卖可以使用"饿了么""美团外卖"等,甚至洗衣、家政等业务也能够通过互联网解决。然而,互联网化也并不总能带来持续的发展,许多行业在尝试向互联网转型的过程中也遭遇了瓶颈。第二,基于互联网的模式创新不断涌现。以摩拜、美团等为代表的共享经济突破了原有的公共自行车模式①,通过创新为中国数字经济注入了新的活力。此外,网络直播近年来也成为一种热门的形式,特别是2016年淘宝直播上线之后,网络直播模式与网购和海淘的进一步融合,使直播经济真正成为一种强有力的变现模式。

总的来说,中国数字经济政策在早期以信息化建设和鼓励电子商务发展为主,自2015年起"互联网+"相关政策呈现井喷式增长,2017年"数字经济"一词首次出现在《政府工作报告》中。以《国务院关于积极推进"互联网+"行动的指导意见》为关键节点,国家层面和省市层面均出台了一系列配套政策,旨在促进数字经济相关产业的发展,同时鼓励企业"走出去",在国际市场中率先建立数字经济规则。就政策内容而言,以产业规划和指导意见为主,形成了较为明确的产业发展方向和发展目标。

2.2.2 互联网营销模式和场景

1. 中国的平台经济

(1) 平台经济的概念和基本特征

平台经济以新型基础设施(云、网、端等)为基础,以技术创新、商业模式创新为驱动,基于互联网平台,通过资源共享模式,实现产业跨界融合、业态创新。我们可以将平台经济理解为,不生产产品,但可以促成双方或多方供求之间的交易,收取恰当的费用或赚取差价从而获得收益的一种商业模式。平台经济作为新经济时代越来越重要的一种产业组织形式,主要具备以下几方面的特征:

① 是一个双边或多边市场。平台企业不仅面对消费者,也面对商家。平台经济通过双边市场效应和平台的集群效应,形成符合定位的平台分工。一家平台往往有众多的参与者,他们分工明确。每家平台都有一个平台运营商,它负责聚集社会资源和合作伙伴,为客户提供好的产品,通过聚集人气,扩大用户

---

① 2020年12月,摩拜单车停止服务,全面接入美团,并更名为"美团单车"。

规模,使参与各方受益,达到平台价值、客户价值和服务价值最大化。

② 开放性。平台经济最大的特点就是筑巢引凤,吸引各种资源加入,这就需要平台对外开放。平台的合作伙伴越多,它就越有价值。平台的开放性实现多方共赢,从而提高平台的聚集效应和平台价值。

③ 网络外部性。平台企业为买卖双方提供服务,促成交易,买卖双方中任何一方规模的扩大都将会促进另一方的增长,如此一来,其网络外部性特征也就能得到更加充分的显现。也就是说,卖家和买家越多,平台就越有价值。同时,平台经济之所以极具魅力,就是因为其具有交叉外部性特征,即一边用户的规模增加显著影响另一边用户使用该平台的效用或价值。

④ 增值性。平台企业要能为消费者和商家提供获得收益的服务。如百度一方面为广大用户提供搜索服务,另一方面通过聚集流量,为商家提供更加精准的广告,提高广告效益。平台企业要能立足市场,关键就是要为双边或多边市场创造价值,从而吸引用户,提高平台的黏性。

当前,平台经济正在全球兴起。据统计,全球15大互联网企业均采用平台模式运行,全球最大的100家企业中的60家,其主要收入也来自平台模式。

(2) 我国平台经济的发展

近年来,一大批基于互联网、大数据和移动技术的平台企业迅速崛起,平台经济不断颠覆传统产业、创新商业模式,引领全球产业发展和科技发展新趋势。平台经济的兴起,被一些学者称为"数字革命"的三大标志性事件之一和21世纪以来最重要的商业事件。

现代平台经济属于数字经济的范畴,代表着数字时代的发展方向和未来。我国已成为全世界平台经济中最具影响力和活力的力量之一。我国出台的一系列支持平台经济健康发展的措施旨在维持并快速扩大既有成果,推动我国平台经济再攀新高峰。

2017年9月15—21日全国"大众创业、万众创新"活动周开幕前,李克强总理特地做出批示:要着力推动数字经济、平台经济发展,以新产业蓬勃发展、新动能持续壮大、新人才不断涌现为经济转型升级提供有力支撑。为了促进平台经济规范健康发展,国务院办公厅也印发了《关于促进平台经济规范健康发展的指导意见》,要求落实和完善包容审慎监管,推动建立健全适应平台经济发展特点的新型监管机制,着力营造公平竞争市场环境。

我国有着全世界范围内数量最多、最多样化的平台企业群体,腾讯、京东、淘宝等大企业已成为我国"大众创业、万众创新"的排头兵以及跨产业融合的重要载体。这些企业不但重新塑造了消费者的消费习惯和体验,而且颠覆性地重构了商业生态,推动了生产、流通领域的重大技术创新和商业模式变革。平台经济的崛起和发展,为中国经济在目前复杂的外部条件下克服困难继续平稳健康发展提供了重要动力,其所创造的经济能量在国内生产总值(GDP)中的占比日益提高。特别是2020年以来新冠肺炎疫情下反复出现的社交隔离使得平台经济再次加速,可以预见的是,平台经济必将在今后产生更为深远的影响。

中国营销好故事

美团——从店铺到家门口

美团在成立之初主要经营团购业务,经过几年的发展,其占据了国内近一半的团购市场,并积累了相当多的线下商铺资源。这些资源形成了美团相较于其他平台而言不可比拟的核心竞争力。在此基础上,美团将其业务进一步拓展,在娱乐领域推出了美团电影,后来升级为猫眼电影,消费者可以不必在线下购买电影票。随后,美团酒店、旅游的业务又满足了消费者日益增长的旅游消费需求。而美团外卖的推出,为消费者的用餐提供了更加丰富多样的选择,消费者不再受到时间的限制,仅仅需要一部手机便可以完成支付,足不出户就可以享用各种美食,就餐的便利性有了极大的提升。尽管外卖市场的竞争异常激烈,但美团外卖已突出重围,数据显示,自2018年以来,美团外卖的市场份额稳定在60%以上。之后,美团又继续发掘市场机遇,将业务拓展到了打车等板块。这些业务板块相继上线,涉及消费者衣食住行的各个方面,美团也真正做到了服务覆盖从店铺到家门口。

知识点延伸

作为一种新兴的经济业态,平台经济以其高成长性、广覆盖性、强渗透性及跨界融合、智能共享等特性,深刻改变着传统经济的生产方式、商业模式和发展轨迹,有着极其乐观的发展前景,尤其是网上服务类行业在未来大有可为。互联网平台促进了贸易,贸易深化了分工和专业化,分工和专业化有利于生产。利用新一代信息技术,部分电商企业功能延伸到了生产和制造领域,连接了消费需求和生产供给,实现了需求侧便利和供给侧优化,达到了传统商业活动难以企及的广度和深度,乃至效率和效益,这无疑具有连接服务与制造的创新价值。因此,社会各界应着力从资金、技术、人力和品牌等多方面支持它们实现转型,提升经济效益和社会效益。

但不可否认的是,平台经济在发展过程中也出现了一些问题,比如政策限制、市场诚信体系缺失、消费者平台意识不够、数据流转和行业准则不规范等,这些弊端对政府治理提出了新挑战。平台经济离不开数字技术。我们处在一个信息爆炸的时代,谁能掌握更多的信息,谁就可以快人一步,掌握创新的主动权。而作为公共品的政务大数据则是平台企业发展的重要基础。这有赖于政府部门出面构建权威的大数据平台,探索具有公共属性的数据资源互联互通、整合汇聚、应用共享,与平台企业共享和挖掘生产、流通、消费、服务等各环节的信息,为政府面向市场"精准施策"、企业面向消费者"精准营销"提供决策信息系统集成服务。

目前,中小型互联网平台较弱的规模实力导致其在金融机构面前面临着较高的风险定价。为了解决平台企业初创期面临的融资问题,相关部门要进一步加大力度发展多层次资本市场,鼓励直接融资机构快速规范发展,通过公共信用综合评价系统为中小平台企业提供评级,帮助它们获取更多的股权融资机会,以促进"大众创业、万众创新"的蓬勃发展。

推动互联网平台经济健康发展,政府不仅需要推进"放管服"改革,也需要创新监管方式,构建友好的监管环境和营商环境,给予平台创新一定的政策容忍度和适当的试错空间。同时,要提升监管的效能和前瞻性,制定相应的法规和基本服务标准,营造一个既包容有序又充满活力的发展环境。

---

2. 场景营销

(1) 场景和场景营销的概念

"场景"这一概念最早来源于影视,它是指"在一定的时间、空间内发生的一定的任务行动或因人物关系所构成的具体生活画面。简单地讲,是指在一个单独的地点拍摄的一组连续的镜头"[①]。

---

① 刘建辉、闫月琴,《虚拟演播室技术在广播电视中的作用》,《中国有线电视》2015年第3期,第347—348页。

场景营销最初是在广告营销等传统营销的基础上发展起来的一种营销理念和营销方式,强调消费方式的不同。在传统营销视角下,消费是物品消费;但在场景营销视角下,消费是场景消费。

简单来说,场景营销就是在销售过程中,通过使用生动形象的语言为消费者描绘一幅使用产品后所产生的美好画面,激发消费者对这一场景的向往,并有效刺激消费者购买欲望的手段。场景营销是以心灵的对话和生活情景的体验来达到营销的目的。

大众媒体时代,电视、广播、报纸、杂志等媒体的属性决定了信息只能进行单向传播。但随着消费者个性化程度的提高以及对广告套路的了解,传统营销的作用受到了极大的挑战。社交媒体营销是一个突破口,但此外,要想回到营销自身的长期诉求上,场景是一个绕不开的话题,也是一剂良药。

随着我国移动通信网络环境的不断完善以及智能手机的普及,移动互联网的应用已经出现在消费者生活的方方面面,我国新一轮互联网竞争已经爆发,市场营销已经进入"手持革命"时代。在移动互联网时代,产品服务销售渠道、购买行为、行业形态都正在经历场景化嬗变,场景营销应运而生。

(2)我国的场景营销

在网络营销迅猛发展的大势之下,伴随着场景在营销中的位置越来越重要,我国的场景营销也迎来蓬勃发展。

互联网基础设施的不断完善和用户触媒习惯的转变加快了企业营销由图文向视频直播模式过渡的进程。在我国消费者接触过的内容营销形式中,短视频、直播、长视频占比包揽前三。一方面,视频和直播承载更高维的信息密度,具有实时性和互动性的特点,进而能够提升其真实性和趣味性;另一方面,随着淘宝直播、抖音、快手的快速崛起,以短视频和直播为代表的视频内容形式可以方便地吸引、集聚用户,充分利用其碎片化时间。信息交互方式的变革为企业直播服务的发展奠定了基础。

新冠肺炎疫情导致了许多线下活动场景被限制,从而在一定程度上加速了我国企业业务的线上化进程。这倒逼各大企业加快数字化转型步伐,而企业直播服务则成为其对内沟通和对外营销的重要线上端口。一方面,利用直播技术,企业实现内部流程线上化,通过线上的沟通,保证各部门之间顺畅对接,避免企业长时间停摆;另一方面,利用线上渠道,直播可以帮助企业吸引流量、进行宣传推广,从而打破线下的时空限制。

在早期,企业直播主要被用于品牌大会、内部培训等,需求主体以具有较强产品发布需求和大规模人员培训需求的大型企业为主;后来,尤其是2018年之后,淘宝直播、抖音、快手快速崛起,直播带货、直播营销成为风口,企业直播需求主体边界拓宽,大量传统企业和中小企业入局,借助直播营销的东风实现收入的倍增。

2.2.3 互联网助力国家发展

李克强总理指出,互联网是"大众创业、万众创新"的新工具。只要"一机在手""人在线上",实现"电脑+人脑"的融合,就可以通过"创客""众筹""众包"等方式获取大量知识信息,对接众多创业投资,引爆无限创意创造。互联网也是政府施政的新平台。通过电子政务系统,政府可以实现在线服务,做到权力运作有序、有效、"留痕",促进其与民众的沟通互联,提高其应对各类事件和问题的智能化水平。互联网突破既是科技革命,又是保障公平的社会变革。一个人无论出身如何、财富多寡、受教育水平高低,都有机会通过互联网获取一扇了解世界的窗口,得到一架走向市场的阶梯。从我国实际来看,互联网在多方面助力国家发展。

1. 网络扶贫

国家发展改革委印发了《关于支持推进网络扶贫项目的通知》,其中提出,支持推进网络扶贫项目建设,加快提升网络覆盖,深化拓展产业扶贫,扎实推进农村电商,着力推动涉农服务。

支持贫困地区信息基础设施建设,提升宽带用户接入速率和普及水平。支持实用移动终端研发和应用,满足贫困地区群众使用需求。支持开发网络扶贫移动应用程序,推广民族语音、视频技术研发。

支持推广互联网、大数据、物联网、人工智能在农业农村生产经营管理中的运用,促进新一代信息技术与农村生产生活、农产品加工、农业装备制造以及特色农业深度融合。支持因地制宜发展数字农业、智慧农业、绿色农业等长效扶贫产业,激发贫困地区和贫困群众自我发展的内生动力。

支持"互联网+"农产品出村进城工程,建立和完善适应农产品网络销售的供应链体系,运营服务体系,以及物流、仓储等支撑保障体系,推动贫困地区农产品上网销售,实现优质优价,助推脱贫攻坚。支持电商企业采取多种方式,拓宽贫困地区农产品销售渠道。支持农村物流配送体系建设,进一步提升贫困地区快递网点乡镇覆盖率。

支持发展适应"三农"特点的信息终端、技术产品,推动偏远农村地区远程医疗设施设备普及。推进移动互联网应用,提升为农综合服务能力。运用互联网手段,推动社会服务在线对接、线上线下深度融合,着力解决贫困地区教育、医疗资源不足的问题,支持发展在线教育培训、远程医疗服务等,提升贫困地区教育、医疗等领域的信息化水平。

作为依托于互联网和信息化进行扶贫的一种形式,网络扶贫是脱贫攻坚的重要组成部分,是助力精准脱贫的重要手段。据中央网信办、国家发展改革委、国务院扶贫办联合印发的《网络扶贫行动计划》,网络扶贫包括网络覆盖工程、农村电商工程、网络扶智工程、信息服务工程、网络公益工程五类。具体做法如下:

(1) "互联网+教育""互联网+医疗"优化资源配置,化解民生难题

近年来,各地探索"互联网+教育扶贫"新思路,缩小城乡教育资源差距,坚决阻止贫困的代际传递,促进教育公平。目前,我国网络扶智工程成效明显,全国中小学(含教学点)互联网接入率从2016年年底的79.2%上升到2020年8月的98.7%。互联网为农村及偏远地区中小学生提供普惠性、个性化、智能化学习资源,使山里的孩子也可以听名师讲课、接受更好的教育。下一步,要以"精准"的模式,有的放矢地找准薄弱环节及其症结,提高教育扶贫效率,针对教育贫困群体内部多样化的学习诉求,提供更加灵活、多样的公共教育服务,还要精准补充贫困地区师资队伍,全面提升师资队伍质量。

看病难、看病贵一直是当下我国社会治理的难题,因病致贫、因病返贫一直是脱贫目标下的一道难题,而"互联网+医疗健康"为杜绝因病致贫、因病返贫现象打开了一个新"窗口"。目前,我国网络扶贫信息服务体系基本建立,远程医疗实现国家级贫困县县级医院全覆盖,全国行政村基础金融服务覆盖率达到99.2%。一些地方利用"互联网+医疗健康"探索健康扶贫新模式,将人才下沉到基层,小病留在基层看,将疑难杂症及危重患者上转,形成"基层首诊、疑难上转、康复回家"的医疗模式,实现互联网与健康扶贫相结合,让贫困对象住院、报销及补偿领取更加方便。

(2) "电商+扶贫"激活消费市场

近年来,"直播+电商"等扶贫新业态逐步走向农村地区,这些新业态可以最大限度地减少中间环节、促进产品销售,不仅帮助贫困地区将农产品推广出

去,还卖出了好价钱,拉动了消费市场的增长。各大电商企业积极参与网络扶贫,为小农户与大市场之间构建起了桥梁,为农产品打开了线上销路,有力地促进了贫困地区特色产业的规范化、品牌化建设。我国的网信企业、社会组织与未摘帽贫困县达成网络扶贫结对帮扶项目,促进了有关地区的网络覆盖、农特产品在线销售、电商培训。此外,各地通过发展贫困地区的电子商务,建立电商产业园、电商创业孵化基地,对接电商大市场,带动农民就业创业,达到了贫困户增收的效果。

(3)"通信+互联网"夯实发展基础

近年来,各地积极支持贫困地区网络建设。报告显示,贫困地区网络覆盖目标提前超额完成,贫困村通光纤比例由实施电信普遍服务之前的不到70%提高到98%。已经逐渐建立起网络扶贫信息服务体系,实现了网络覆盖、信息覆盖、服务覆盖。

今后,各地应继续深化网络覆盖,进一步夯实4G和光纤网络基础,并逐步探索在农村地区开展5G网络建设,不断提升农村及偏远贫困地区信息基础设施的水平;完善网络扶贫程序等研发应用,用好网络提速降费政策,加大信息惠民力度;全面推动数字乡村建设,充分释放数字红利,加快农业农村经济社会的数字化转型,帮助贫困人口脱贫致富。

电商作为最近出现的一种新形式,在农村发展还存在不少短板,比如,一些偏远地区存在网络、物流"最后一公里"难题,从事电商的人才不足,等等。为了更好地进行电商在农村的推广、更高效地实现电商在落后地区的发展,要加快农村物流网点建设,不仅要让"送进来"更容易,也要让"运出去"更畅通;开展电商技能知识培训,培育知识型"新农人";加强品牌培育,因地制宜地发展数字农业、智慧农业、绿色农业等长效扶贫产业,为乡村振兴注入更多互联网"新动能"。

中国营销好故事

直播带货——扶贫的新举措

随着互联网走进千家万户,"直播带货"这种新的产销模式越来越受欢迎,为流通受阻的农产品打开了新销路,缓解了农民卖货难问题。随着这一方式的普及,越来越多贫困地区的群众也了解并参与其中,找到了脱贫致富的新出路。

近年来，各大互联网企业争相搭建渠道，借助互联网助力扶贫。例如，快手在 2018 年启动了"5 亿流量"计划，分出价值 5 亿元的流量向国家级贫困县倾斜，帮助当地进行特产的推广和销售。此外，新浪也积极与数十个国家级贫困县合作，帮助这些地区的特色农产品打造其专属的品牌，进而提升销量。

"直播带货"这一销售模式连接起了城市与乡村——一头是庞大而充满活力的城市消费市场，另一头则是盼望着能够勤劳致富的贫困地区农户。这一互联网建构起的虚拟桥梁缓解了农产品的销售难题，帮助农民增收脱贫，也让许多之前名不见经传的乡村走进了大众的视野。

2. "一带一路"倡议下的跨境电子商务新情景

在我国着力推动"一带一路"建设的大背景下，大力发展跨境电子商务既有利于推动"一带一路"建设，又能推动中国传统制造业转型升级，实现跨境电子商务的贸易新业态与制造产业的深度融合。

党的十九大报告明确提出，"支持传统产业优化升级""要以'一带一路'建设为重点""拓展对外贸易，培育贸易新业态新模式，推进贸易强国建设"。习近平总书记在 2018 年 8 月 27 日召开的推进"一带一路"建设工作五周年座谈会上明确提出，要搭建更多贸易促进平台，发展跨境电子商务等贸易新业态、新模式。在"一带一路"倡议下，跨境电子商务是一种逐渐增强中国世界贸易地位的新动能。

"一带一路"是"丝绸之路经济带"和"21 世纪海上丝绸之路"的简称，是中国与相关国家相互合作的区域合作平台。随着信息技术的不断发展，电子商务在"一带一路"建设中将发挥巨大作用，对促进东西方文化交汇融合和商业贸易等活动具有越来越大的影响。电子商务高效率、跨区域的优势可以在国家"一带一路"建设中得到淋漓尽致的体现，与此同时，电子商务也将得到发展。

两千多年前，陆上和海上两条丝绸之路将中国与世界相连。如今，崭新的丝绸之路以互联网的形式出现。"网上丝绸之路"大大缩短了世界各个国家、各个地区民众之间的距离。到 2020 年，中国与"一带一路"沿线国家已形成基于跨境电子商务、数字贸易的多双边经贸合作大通道。

商务部的数据显示，近十年来中国跨境电子商务交易额一直保持高速增长。中国电子商务的蓬勃发展不仅帮助国内中小企业"走出去"，也让更多海外企业有机会进入中国市场。

伴随"一带一路"建设的不断推进,跨境电子商务凭借其自身的优势特征,在中国与"一带一路"沿线国家经贸往来中的重要角色正逐步得以体现。"一带一路"倡议串联起了跨境电子商务交易所涉及的有关国家,也实现了在跨境电子商务产业链条中的资源共享与优化配置。

电子商务涉及各个行业,"一带一路"建设也是在多行业展开的。它打破了改革开放以来我国传统的国际商贸格局,建立起了中国国际贸易的新重心,增加了中国在国际市场上的贸易份额,也打破了欧美某些国家给我们设置的贸易壁垒。电子商务与"一带一路"建设的结合使中国可以更深入地参与世界经济发展,提升全球影响力。

中国营销好故事

阿里巴巴海外平台

近年来,阿里巴巴海外平台全球速卖通的世界影响力得到不断提升。目前,速卖通已经覆盖220多个国家和地区的1亿海外客户。在这些国家和地区中,西班牙是其第三大市场。有关数据显示,速卖通在西班牙举办的第一个"双十一"购物节就取得了亮眼的成绩,一小时内就有超过6 500份订单,位于马德里的仓库几乎被一扫而空。

不仅速卖通帮助中国商品"走出去",阿里巴巴的发展也吸引了西班牙品牌"走进来"。天猫海外购与许多西班牙品牌进行合作,涉及的产品多种多样,包括服装、化妆品、红酒、火腿等西班牙产品可以便捷地销售给中国消费者。消费者足不出户就可以感受到来自异国的独特气息。

可以说,中国的电子商务架起了中国与海外交流的桥梁,不仅为国内中小企业打开了通往海外的大门,也让更多海外企业有机会进入中国市场,共享中国经济的发展成果。

3. 跨境电子商务运营的中国模式

根据不同的业务形态,跨境电子商务运营可以分为以下十类:

(1)"垂直型自营跨境B2C平台"模式

这类平台在选择产品时,会将产品集中在特定领域,如美容、服装、化妆品、母婴用品等。商品数量并不是很多,但往往是国内消费者热衷购买的商品,国内市场很大。从国外进口的商品在平台上直接销售给消费者,不经过任何国内经销商。

(2) "海外商品闪购+直购保税"模式

利用这一模式的代表企业是唯品会。2014年9月,唯品会在互联网上开设了"全球特卖"网页,不仅如此,唯品会还开通了第一个"全球特卖"业务,这是国内利用海外快递进行发货最正规的在线平台。唯品会在开展"全球特卖"业务时,采用的是"三单对接"标准,这是海关管理级别最高的通关模式。在这种模式下,消费者可以通过互联网自动生成订单、运单和付款单,发送给海关进行核查备案,并利用互联网将相关信息实时同步给电子商务平台的供应商和物流中转商。三方信用支付系统的整个交易过程都在网上完成。这种四合一的封闭式全链条管理体系,使跨境贸易非常方便快捷。

(3) "自营跨境B2C平台"模式

采用这一模式的代表企业之一是亚马逊。它们以保税方式在上海自贸区囤积境外货物,然后将其销往境内。这种方法被后来的许多电子商务企业模仿。跨境电子商务企业在中国保税区自建仓库,提前在境内"存储"境外商品。当境内消费者需要时,可以快速从境内发货,极大地满足了消费者的跨境网购需求,因此很多电子商务企业都热衷于采用这种方式。

2015年,顺丰公司的"顺丰海淘"跨境B2C电子商务网站正式上线。这个平台为境内消费者提供的商品涉及多个国家和地区,在提供商品详情时,都是使用汉字,在支付时,均用人民币结算,另外,平台的客服说的都是汉语,完全是为境内消费者服务的。消费者一键下单,就可以获得顺畅的境外购物体验。

(4) "直营+保税区"模式

跨境电子商务企业销售商品,对物流监控、支付都有自己的一套体系。为了保证质量和降低成本,企业直接参与商品采购、物流、仓储等境外商品买卖的整个流程,这就叫"自营"模式。

通过这种模式,有些企业将"海淘商品"的购买周期由常规的半个月减少到只需3天,有的甚至更短,而且是全程跟踪商品的运输流通。

(5) "自营+招商"模式

采用这种模式的企业可以最大限度地发挥其内在优势,同时借助外来优势补强自己。苏宁结合自身的特点,选择了这一模式。作为传统的电子商务企业,苏宁在跨境贸易中发挥了其所具有的供应链和资金链优势。然而,众所周知,苏宁成立之初即在传统的电子商务模式下,其销售是由境内供应商提供的,而很少以寄售方式销售境外货物,在进行跨境贸易时,境外商业资源并不占优势。因此,苏宁通过全球投资来弥补。继天猫、亚马逊之后,苏宁开始做跨境电商,随后发展迅速,成为跨境电商的有力竞争者。

(6)"自营而非纯平台"模式

为了直接向境外客户销售产品,增强京东的国际竞争力,改变非纯平台的做法,京东采取自营的方式运营。京东海外采购是京东海淘业务的主要方向。货物的质量由京东监督和控制,从根本上保证了所发商品的质量,也让消费者能够信任京东的平台,长期在该平台上进行购买。京东方面称,京东最初的跨境贸易依靠品牌的境外经销商获得商品,未来将加强与境外品牌商的合作。2015年之后,京东加大了与境外品牌的合作,与境外500多个品牌进行了深入合作。

(7)"跨境C2C平台"模式

我们熟知的全球购建立于2007年,属于"跨境C2C平台"模式,是淘宝网奢侈品牌的时尚中心,也就是让中国的消费者购买高档商品的跨境电子商务平台,实现"足不出户,淘遍全球"。全球购严格把控产品的质量,对境外合作的生产商或供应商都会严格审核,为客户认真选择商品。

(8)"保税进口+海外直邮"模式

为了更好地发展国际贸易,天猫等一些电子商务平台在各地保税物流中心建立了国际物流仓库,并在全国多个一、二线城市建立了跨境网点,规避基本法律风险,在获得法律保护的同时,缩短境内消费者购买境外商品的时间,提高境外直发服务的便利性。据监测,2017年"双十一"期间,天猫国际70%的境外产品入境,均为保税模式。这是跨境贸易模式的成功案例。

(9)"导购返利平台"模式

"导购返利平台"模式的代表商家是55海淘网,这个平台针对的是我国境内的消费者,商品覆盖母婴、美妆、服饰、食品等综合品类,消费者通过网络在境外采购后,给予网站2%~10%不等的返利,其返利商家主要是欧美国家等B2C、C2C网站,如亚马逊、易贝(eBay)等。

(10)"直销、直购、直邮"的"三直"模式

洋码头是采用"直销、直购、直邮""三直"模式的跨境电子商务平台,是面

向中国消费者的第三方交易平台。消费者有两种类型：一种是个人，是 C2C 模式；另一种是销售商品的商家，是 M2C（生产厂家对消费者）模式。洋码头的主要功能是引导境外零售业与境内消费者对接，让境外卖家直接向境内消费者销售商品，而境内消费者通过直邮方式直接将订单邮寄给境外卖家。

1. 网络市场环境的基本概念。
2. 数字经济以及中国数字经济的特点。
3. 中国网络营销环境的特点和优势。

思考分析园地

1. 促进中国数字经济发展的因素有哪些？
2. 中国数字经济的优势在哪？中国数字经济的大背景体现在哪几个方面？
3. 为什么说网络营销是国家发展的有力抓手之一？试举例说明。
4. 搜集数据和资料，比较国内主要的几个大型 B2C 网站的竞争格局，以及它们各自具有的竞争优势。

篇后研习

2019年,我国社交媒体用户达15亿人。影视产品在社交媒体营销上投入了越来越高的营销费用。随着"限集令"等一系列规定的出台,影视产品的售价降低,对于营销费用也有很大的影响。如何用更少的营销费用在社交媒体上实现最佳的营销效果,成为各大影视剧出品方亟待解决的问题。

在众多社交媒体中,豆瓣App月度独立设备数为700万左右,勉强进入前十,与很多近期火热的社交应用仍有一定的差距。但是,从月度总有效时长来看,豆瓣的用户使用总时长排名第四,用户平均使用时长更高。豆瓣作为一个以书影音发家的App,也是影视剧营销宣传的重地。豆瓣小组作为用户黏性极高的社群,其中的观点对微博等大流量平台具有很大的影响。因此,豆瓣平台的影视产品营销十分值得研究。

截至2020年3月16日,《庆余年》在腾讯视频上已有近80亿的播放量,可谓是2019年最火爆的网剧,一扫男频小说改编剧连续扑街的阴霾。《庆余年》同时也是近年来男频小说改编与大男主剧中的翘楚,豆瓣评分高达7.9分(2020年3月数据)。作为2019年年末的爆款剧,《庆余年》称得上是网络营销上的一个成功案例。

思考题:

1. 请进行实际调查,找一找近期和《庆余年》网络营销案例类似的热点影视剧,从网络营销的特点和环境的角度,分析其成功的原因。

2. 尝试使用文本分析和统计量化方法,以近期某大热影视剧为例,将豆瓣小组作为研究对象,研究该剧在社交媒体平台上不同时期的讨论热点,总结影视剧营销脉络,为同类影视作品的营销与宣传提供一点建议。

第2篇

网络营销战略框架和调研方法

开篇综述

网络营销是以互联网为基础,利用数字化信息和网络媒体的交互性来辅助营销目标实现的一种新型市场营销方式,是在市场上利用现代科技的力量去推动商品买卖的活动。如今,网络社会与现实社会的交织正不断深入,这使得网络营销成为企业经营发展所必须涉足的领域。

网络营销战略是企业开展网络营销的总体设想和规划,是企业在网络营销工作中具有全局性和长远性的指导思想与经营决策选择。不难看出,网络营销战略是企业科技战略与营销战略整合的结果,这样的规划是企业开展网络营销工作的逻辑起点,也是企业网络营销战略布局的设计蓝图和目标,是具有重要意义的关键环节。好的网络营销战略不仅可以指导企业网络营销工作的有序开展,还能够帮助企业在网络市场新的竞争环境中准确选择目标市场、明确自身定位、规划有效的经营手段,并最终打造竞争优势,在市场上获得主动权。

当然,任何网络营销战略的制定,都应当是对市场等进行充分研究的结果,这样制定出来的战略才足够科学、有效。所以,对于营销人员或者企业来说,掌握并运用有效的调研手段,也是网络营销战略制定中很重要的一环。

第 3 章　网络营销战略框架

3.1　网络营销战略

3.1.1　网络营销战略定义和作用

战略(strategy)这一概念最早源于战争实践,是指筹划和指导参与全局作战的方略。它强调要站在宏观全局的角度审视当前的形势,客观而全面地分析内外部环境,同时在充分掌握自身优劣信息的基础上进行决策。将这一理念运用至商业实践中,便衍生出了"企业战略"的概念。企业战略是指企业确定的总体性、长远性谋划与方略,目的是指导企业实现资源的优化配置,从而有效地适应未来环境的变化,寻找长期生存和稳定发展。

在互联网快速发展的今天,新兴网络市场日益成为企业绕不开的一大"战场"。与之相伴的是,企业的目标市场、组织形态、用户关系、营销手段及竞争形态等都在不断动态调整。这对企业而言既是全新的挑战,也意味着无限的市场机遇。因此,企业必须确立与之相应的网络营销战略,提供比竞争者更有价值的产品、更有效率的服务,扩大市场营销规模,这样才能顺利实现企业的经营目标。

网络营销战略(internet marketing strategy)指的是企业在现代网络营销的环境和观念下,为顺利实现其经营目标,对一定时期内其网络营销发展所做出的总体设想和规划。网络营销战略在企业网络营销活动中所起的作用是多方面的,具体表现为:

① 战略规划网络营销活动。战略规划的过程也是企业充分认识其所处的内外部环境、评估自身现状并前瞻未来的过程。好的战略规划对企业发展而言

是一种有效的指导,能帮助企业把握营销的主动性,开展一系列网络营销活动以迎接未来的挑战,避免盲目行动,从而降低企业的经营风险。

② 动态适应网络营销环境。网络营销战略的制定往往基于对环境的时时评估,并结合了企业的总体发展方向与目标。它可以为具体行动提供动态的约束准则,指导企业对网络营销活动进行有预见性的即时调整。

③ 统一协调网络营销活动。网络营销战略以企业总体发展的需要为依据,并不受制于局部,而是体现出全局性和统一性。通过对网络营销战略进行规划,企业可以协调各项营销活动,进一步提高营销效率,保持其持续发展的能力。

④ 合理配置网络营销资源。为了达到最好的网络营销效果、实现战略目标,企业需要对其内部资源和外部环境进行科学分析,并充分协调和利用各种网络营销资源。不同部门、不同业务、不同产品以及不同市场的网络营销活动由此可以被合理安排,实现资源的优化配置和高效利用。

⑤ 提升整体的网络营销能力。总体而言,制定网络营销战略规划的过程提高了企业网络营销活动的目的性、预见性、整体性、有序性和有效性,从而促进了企业网络营销能力在总体上的提升。

中国营销好故事

苏宁云商的战略措施

苏宁云商在零售领域有坚实的发展基础,其在物流、信息流的丰富度等方面优势突出。这也是苏宁云商在转型期得以脱颖而出的原因。纵观苏宁云商的这段发展历程,不难看出其并没有墨守成规,而是时时监测内外条件的变化,并兼顾到自身的优劣势,系统地实施了相关的战略措施。

2010年的苏宁云商正处于转型的初级阶段,它采用的主要是WO(劣势、机会)战略。在信息科学技术迅猛发展、消费者需求日新月异的背景之下,苏宁云商的传统发展路径大大呈现出落后趋势。基于此,苏宁云商痛定思痛、及时亡羊补牢,跟进了一系列弥补措施,将互联网思维延伸至其发展的各个领域和环节,并培养了一批新式互联网人才。由此,苏宁云商得以化劣势为优势,互联网经济、大数据和人工智能等成为其全新打造的核心竞争力。这也为其开拓了新的增长点,且效果喜人。到2013年,这一轮转型收到了突破性的成效,苏宁云商在 O2O 经营、互联网平台使用等方面取得了较大的发展,还成为 O2O 模式的示范性企业。即使面临着整体经济下行压力、行业挑战加剧等风险,苏宁云商仍有效挖掘并充分利用了有利于自身发展的各种机遇。

苏宁云商不仅抓住了消费者需求转型的时机,还精准识别出供应商和合作商的需求转型。基于此,苏宁云商主要使用了 SO(优势、机会)战略。这一轮革新主要围绕线下实体店展开,它不断优化资源配置,提高实体资源的竞争实力,有效增强了自身在物流和信息流等方面的竞争力,顺利取得规模化的经济效益。

从以上历程中不难看出,苏宁云商在全局战略的制定上一直紧跟甚至引领着时代发展的步伐,不但没有使自己被竞争的洪流淹没,还不断增强着发展能力,探索出领先道路。

3.1.2 网络营销战略规划

在制定网络营销战略规划的具体内容时,需要遵循以下四个原则:第一,适应性原则,即网络营销战略规划的制定要适应外部的经济环境以及内部的企业条件;第二,前瞻性原则,即战略规划应是企业在相对较长时期内的经营方略及市场举措,因此网络营销战略规划要围绕企业经营的实际需求以及对未来发展的预测结果进行规划,这就要求企业具有更开阔的视野,把握住市场发展的趋势与前沿,并融入现代营销的理念;第三,技术平台化原则,网络营销战略规划的制定与实施都是依赖一定的技术平台,这就要求保证平台的可行性和可持续发展能力,并将技术理念贯彻到建设与运营的全过程;第四,整合性原则,即网络营销战略规划的制定需要对企业的业务流程进行重新整合,使网上业务和网下业务形成比较系统的协同关系。

1. 网络营销战略规划的具体内容

网络营销战略规划的具体内容可以概括为以下八个部分:

(1) 明形势

明形势是指在制定网络营销战略规划时,要首先对企业当前所处的环境及竞争形势进行摸底和判断。具体来说,一是要对企业网络营销战略所面临的外部宏观环境进行全面分析;二是要对企业自身的优劣势,以及所面临的机遇、挑战及威胁进行分析,并应梳理企业所具有的各类资源;三是要对企业所处行业发展的现状进行调研,要对用户需求变化及偏好进行相对准确的洞悉,更要对相关技术发展趋势进行深入分析。

(2) 定位置

在企业制定网络营销战略规划时,定位置主要包括两个方面的具体内容:一是针对受众而言的,指要找到网络营销战略所针对的目标市场,刻画网络营销所面对用户群体的属性和特征,从而使网络营销工作精准地定位到目标用户群体;二是针对企业自身而言的,指要在充分分析企业所处市场竞争环境、掌握竞争对手的详细情况、把握经营环境发展变化的前提下,明晰企业所处的市场地位,以及企业在市场竞争格局中的竞争力,从而摆正自己的发展位置。

(3) 设目标

设目标是指企业要确定网络营销战略规划所期望达成的效果,为网络营销战略设立一定的短期和长期目标,并将这些目标分解到网络营销战略实施的每个阶段和具体的步骤中去。

(4) 立框架

立框架是指要确定企业网络营销的经营模式和业务模式,并基于此搭建支撑网络营销战略规划具体实施的技术平台框架。这要求企业厘清业务流程以及技术融合之间的关系,并明确其相互支撑、相互影响的作用;明确企业网络营销的经营模式,即明确企业希望通过什么样的网络营销运作机制来最终实现网络营销的目标。

(5) 树形象

树形象是指企业要明确自身在网络营销中的整体形象和具体风格,为网络营销战略规划的实施确立标准。恰当的网络营销形象的塑造是达成所设定的网络营销效果的必要保证。在制定网络营销的形象战略时,要全面考虑企业的经营情况、产品特点、经营模式、网站建设和战略目的等多种因素。

(6) 配资源

配资源是指企业要根据自身实际情况以及网络营销战略的具体要求来规划企业的人力、物力、财力以及管理控制的能力。这要求企业提前预测网络营销战略实施过程中相关资源的运用及其潜在变化趋势,设立管理规划,做出合理的预算安排。

(7) 订方案

订方案即制订网络营销的具体计划。企业应在网络营销战略总体规划的指导下,制订出具体的、可操作的执行方案。在实际执行的过程中常以网络营销计划书的形式体现。

(8) 抓控制

抓控制是指在落实网络营销战略规划时,要对网络营销计划的具体实施进行必要的检查、监控、跟踪、监督、鉴权等方面的控制,使得网络营销工作产生的各类信息可以在企业各层级部门之间进行即时、顺畅的流通,并有合理的反馈机制。

企业网络营销战略要关注和实现的是企业外部环境、企业内部实力与企业网络营销目标三者的动态平衡。它要求企业合理地分配网络营销资源,来指导其网络营销活动。网络营销战略规划则是企业以市场需求为导向,在激烈的市场竞争中,为充分利用市场机会、避免环境威胁,并实现企业持续、稳定、健康、高效发展的目标,而在对企业内外部营销环境进行充分、全面分析的基础上,对企业网络营销的任务、目标以及实现目标的方案、步骤和措施做出总体和长远的谋划,并予以实施与控制的过程。

网络营销与传统营销的根本区别源于网络本身的特性和网络用户更加个性化、多元化的需求。因此,网络营销必须以新的营销理念为指导,在传统营销战略理念的基础上,从网络特征和消费者需求变化的角度重新考虑,创新战略观念。但值得注意的是,网络营销战略观念不是对传统营销战略观念的否定,而是在现代市场营销理论范畴内对其进一步的深化和发展。

2. 网络营销战略规划的过程

进行网络营销战略规划,需要根据战略规划的管理程序,按照步骤开展每个环节的工作。网络营销战略规划的过程包括以下六个步骤:

(1) 分析网络营销机会

战略环境分析是网络营销战略规划过程中的第一步。这一阶段的任务是为企业制定网络营销战略规划提供必要的依据。在这一阶段,企业一方面要理解和认清自身所面临的种种外部环境,如市场发展态势、竞争形势、国家政策、社会文化、科学技术等,通过对这些因素的分析,充分认识到其所面临的威胁,并在相关分析的基础上发现可供其利用的市场机会。另一方面,企业通过对其内部条件,如营销能力、生产技术水平、可控资源等的分析和预测,应当认清自身的优势和劣势,以此为其利用市场机会的行动方案的制订提供支持。总结以上两方面的内容,企业可以采用SWOT(态势分析)框架,结合定性与定量的方式对网络营销面临的内外部环境以及优劣条件有一个全面而清晰的认识。

知识点延伸

美国旧金山大学管理学教授海因茨·韦里克(Heinz Weihrich)所著的《管理学》一书中对于SWOT分析法有所涉及。SWOT分析法可用于系统研究企业外界条件和内部资源等情况,并以此探讨企业在发展过程中出现的机遇、挑战等。它可以帮助和促进企业把有限的资源运用到机遇充沛、发展空间较大的市场竞争中,并由此做出整体的战略规划。SWOT分析法又名"态势分析法",起初仅仅是以单一化的方式阐述相似的作用条件,并未能对其有所归纳。后来有人对SWOT的体系进行总结,围绕外界条件和内部条件的优劣势展开,分别细致阐述了SO、ST、WO和WT几种模式,以适应企业在不同分析背景下的不同情况,为企业的战略发展提供更好的指导。

(2)明确网络营销任务

在充分认识网络营销环境的基础上,明确目标和任务是网络营销战略规划的第二步。在分析营销机会后,企业要根据自身的条件和特点确定网络营销活动的任务。在此过程中,企业应做到以下几点:首先,网络营销活动的开展以及网络营销活动的任务设置都应符合企业的总体发展方向,这样才能保持一致性,最终推动企业营销总目标的实现;其次,企业要根据自身的优劣势和特点,权衡之后选择合理的网络营销管理模式;最后,企业要明确开展网络营销活动的投入和由此而带来的预期收益,并进行风险评估。

(3)明确目标细分市场

在充分了解企业所处的外部环境以及自身竞争优势、产品特点、资源匹配情况的基础上,企业要明确自身定位以及产品经营所面对的目标客户群体,对细分市场及目标客户群体的特质加以描述。

(4)确定网络营销目标

企业在确定网络营销的任务之后,还要将这些任务具体化为网络营销各部门、网络营销各环节的一系列目标,从而形成一套完整、一致的目标体系。网络营销各级作业环节都应该明确自己的目标,并对其目标的实现完全负责。设立具体目标的作用有两个:一是提前指明网络营销活动所要达到的预期效果,二是可以作为网络营销各级作业环节目标完成情况的评价标准。

(5) 明确网络产品定位

在了解竞争环境之后,企业需要判断和决定要通过何种方式将自身产品与竞争对手的产品区分开来。这要求企业在对自身产品进行差异化分析之后,对其产品进行合理定位。定位的作用主要有以下三个:一是让企业对产品进行更有目的性的规划、设计、包装;二是帮助企业有效地将自身的产品和竞争对手的产品区别开来;三是帮助企业产品完成品牌形象建设。

(6) 进行技术规划与管理控制

与传统营销相比,开展网络营销时,区别很大的一点便是需要强大的技术投入和技术支持,因此,确定网络营销目标之后,企业需要对实现目标所需的资金投入、系统购买及安装以及人员培训等进行统筹计划和安排。运用网络技术开展网络营销,将会在经营管理的诸多方面给企业带来深刻的变化。这种变化除了体现在企业员工理念和认识上,还突出地体现在对传统企业组织形式和业务流程的冲击上。这些变化和冲击要求企业的组织形式必须从传统的金字塔形结构转化为网状的、可以相互沟通和相互学习的形式。这些变化的出现也要求企业在实施网络营销战略之初,就要对企业可能受到的影响和结构变化有比较成熟的、基于全盘的考虑,并采取相应的措施。而组织结构的变化必然会带来企业管理模式的变化。企业新的管理模式必须能够适应网络营销的需要,于是就有了一些模式创新,比如,对企业网络营销 24 小时全天候用户服务的管理、对后台数据库的管理等。

3. 网络营销战略规划的注意事项

考虑到网络是企业整体营销战略的前沿,在制定战略时要根据网络的特点,结合企业产品的属性,制定相应的网络营销战略。这对企业制定合理的网络营销战略,最终成功完成任务和实现目标具有重要的意义。所以,在制定网络营销战略规划时,一定要抓住影响战略实施的关键因素,注意事项及具体内容见表 3.1。

表 3.1 网络营销战略规划的注意事项及具体内容

注意事项	具体内容
面临的内外部环境	企业进行网络营销战略规划时要对所处的外部宏观环境和内部微观环境进行全面的分析与考量,营销战略规划的制定需要与其相匹配
产品性质	产品性质会在一定程度上决定企业的网络推广方向。对于不同性质的产品,企业应适当地选择目标客户群体中的网络平台实施网络营销战略
网络特性	目前网络上商业流量最高的网站,其内容都以丰富的信息为基础,因此,企业在实施网络营销战略之前就必须对专业的商业型网站有所了解,确定怎样的网络平台以及何种营销方式对其网络营销的帮助最大、效果最直接
整体营销的考虑	积极的网络营销策划不仅需要网络营销的系统运行,更需要整合其他各类网络资源,使其共同运行才能发挥最大的整体效益
企业的竞争优势	良好而合理的网络营销战略规划需能进一步打造企业的核心竞争力,突出企业的竞争优势,以帮助企业在激烈的市场竞争中赢得先机

中国营销好故事

京东战略:从"一体化"走向"一体化的开放"

京东的创始人刘强东认为,我们处在一个变革的时代。第四次零售革命的实质是无界零售,终极目标是在"知人、知货、知场"的基础上重构零售的成本、效率、体验。未来的零售环境会发生翻天覆地的变化,所以第四次零售革命的到来也必将引发京东战略的更新,京东要从"一体化"走向"一体化的开放"模式。

笃信"成本、效率、体验"。一直以来,京东都将其核心竞争力定位为:前端用户体验,后端成本、效率。前端谁给用户的体验更好、后端谁能用更低的成本提供更高效率的产品与服务,谁就拥有了持续的竞争力。团队是基础层、根基层,再往上一层是系统层,就是企业最核心的三个系统——物流系统、IT(信息技术)系统和财务系统,最上面是用户层。图 3.1 展示了京东的"倒三角"战略模型。

可以预见的是,在未来,电商环境会越来越普遍而成熟:社会物流的水平不断提高,零售数据的沉淀日益丰富,基于数据的服务层出不穷……零售基础设

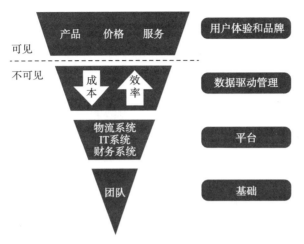

图 3.1 京东的"倒三角"战略模型

施和今天将不可同日而语。这意味着借助现代化的技术手段,企业将可以轻易地调动专业的商品流、数据流和资金流服务,而无须进行自建。换句话说,未来"成本、效率、体验"将不再来自企业内部一体化整合的模式,而是依靠外部的平台和网络。网络协同会超过规模经济的力量,成为实现"成本、效率、体验"的重要驱动因子。

在第四次零售革命的大潮中,京东一直致力于成为未来零售基础设施的服务商,向社会提供"零售即服务"的解决方案。一方面,京东如今所拥有的资源和能力将不仅仅服务于自身,还要不断对外开放:首先,通过"模块化",将业务活动打包成独立的、可复用的组件;其次,通过"平台化",形成稳定、可规模化的产品;最后,通过"生态化"将内部使用的模块对外赋能客户。另一方面,京东还要不断连接和调动外部资源,不仅仅追求"为我所有",更要"为我所用",不断突破自身发展中能力、规模和速度的边界。

从"一体化"走向"一体化的开放",这对京东来说是一个巨大的战略转变。京东的客户将不再局限于网上的消费者、供应商和卖家,更有线上线下的其他零售商、品牌商与合作伙伴。京东要建立的全新系统不仅要支持其业务,更要服务于未来的无界零售场景,并为供应商和品牌商赋能。这都需要依靠底层最核心的团队能力和组织保障。未来的战略决定了京东需要面向多场景、多客户的挑战,更加标准化、灵活性地满足外部市场不断变化的需求。

3.2 网络营销战略定位和框架

3.2.1 网络营销战略定位

战略定位的核心作用是帮助企业找到正确的经营战略目标。这一过程包含两个层面的意思:一是企业需要对自身的经营方略以及目标客户群体有较为明确的定位;二是在企业战略锁定的目标客户群体中树立企业的形象和产品的形象。定位(positioning)就是一个明确目标、树立形象的过程。企业要想在市场竞争中获得成功,不仅其自身及其所经营的产品要具备一定的竞争优势,更要在公众中获得良好的口碑,确立自身的声誉和地位,培养细分市场。企业的战略定位可以从产品品牌、企业形象、服务质量、技术优势等方面予以考虑。

基于定位战略的营销沟通是一个同消费者进行信息传达与交换的过程。这能使用户按照企业所期待的方式来对产品和服务品牌产生认知。执行和实施定位战略也是企业塑造自身在用户心目中产品和品牌形象的过程。企业通过对自身产品和服务形象的引导、对自我的构建和塑造,形成自身区别于竞争对手的差异化竞争优势,这就是营销沟通的意义所在。在互联网时代,特别是在企业的网络营销中,信息在企业与用户之间及时的沟通与反馈显得尤为重要,甚至可以说,企业对其产品进行网络营销的过程,就是在向用户传递信息,并塑造自身在用户心目中的品牌形象。定位战略直接服务于企业的市场策略,最终目的是帮助企业在竞争中获得差异化优势,并完成自身目标形象的构建和塑造。一般来说,网络营销战略定位的对象包括以下几类:

① 产品特性定位。特性是产品或服务具备某种优势的性质,例如外观、成分构成、性能等。选择产品特性定位的企业在网络营销中会使用独特的营销卖点,强调和突出产品的某种特殊功能。

② 技术定位。技术定位表示企业在网络营销中会采用某种具备领先优势的技术来突出自身优势。技术定位带来的优势对于网络经营企业尤为重要。

③ 利益定位。利益定位是企业产品对于用户需求的把握和反应,即该特性对用户有什么特别的用处、能为用户带来怎样的超额价值。这也是企业竞争优势很重要的来源之一。

④ 用户类别定位。用户类别定位指的是企业产品满足特殊用户群体的需求而产生的黏着性。如果企业产品对于某个群体的黏着性比对于其他群体更

高,那么这个定位就是成功的。

⑤ 综合定位。综合定位指的是企业将自身产品和服务定位于能够向用户提供某个领域中存在关联性的所有需求,以此来塑造强势的品牌形象,提高用户的认可度。拥有这类定位的企业类似于某一领域的综合服务提供商,其能够为消费者提供便利的一站式购物方式。例如携程网,它在提供机票预订服务的同时也能提供各地的宾馆酒店预订服务,将自身定位为差旅综合服务提供商。

⑥ 二次定位战略。二次定位是对品牌、产品或者企业本身进行重新定位的过程。单靠一次定位,企业很可能无法适应变化中的市场及用户需求。因此,企业对于战略的适应性变化必须非常敏感。企业需要根据市场的反馈,适时、即时而灵活地调整并强化自身定位。

3.2.2 营销理论框架:从4P到4C再到新4C

决定和影响营销的因素有哪些?企业在进行营销时,切入点在哪?图3.2是经典的传统营销框架图,它清晰地回答了这两个问题。不难看出,其最里层是目标市场,企业的各种营销工作都是围绕它进行的,并以其为中心。框架的最外层是影响企业营销的各种因素,中间的就是所谓的4P:产品(product)、价格(price)、渠道(place)和促销(promotion)。四个单词的第一个字母都为P,所以简称为4P。4P是影响和决定营销的直接因素,也是企业营销的战略。

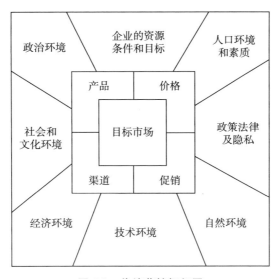

图3.2 传统营销框架图

20世纪60年代以前,市场营销的教科书一般都是按照产品来编排的。1964年的一个早晨,密歇根州立大学的杰罗姆·麦卡锡突然意识到,当时市场营销的教科书内容实际上重合度很高,都不出意外地涉及了产品、渠道、价格和促销这四个方面。于是,他提出了闻名于世的4P理论。

随着市场竞争的日趋激烈,媒介传播的速度越来越快,4P理论日益受到挑战。1990年,美国学者罗伯特·劳特朋教授提出了与传统营销的4P理论相对应的4C理论。他指出:4P理论反映的是市场营销经理的视角,而在实践中,做市场营销的人总是敦促大家要从客户的角度看问题。换言之,市场营销最主要的理论竟然违背了其最根本的道理。因此,他提出了4C理论,把视角转向客户的需求,重新设定了市场营销组合的四个基本要素:消费者(consumer)、成本(cost)、便利(convenience)和沟通(communication)。它强调企业首先应该追求客户满意,其次是努力降低客户购买时产生的成本,然后要充分注意到客户购买过程中的便利性,而非简单从企业的角度来布局销售渠道策略,最后应以客户为中心进行有效的营销沟通。

数字经济发展后,营销学者意识到原有的4P理论和4C理论都无法准确抓住网络营销的特点。互联网最关键的特点就是连接和交互。因此,"现代营销学之父"菲利普·科特勒(Philip Kotler)提出,数字时代的营销理论应该是新4C理论,也就是从与客户互联互通互动的视角、从精准营销的角度来重新看待4P营销组合。比如,共同创造(co-creation)强调的是通过与客户互动来进行产品创新和定制(product),浮动定价(currency)强调的是基于不同客户的需要和支付意愿进行定价(price),共同启动(communal activation)强调的是与客户一起开发渠道和拓展销售(place),对话(conversation)则是指从与客户相互沟通交流的平等视角来做广告推广(promotion)。

知识点延伸

由4P向4C再到新4C营销组合的转变具体表现如下:

1. 从"产品"到"客户"再到"共同创造"

产品策略是企业根据目标市场定位及客户需求所做出的与产品开发有关的计划和决策。

客户策略更强调企业要从客户需求和利益出发，生产出满足客户需求的产品，强调其满足客户需求的价值。

共同创造策略在开发新产品的阶段，可以听取客户的想法和建议，甚至可以为他们打造定制化的产品和服务。

2. 从"价格"到"成本"再到"浮动定价"

定价策略是企业实现产品价值的策略，定价是企业整体的营销活动之一。

成本策略是指企业考虑客户在满足需求时需要承担的成本，而非简单地从企业的角度考虑要达成的利润目标。

浮动定价策略是指企业可以参考酒店业和航空业调整价格的做法，根据客户过去购买过的东西、店铺的交通便利性提供不同的价格，使获利最大化。

3. 从"分销渠道"到"方便"再到"共同启动"

在分销渠道策略上，企业需考虑选择何种有效的途径，将产品从生产者一端转移到消费者手中。

方便策略是指企业在设计分销渠道时，要充分考虑客户购买商品的方便程度。

共同启动策略相当于共享经济，像爱彼迎那样将一端客户所拥有的产品和服务提供给另一端的客户，企业成为中间的平台。另外，就是像拼多多那样，客户也会成为商家的销售员，为商家带货以获得更低的价格。

4. 从"促销"到"沟通"再到"对话"

促销策略是指企业向客户进行单向的营销信息传递，而客户对企业促销信息的反应无法反馈给企业，这就难以实现企业与客户之间的双向沟通和交流。

沟通策略强调企业与客户之间要进行双向沟通，交换营销信息，从而使客户参与到企业的产品开发和生产过程中。

对话策略是指企业可以利用社交媒体，这样不仅能与其直接沟通，还能经由社交媒体与其他客户进行对话和沟通。而过去，促销信息是由企业单向传递给客户的。

3.2.3 网络营销战略的实施

网络营销战略的实施是一项系统性工程。企业在实施已制定好的网络营销战略时,首先应对规划执行情况进行总体评估,判定是否能充分发挥该战略的竞争优势以及有无改进的余地;其次,企业对规划执行过程中出现的问题应及时识别并加以改进;最后,企业要考虑对技术的评估和使用。采用新技术可能会改变企业原有的组织和管理规划,因此对技术控制的要求也是网络营销的一个显著特点。下面我们将探讨如何保证网络营销战略的顺利实施。

1. 正确选择战略思想

一般来说,做战略规划是为了在激烈的市场竞争中获得一定的优势。结合哈佛商学院教授迈克尔·波特(Michael Porter)的战略理论,企业的三种竞争性战略分别是:总成本领先、差异化和目标聚焦。网络营销战略规划的指导思想可以依据上述竞争性战略原则来选择,也可以采取以下制胜战略中的一种或几种:

① 优质取胜。企业向网络市场提供在质量上优于竞争对手的产品,这可以成为企业在竞争中获胜的一个因素。

② 服务制胜。企业提供比竞争者更完善的售前、售中和售后服务,也能获得更多消费者的信任和青睐。

③ 创新制胜。该类企业能根据网络市场需求不断地开发出适销对路的新产品,以赢得市场竞争的胜利。采取这种战略的企业应该具备一定的创新能力、强大的产品研发阵营,并能及时跟踪市场需求动态,即时调整产品,率先满足客户的新需求。

④ 速度制胜。企业以比竞争对手更快的速度推出新产品和新的营销战略,以先行者的姿态抢先占领网络市场,以赢得网络市场竞争的胜利。

⑤ 营销制胜。企业采用网上和网下的广告、公共关系、人员推销、促销等方式大力宣传企业和产品,提高知名度,树立良好的企业和产品形象,以赢得客户青睐和更大的市场份额,从而在市场竞争中获得优势。

⑥ 廉价制胜。企业能以比竞争对手更低的价格提供同类、同档次的产品,也可以成为在市场竞争中取胜的因素之一。

⑦ 技术制胜。如果企业致力于发展高新技术并开发领先技术,也可以在网络市场竞争中取胜。采用这种战略的网络营销企业应当密切关注先进技术

的发展动向,及时引进新技术,并提高自身开发和运用新技术的能力。

2. 制定整体营销战略

这一步是要求企业在其战略思想的指导下制定相应的整体营销战略。网络营销战略的实施不是简单的某一个技术方面的问题或某一个网站建设的问题,它还需要企业关注整体的营销战略、营销部门管理和规划,以及具体营销策略的制定和实施。

3. 巩固企业现有的竞争优势

通过合理、充分地利用网络营销,企业可以对现有客户要求和潜在用户需求有较为深入的了解,制定的营销策略和营销计划也将更有针对性及科学性,便于实施和控制,从而促使企业顺利达成营销目标。这可以巩固甚至加强企业现有的竞争优势。

4. 加强与客户的沟通

网络营销以客户为中心,企业的网络数据库可以存储大量现有客户和潜在客户的相关数据资料,企业可以更好地根据客户需求提供特定产品和服务,增强产品和服务的针对性与时效性,更大限度地满足客户需求。同时,借助网络数据库,企业也可以对目前销售产品的购买情况和购后满意度进行更为直观及深入的分析调查,及时发现问题、解决问题,确保客户满意,培育忠诚客户,提高客户黏性。

5. 为竞争者设置障碍

虽然信息技术的使用成本日渐下降,但设计和建立一个完善且有效的网络营销系统仍是一项长期的系统性工程,需要投入大量的人力、物力和财力。因此,一旦某个企业已经实施了较为有效的网络营销战略,同类竞争者再进入该企业的目标市场便有了一定的门槛。因为竞争者将需要付出相当高的成本建立一个类似的数据库,而这几乎是不可能的。从某种意义上说,网络营销系统可以成为企业难以模仿的核心竞争力以及帮助企业获得收益的无形资产。这也解释了为什么技术力量非常雄厚的康柏公司最终没能建立起类似戴尔公司那样的网上直销系统。建立较为完善的网络营销系统需要企业从组织管理和生产上进行整体配合、系统联动。

除了这种天然存在的门槛,企业还可以尽可能给竞争者制造获得信息的障碍。大数据时代,各种数据工具都变得非常强大而成熟,竞争对手完全可以通过更低成本的网络爬虫获得产品定价体系、交付方式等方面的信息,也可以通过提供网络工具帮助客户快速迁移(如从新浪微博迁至搜狐微博)。成也网络,败也网络,如何防止竞争对手快速模仿、批量抢夺,也是企业在开展网络营销活动过程中不容忽视的一个问题。

6. 提高新产品开发和服务能力

企业开展网络营销活动,可以从与客户的交互过程中了解客户需求,甚至可以获知客户直接表达出来的需求,因此很容易确定符合客户需求产品的特征、功能和应用。特别是在工业产品市场中,最成功的新产品往往是由那些与企业相关联的潜在客户提出的。而对于现有产品,网络营销让获得客户评价和意见变得成本更低,过程也更容易,从而使企业可以准确地决定所需改进产品和换代产品的特征。

7. 稳定与供应商的关系

供应商是向企业及其竞争者提供产品和服务的企业或个人。企业在选择供应商时必须考虑三方面的因素:第一,考虑生产的需要,这是供应商向企业传递的最直接的价值;第二,考虑时间要求,即计划供应量要依据市场的需求,将满足要求的供应品在恰当的时机送到指定的地点进行生产,以最大限度地节约成本和控制质量;第三,了解竞争者的需求量以及供应商和竞争者的关系,并制订合理的采购计划,在供应紧缺时预先订购,确保竞争优势。美国的大型零售商沃尔玛公司通过网络将采购计划立即发送给供应商,供应商必须适时送货到指定的零售店。这要求供应商不能供货过早,因为沃尔玛实行零库存管理,没有仓库可以存放货物;同时也不能供应过晚,否则会影响零售店的正常销售。在零售业竞争日益白热化的情况下,沃尔玛凭借其与供应商稳定协调的关系,可以将其库存成本降到最低,供应商也可以因与其密切、稳定合作所产生的销售额的持续增长而受益匪浅。

本章要点

1. 网络营销战略的重要性。
2. 网络营销战略规划的具体内容。
3. 网络营销框架。

4. 4P、4C 理论的含义,以及二者的不同之处。

5. 网络营销战略的实践运用。

思考分析园地

1. 网络营销战略在整个营销实践中有什么样的地位?
2. 影响网络营销战略制定的因素有哪些?
3. 在网络营销战略规划的具体内容中,各个方面有怎样的逻辑关系?
4. 战略定位对网络营销而言有哪些意义和价值?
5. 什么样的企业需要考虑网络营销的战略定位?
6. 网络营销的竞争环境分析应该包括哪些要素,可以采取哪些手段?

第4章　网络营销下的市场调研

4.1　网络市场调研概述

市场调研是企业营销中不可或缺的内容,这一过程能为企业快速、准确地把握市场提供依据。传统的市场调研是指以科学的方法,系统地、有目的地收集、整理、分析和研究与市场有关的所有信息,重点把握与消费者的需求、购买动机和购买行为等方面相关的信息,从而把握市场现状和发展态势,并有针对性地制定营销策略,以提高营销效益。

作为一种崭新的沟通媒体,互联网优于传统媒体的特征在于其方便、即时的交互功能,其为通过Web站点收集市场信息提供了有效手段。为适应信息传播媒体的变革,一种崭新的调研方式——网络市场调研随之产生。

网络市场调研是指在互联网上针对特定的营销环境进行调查设计、资料收集和初步分析的活动。互联网上海量的信息、免费的搜索引擎、免费的电子邮件等服务,都对传统市场调研方法和营销策略产生了很大的影响。互联网极大地丰富了市场调研的资料来源,扩展了传统的市场调研方法,特别是在互联网上进行直接调研方面,这一方法具有无可比拟的优势。

总的来说,企业利用各种网络市场调研的方式、方法,系统地收集有关市场营销的数据和资料,研究市场需求情况、消费者购买行为、营销因素、宏观环境及竞争对手情况等有关问题十分重要,这能为企业的网上营销决策提供数据支持和分析依据。

4.1.1　网络市场调研的特点

网络的普及使得企业对网络市场调研越来越重视。尽管同属市场调研的范畴,但受互联网自身特点的影响,网络市场调研很大程度上有别于传统市场调研,表4.1展示了它们之间的差异。

表4.1 网络市场调研和传统市场调研比较

比较项目	网络市场调研	传统市场调研
调研费用	费用低:成本主要是设计费和数据处理费,每份问卷所需支付的费用几乎为零	费用高:成本来自问卷设计、印刷、发放、回收,聘请和培训访问员,录入调研结果,由专业公司对问卷进行统计分析等多方面
调研范围	调研范围被大大拓展到全国乃至全世界,样本数量庞大	受成本限制,调研地区和样本的数量均有限
运作速度	速度很快:只要搭建好平台,数据库即可自动生成,几天就可能得出有意义的结论	速度慢:至少需要2~6个月才能得出分析结果和结论
调研的时效性	全天候进行	对于不同的被调查者,可进行调研的时间大为不同,且较难进行完全连续的调研
被调查者的便利性	非常便利:被调查者可自由决定时间、地点回答问卷	不太方便:一般要跨越空间才能到达访问地点
调研结果的可信度	相对真实可信	一般有督导对问卷进行审核,措施严格,可信度高
适用性	适合长期的大样本调研和需要迅速得出结论的情况	适合面对面地进行深度访谈,例如食品类产品,需要对受访者进行感官测试

网络市场调研利用了互联网的开放性、自由性、平等性、广泛性和直接性等特点,能有效地与被调查者进行信息沟通和交流。总结上述项目,与传统市场调研相比,网络市场调研具有以下五个方面的突出特点:

1. 便捷性和低成本

互联网是一个全天候、全球性的开放网络,用户可以在任何方便的时间和任意地点参与调研,不受区域制约和时间限制,参与调研的便捷性非常高。

在开展网络市场调研的过程中,企业也不需要派出调研人员,因此调研过程不受天气和调查范围的限制。调研过程也不需要印刷纸质版调查问卷,无须派人值守。调研过程中最繁重、最关键的信息收集和录入工作也将被分布到众多网络用户终端完成,节省了大量的人力、物力和财力,过程实施较为简单,调研成本较低。

2. 及时性和共享性

传统市场调研需要耗费大量的时间,因此所得调研结果的时效性比较差。在数字化信息技术飞速发展的今天,网络市场调研较好地解决了这一问题。只要轻轻一点鼠标,世界任何一个角落的网络用户都可以加入其中。企业发布的信息可以快速被用户获得,从用户输入信息到企业接收信息,往往只需几秒钟的时间。调研者利用后台计算机相关软件可以很方便地对数据进行处理,很快得出调研结果。同时,如果技术允许,被调查者也可以很便利地、动态地得知到现在为止所有被调查者的观点所占的比例,即时的反馈可以加强被调查者的参与感,同时实现信息的双向共享。

3. 交互性和充分性

在进行网络市场调研时,被调查者可以通过 BBS(电子公告板)、新闻组、电子邮件、即时通信等方法及时就问卷的相关问题提出自己的看法和建议,方便调研者得到反馈后在第一时间进行修改,避免不必要的错误,同时有效减少因问卷设计不合理而导致的调研结果偏差等问题。由于表达渠道的简化和便利性,被调查者可以在网上自由充分地表达自己的观点,不受时空的限制。企业也以同样的方式对被调查者的意见及时做出反馈。这些都是传统市场调研不可能做到的,因此,沟通的功效被充分放大。

4. 结果可靠、客观真实

企业站点的被调查者一般都对企业或其产品有一定的了解和兴趣,这种基于主要消费者和潜在消费者的市场调研结果都是相对客观及真实的。调研结果能在很大程度上反映消费者的态度和市场发展的趋势,其可靠性也较高。这主要得益于在网络市场调研中:

① 被调查者是在完全自愿的条件下参与调查的,调研的针对性和主动性强;而传统市场调研方法中的拦截询问法(属于面谈法之一),实际上带有一定的"强制性",同时也很难精准捕捉到企业希望定位的主要群体。

② 调查问卷的填写是自愿选择的,填写者一般对调查内容有一定的兴趣,回答问题相对认真;而传统市场调研的被调查者可能出于各种目的参与调查,

敷衍地填写调查问卷的人不在少数。

③ 网络市场调研可以避免传统市场调研中人为因素所导致的调研结果的偏差。被调查者都是在完全独立思考的环境下接受调研的,这能最大限度地保证调研结果的客观性。

5. 可检验性和可控制性

通过网络市场调研收集信息,可以有效地对采集信息的质量进行系统的检验和控制。调查问卷可以自动附加全面而规范的指标解释,有助于消除因对指标理解不清或调研人员解释口径不一而造成的调研偏差。调查问卷的复核检验可以由计算机设定的检验条件和控制措施自动实施,以确保检验与控制的客观公正性。通过对被调查者的身份验证技术,也可以有效识别和防止信息采集过程中的潜在舞弊行为。

4.1.2　网络市场调研的步骤和方法

1. 网络市场调研的步骤

网络市场调研与传统市场调研一样,应遵循一定的方法与步骤,以保证调研质量,确保结果的公正准确。网络市场调研一般包括以下五个步骤:

(1) 明确问题与调研目标

网络市场调研的第一个步骤是明确调研问题和调研工作所要达成的目标。企业在任何问题上都存在许多可供选择的调研内容。调研目标的设立既不可过于宽泛,也不能过于狭窄,要明确地对其进行界定,并充分考虑网络市场调研成果的实效性。

在确定调研目标时,要考虑企业的客户或潜在客户是否上网、网民与企业的客户或潜在客户是否重合、企业的网络客户规模是否足够大、能否代表企业的所有客户群体、如何识别和精准定位企业客户群体、客户群体意见获取成本等问题,以保证网络市场调研结果的有效性。

(2) 制订调研计划

网络市场调研的第二个步骤是制订行之有效的市场调研计划,其中包括确定资料来源、调研方法、调研手段、抽样方案和联系方法,见表4.2。网络市场调研计划应该由专业人员制订,他们必须具有丰富的营销调研知识,可以对调研计划进行审批,并可以分析调研信息。

表 4.2　调研计划内容

项目	具体内容
资料来源	一手资料、二手资料
调研方法	选择调研方法：专题讨论法、问卷调查法、实验法
调研手段	选择调研手段：在线问卷、交互式计算机辅助电话访谈系统、网络调研软件系统
抽样方案	确定抽样方案：抽样单位、样本规模、抽样程序
联系方法	明确联系方法：用电子邮件传输问卷、网上论坛、互联网提交

（3）收集信息

网络通信技术的迅速发展，使信息收集的过程被大大简化。企业只需下载、归集被调查者反馈的信息，或直接从网上下载相关数据，即可获得其所需的结果。

被调查者在回答问卷的过程中，经常会有意无意地漏掉一些信息，因此，企业需在页面中嵌入脚本或 CGI（公共网关接口）程序进行实时监控检查。当被调查者遗漏问卷上的一些内容时，程序会拒绝提交调查表或者在验证后重发给被调查者要求其补填，被调查者填写完整后，会收到证实问卷已完成的公告。这样可以确保所有的数据结果都是完整且较为可信的，在一定程度上弥补网络营销调研缺少人力督导的弱点。

（4）分析信息

网络市场调研的最终目的是通过对调研信息进行分析研究，为企业营销决策提供依据。因此，信息分析是很重要的步骤，这直接关系到信息的使用和企业决策。"答案不在信息中，而在调研人员的头脑中。"调研人员如何从数据中提炼出与调研目标相关的信息，以及如何对其进行解释，都会直接影响最终的结果。现在常用的数据分析技术包括交叉列表分析、概括分析、综合指标分析、动态分析等。国际上较为通用的分析软件有 SPSS、SAS 等。

网上信息的突出特征是即时呈现，但同时竞争者也可能从一些知名的商业网站上看到同样的信息，因此，提高信息的分析能力，有利于企业在快速变化的市场中捕捉商机，也能成为其培育竞争优势的一大来源。

（5）撰写调研报告

撰写调研报告是整个调研活动的最后阶段。调研报告不是数据和资料的简单堆砌，而是市场调研人员采用一定的统计分析技术，对所获得的信息进行分析整理并得出相应的有价值的结果，应是可为企业制定营销策略和进行营销提供决策依据的报告。

2. 网络市场调研的方法

根据信息获取来源的不同，网络市场调研的方法可以被分为两种：一是网上直接调研，收集一手资料；二是网上间接调研，收集二手资料。

（1）网上直接调研

根据不同的标准，还可以对网上直接调研进行更细致的分类。

① 按照所采用调研方法的不同，网上直接调研可以分为网上问卷调查法、网上讨论法和网上观察法。其中常用的是网上问卷调查法。

网上问卷调查的发布者可以将调查问卷在网上发布，被调查者通过网络填写问卷并完成调研。网上问卷调查法是目前最常见的一种网上直接调研方法。合理设计调查问卷、选择恰当的问卷发布渠道是提高问卷反馈率、提升调研效果的重要手段。网上调查问卷的设计应做到合理。调查问卷一般包括四个主要组成部分，即卷首语、问题指导语、问卷的主体及结束语。卷首语是说明此项调研的执行者、调研的目的和意义。卷首语的目的是使被调查者知悉调研过程，知晓正在进行的调研项目是合理、合法的，是值得他们花时间和精力认真填写的。问题指导语（填表说明）会向被调查者解释怎样正确地填写问卷。问卷的主体包括主要的调研问题和备选答案，是问卷的核心部分。根据有无备选项提供，问卷问题分为开放型和封闭型两种。结束语是问卷填写完毕后对被调查者表示感谢的语句，这部分也可以以送出一些奖品、优惠券等作为代替。

网上讨论法是小组讨论法在互联网上的应用。互联网渠道和环境的多样化为网上讨论法提供了多种可选途径，例如 BBS、新闻组、互联网中继聊天（IRC）、网络会议等。主持人可在相应的讨论组中发布调研项目，邀请被调查者参与讨论，并发表各自的观点和意见。调研结果需要主持人进行总结和分析。这种方法对信息收集和数据处理的模式设计要求很高，实施难度也比较大。

网上观察法是一种对网站的访问情况和网络用户的网上行为进行观察与监测的方法。采用这种方法的代表性企业是法国的全球性互联网研究公司 NetValue，其号称是"基于互联网用户的全景测量"。

> **知识点延伸**
>
> NetValue 全景测量的独特之处在于:一般的网上观察是基于网站的,可以通过网站的计数器来了解网站总体访问量和用户停留时间等信息,而 NetValue 的测量则是基于用户的,它可以同时全面了解网站和用户的情况。
>
> NetValue 首先通过计算机辅助电话访问系统获得用户的基本人口统计资料;然后从中抽取样本,寻找自愿接受测试的用户,下载软件到用户的计算机中,作为记录被测试用户的全部网上行为的工具。它不仅可以观察用户访问的网站,还能记录用户上传和下载软件、收发电子邮件等全部网上行为,较为全面和完善,因此被称为"基于互联网用户的全景测量"。

② 按照调研者组织调研样本的行为,网上直接调研可以分为主动调研法和被动调研法。

主动调研法是调研者主动组织调研样本,完成统计调研的方法。

被动调研法是调研者被动地等待调研样本造访,然后完成统计调研的方法。

③ 按照网络市场调研采用的技术,网上直接调研可以分为网络站点法、电子邮件法、随机 IP(网际互联协议)法、视讯会议法等。

网络站点法属于被动调研法。其是将调查问卷的 HTML 文件附加在一个或几个网站的网页上,由浏览这些站点的用户在此网页上直接回答调研问题的方法。它是网上直接调研的基本方法。

电子邮件法需要将调查问卷以电子邮件的形式发送给一些特定的网络用户(被调查者),用户填写后再以电子邮件的形式反馈给调研者。电子邮件法属于主动调研法。

随机 IP 法是以产生一批随机 IP 地址作为抽样样本的调研方法。随机 IP 法属于主动调研法,其理论基础是随机抽样。

视讯会议法是基于 Web 的计算机辅助访问(computer assisted web interviewing, CAWI),这种方法可以利用互联网视讯会议的功能将分散在不同地域的被调查者虚拟地组织起来,并使其在主持人的引导下讨论调研问题。

④ 按照被调查者有无意识到调研的行为,网上直接调研可以分为网上民

意测验和网络跟踪调研。

网上民意测验是被调查者有意识地进行的调研活动。

网络跟踪调研则是通过网络跟踪器进行数据和信息的直接收集,被调查者对该活动往往无意识。

(2) 网上间接调研

网上间接调研主要是利用互联网收集与企业经营有关的二手信息资料。这些信息资料是由他人收集、整理的关于市场、竞争者、消费者以及宏观环境等方面的内容。网上间接调研一般是通过搜索引擎搜索有关的网页信息,调查者根据这些信息进一步查找所需的资料。

通过互联网访问相关企业或者组织机构的网站,可以帮助企业获得一些市场公开信息和必需的资料。

在网络信息时代,信息的获取似乎不再那么困难,难点变成了如何在信息的海洋中筛选企业需要的、有价值的信息。

知识点延伸

在网络信息时代,利用互联网进行市场调研是一种非常有效的方式。许多企业都在网站上设置了在线调查表,用以收集用户的反馈信息,其中涉及有关产品、消费者行为、消费者意见、品牌形象的内容等。这是企业获得第一手调研资料的有效手段。但在企业网站访问量过小或参加调研的人数较少时,企业难以获得足够样本的有效调查问卷,调研结果的有效性就会受到严重影响。

为了提高在线调查的质量,网络市场调研活动中的每个环节都应当进行周全的设计。以下四个方面值得特别注意:一是要设计科学合理的在线调查问卷,既要便于被调查者填写问卷,也要便于调研人员统计调查数据,尽量减少无效回答;二是要保证参与调研群体的代表性,需注意,不仅样本数量太少会影响到网络市场调研的结果,样本分布过于不均衡也会严重扭曲调研结果;三是要通过各种手段提高被调查者的参与性,例如设置合理奖项以吸引尽可能多的人深度参与调研、及时发布保护个人信息的声明等;四是要综合运用多种网络调研手段,虽然在线问卷调查是最基本的调研方式,但为了提高调研结果的可靠性和有效性,调研者也可以考虑采用其他网络调研方法作为有效补充。

4.2　网络营销市场研究的新方法

互联网上的信息极为丰富。如何运用有效的方法和工具,在海量的网络信息中准确捕捉和收集企业所需的商务信息、对无效信息进行筛选、对虚假信息进行识别并进行特殊分析和处理,已成为企业营销人员的必备能力之一。

4.2.1　大数据营销:预测分析

1. 大数据营销研究背景:大数据改变营销模式

随着互联网从"搜索引擎时代"向"大数据时代"跨进,传统的网络营销方式已不适应时代的发展。现在,海量的数据从多个渠道不断涌入,营销人员正面对着庞大的"大数据"资源,他们会不自觉地从中获得可操作的营销策略。

大数据对营销永久性的影响主要体现在以下五个方面:

(1) 数据驱动

大数据已经不再被认为是行业炒作,我们已经迎来数据驱动营销的时代。海量原始数据正继续堆积,大数据平台(例如 Hadoop)应运而生,它们可以帮助营销人员更好地利用这些数据。现在,企业可以实时存储、管理和分析大量数据,从而让营销人员更好地了解客户。这并不仅仅是通过总体的人口数据或者样本数据实现的,而是因为具备了对个人进行独立分析的能力。有了这些信息,营销人员便能够了解客户真正需要的是什么,以及采用何种方法可以最有效率地满足这些需求,提升客户体验。

(2) 个性化提高

在大型百货公司辉煌的时代,企业和营销人员的目标是为每一位客户提供贴心的服务,并以此打造竞争优势。为客户提供更加个性化的服务有助于增加产品销量,并在提高客户忠诚度的基础上增加口碑营销广告。如今的大数据时代,不管是在大型企业还是在中小型企业,营销人员都可以利用数据更有效地了解客户的个性化需求,这种洞察比之前更具有针对性、相关性、更有个性化特点。大数据为营销人员提供了很好的计划,让他们能够动态创建更富有个性化的策略。

(3) 虚拟市场测试

大数据情报与人类创造力一起发酵,便可能引发更大胆的想法和宣传策略。同时,因为大数据模拟,这些大胆的想法可以在虚拟市场中进行测试,从而消除市场内与测试相关的风险,并相应地降低成本和费用。基于真实世界的数据,即使是最古怪的营销思路也可以被有效地测试、挑战、调整和重新测试,直到这些营销想法被改进至合理,成为切实可行的活动计划。其有效性随后可以用营销后分析来衡量。

(4) 预测分析

有没有坐过旅行车朝向后方的座位?这些座位能够让乘客知道他们去过哪里,但对于他们之后将要去哪里却没有任何提示。在市场调研数据分析的过程中,营销人员其实一直都坐在朝向后方的座椅上。他们唯一的视图是之前的Web访问记录、点击情况、打开率、下载等。只有有限的历史数据可以用来观察客户过去的习惯与特点,并没有足够的营销数据可以用来较为准确地预测客户未来的行为。现在,通过外部系统(例如Web和社交媒体)以及内部系统(例如客户关系管理系统和购买历史记录)的数据,营销人员便可以对客户当前的购买行为进行分析、对未来可能的行为进行预测,这些可操作的情报可以推动现有产品和服务的销售,并带来未来的潜在更新。

(5) 机会同样赋予小企业

在现有的技术之下,大数据并不只是针对大企业。即使是规模较小的企业,也同样可以从存储、管理、分析和可视化数据中获得很大的优势,而随着技术的成熟,这样的行为并不会带来庞大的不可负担的成本。此外,现在的软件可以让企业自助部署大数据分析来达成分析目标,而不需要额外雇用若干优秀的数据科学家。小企业能够使用与大企业相同的工具和技术来改变其营销策略,实现与大企业公平竞争的机会。

2. 大数据改变营销思路

在大数据的冲击下,营销手段在改变,传统的营销思路也受到了冲击。变化主要体现在以下几个方面:

(1) 思维的改变:从因果到关联

大数据时代前,营销分析更注重"为什么",希望寻求营销行为和销售结果之间的因果关系;大数据时代,我们只需要知道"是什么",了解营销策略与效果之间的关联即可,知道"是什么"足以创造点击率。

(2) 战线的改变:从线上到线下

大数据时代前,我们认为互联网类的线上企业更便于进行大数据营销,也更需要大数据帮助企业发展决策;大数据时代,这种思路势必贯穿至线下,那些线下积累了庞大数据资源的集团或者企业很可能借助这一新兴手段实现井喷式增长,或者进行关键转型。

(3) 竞争壁垒的改变:从低到高

大数据时代前,数据竞争的壁垒尚未形成,新兴企业在营销领域依然有出奇制胜的机会。大数据时代,某些依赖大数据的行业形成了全新的、更加强大的竞争壁垒。新建企业因为不具备数据积累优势,难以撼动已有企业的地位。新建企业设计的产品即使比当今行业领先者更加优秀,也很难在市场与策略上同传统竞争对手相抗衡。主要的原因不在于经济规模、网络效应或者品牌低价,而在于领先企业已经拥有了海量的客户交互数据,并能据此为客户提供更优质的、个性化的服务,增强客户黏性。

(4) 核心资产的改变:从品牌到数据

大数据时代前,营销者普遍认为品牌是企业的核心资产,营销工作的关键在于提升品牌价值,从而使产品获得可溢价出售的禀赋;大数据时代,数据本身将成为更有价值的资产、重要的经济投入和新型商业模式的基石,在营销过程中,准确地定义数据、收集数据,并通过创意发掘其潜在的巨大价值成为主要环节和不少企业下一步发力的重点。

(5) 用户的改变:从群体到个体

大数据时代前,营销对用户的细分方式是群组,也就是把某些特征高度相似的用户归为一个群体,并考量不同群体的偏好和特征,从而区别出核心用户群、潜在用户群、高价值用户群以及低价值用户群等。大数据时代,数据完整而准确地记录了每个用户的行为。用户管理从群体还原到个体。每个用户的历史数据都可以帮助营销人员预测其喜好,行为可以被激发,购买可以被引导,个性化定制的推广方式已成定局。

(6) 调研的改变:从定性到定量

在大数据时代之前做市场分析,我们相信其中存在部分不可量化的关键因素。而大数据时代来临后,一切皆可量化。比如对社交媒体 Twitter 和 Facebook 的分析表明,人们的经历、情感和社会关系都能被数据化,数据能有效地反映越来越多微妙的指标,每个个体、每种行为、每种现象都能以数据的形式被记录和分析。

(7) 统计的改变:从样本到总量

受到成本、技术、空间等因素的限制,传统营销调研的习惯方式是选取有限的样本用户,用统计方法得出相关结论。样本的选取在一定程度上决定了调研结果是否合理、是否准确,潜在风险很大,对营销人员采用的抽样方法要求很高。而大数据统计和分析的样本可以扩展为总量,任何一个用户的数据都有价值。即便是模糊、残缺甚至错误的数据,也具备价值,也可以用一定技术分析出来。

可以说,营销中的数据正在从"记录"向"预测"转化;品牌营销沟通方式的转变使"人"与"服务"间建立了全新的连接;营销模式也从"展现"层面转向聚焦于"服务"方式。大数据时代为企业提供的既是机遇,也是挑战。如果不能顺应这些变化,营销人员便可能在大数据发展的浪潮中迷失,或许他们连消费者的影子都找不到。

3. 大数据预测分析的四个关键因素

大数据预测分析(big data predictive analytics)可谓是大数据的圣杯,也是众多数据分析人士的终极梦想。帮助企业做出英明的业务决策、卖出更多商品和服务、让客户更开心的同时避免系统性营销风险的发生,是企业里每一个营销人的目标。实施成功的预测分析有赖于以下四大关键因素,见表4.3。

表4.3 实施成功的预测分析的四大关键因素

关键因素	具体内容
数据质量	数据是预测分析的血液。分析数据通常来自企业内部数据,如客户交易数据、企业生产数据等,但同时也需要外部数据的补充,如行业市场数据、社交网络数据等其他类型的统计数据。与流行的技术观点不同,这些外部数据未必一定是"大数据"。数据中的变量是否有助于有效预测才是我们关注的关键所在
数据科学家	数据科学家必须理解企业的业务需求和业务目标,全面审视数据,并围绕业务目标建立预测的分析规则,例如,企业如何增加电子商务的销售额、如何保持生产线的正常运转、如何防止库存短缺等。数据科学家需要融合数学、统计学等多个领域的知识
预测分析软件	数据科学家须借助预测分析软件来实施和评估其分析模型及规则,预测分析软件通过整合统计分析和机器学习算法发挥作用。数据科学家常用的分析软件有 SPSS 和 SAS 等
运营软件	如果企业很顺利地找到了合适的预测规则,下一步就是将规则植入应用。预测分析软件应该能以某种方式产生代码,例如预测分析厂商 KXEN 的产品。对企业而言,更重要的是将预测规则需要的数据事先准备好。预测规则也能通过业务规则管理系统和复杂事件处理平台(CEP)进行优化

4. 大数据网络营销研究的应用:预测性销售分析

在大数据网络营销研究的应用中,预测性分析和在线销售及支持管理软件应运而生。企业通过聚合、采集和分析有关用户过去和现在、线上和线下行为的诸多数据,可以确认前景,更精准地发布目标广告和促销信息,或是发起互动聊天会话,随后获得更多的销售信息等数据。企业这些行为的最终目的是综合运用各类营销渠道,如网络搜索、电子邮件、在线广告、内容或社交网络等,促进生成高质量的线索。通过分析上述数据,企业便能更深入地理解在线客户的意图和目标。企业可以从这些已有知识中提炼有价值的信息,据此更有针对性地发布营销和促销信息,采取更诱人、效率更高的优惠措施。这简化了购买体验,提供了互动售前支持,将潜在客户变成实实在在的购买者,有助于企业大幅提高销售额。

预测性分析软件可以被应用到很多普通的销售和营销功能中去,包括:

(1) 机会主义线索获得

通过收集和分析在线访问用户的旅程及行为,企业可以获得一定的线索,最终得出哪些人最可能成为购买者的结论。如亚马逊和谷歌,多年来一直跟踪用户行为并进行跨网站分析。单个企业也可将全渠道预测分析应用于各个联系点,如电子邮件、搜索、网络导航、语音、社交和其他营销渠道等。通过收集互动信息,企业更可能深刻理解访问者的意图。

(2) 线索计分和预测目标

即便都是潜在客户,个体的商业价值也有很大的不同,就像季节性汽车销售人员能迅速分辨出谁是真正会买车的人、谁是随便看看新车而不会转化为购买行为的人。预测销售软件能给销售线索的质量精准赋分,并运用实时在线行为分析锁定合适的购买者。

(3) 客户参与和追加销售

企业要确定可能有助于完成购物之旅的购买者,预测分析可用于启动互动聊天的会话或显示相关内容,主动为消费者提供帮助,解决问题、提出建议,并让访问者继续对产品和服务产生兴趣,最终推动他们完成购买和付费行为。这些个性化会话,无论是在网络上还是通过其他营销和销售渠道,都是提高销售对话效率的有效方式。

(4) 交叉销售

超市一直都知道,不同地理分布、不同季节、不同生活场景下,购买者的购物习惯并不相同;而个体的购买行为可能是相互关联、可以预测的。比如,购买了一次性尿布的消费者很可能也会购买婴儿食品和牛奶。确定了这些情况,无论是通过会员卡和购买历史,还是网站浏览和购物车分析,企业都能通过制定吸引人的奖励措施来鼓励交叉销售或重复销售。

中国营销好故事

北京健康宝——大数据的最佳实践之一

2020年年初,新冠肺炎疫情猖獗蔓延,全国各省(自治区、直辖市)纷纷对工厂、学校、社区等人口密集区域采取一定的管制措施,严控人员的流动和接触。防疫工作向常态化转变过程中,如何在有效落实防控措施的同时,推动企事业单位复工复产、恢复正常的生活秩序,成为摆在各地、各部门面前的一大挑战。

在北京市大数据管理局、北京市大数据中心的支持下,太极计算机股份有限公司建立了高效的支撑数字化信息服务的应用——北京健康宝大数据支撑平台。

很快,北京健康宝建设工作于2020年2月25日正式启动,并于3月1日正式上线。太极股份迅速按照大数据中心用户的需要与时间安排,与经信局及大数据中心多处室、多部门密切配合,迅速打通了包含卫生健康、社区、民航、铁路、公路等多个部门1 000多项数据之间的联系,并开始推进数据入库、治理、清洗比对、服务封装,努力推动3月1日北京健康宝的正常上线运行,目的是支撑起全面面向全市公众的健康查询服务。

北京健康宝采用"极简前台、复杂后台、准实时数据、最小化采集"的设计理念,建立在大数据支撑平台之上。大数据比对之后,个人的健康状况可以被显示为不同的颜色:绿码,未见异常;黄码,居家观察;红码,集中观察。这一程序还能精准识别个人的感染风险,旨在帮助市民及进(返)京人员查询和监控自身防疫相关健康状态,同时有效控制社会接触,维护社会秩序,防止潜在的疫情传播风险。

自上线以来,北京健康宝作为疫情防控常态化的卫士,驱散了一次次跌宕起伏的疫情阴霾,为大众健康平稳护航。截至2021年1月,北京健康宝已累计为5 000多万人次提供了31亿次健康查询服务。北京健康宝不仅综合了人工智能、大数据、移动通信、云计算等多种技术,更是基于多源数据融合的城市治理模式的有效探索。相关技术专家表示,健康数据不但包含着客观的时间、空间事实,还关联着主观的行为以及信任价值。北京健康宝大数据平台是理性智能与感性智慧的有机统一,更对推动社会治理创新与新型智慧城市建设具有重要意义。

4.2.2 人工智能营销:精准捕捉

1. 什么是人工智能

人工智能(artificial intelligence,AI),是计算机科学的一个分支,是研究、开发用于模拟、延伸和扩展人的智能的理论、方法、技术及应用系统的一门新的技术科学。它试图了解智能的实质,并希望在此基础上生产出一种新的能以与人类智能相似的方式做出反应的智能机器。该领域的研究包括机器人、语言识别、图像识别、自然语言处理和专家系统等。如今,人工智能化已经成为社会发展的必然趋势之一,人工智能在市场营销领域也发挥着非常重要的作用,企业的营销人员可以利用智能化的技术来分析消费者的喜爱和偏好,并以此为依据来设定或改进营销策略,提升消费者的购买欲望。目前人们使用较多的人工智能技术代表有 SSP、DSP、AE、RTB 等,这对于推动市场营销朝着智能化方向发展具有基础性的作用。

2. 人工智能在网络营销调研中的应用

在市场调研中,如果说大数据给予的是准确预测,那么人工智能给予的就是精准捕捉。在人工智能的浪潮下,其又能为网络营销调研带来哪些新的可能、注入哪些新的血液呢?

(1)消费者资料分析

人工智能在营销领域应用的一个具体表现就是利用其技术对用户的行为资料进行整理和分析。除此之外,人工智能还可以在客户细分、通知推送、点击跟踪、重新定位和内容创建等方面为企业的营销活动提供支持。营销人员也能由此更好地获取有关产品和广告方面的建议。

(2)利用人工智能提供的洞察力留住客户并提升其忠诚度

对于市场营销人员来说,人工智能带来的一个明确而巨大的机会,就是能帮助企业留住客户并提升其忠诚度。这将为客户同时也为企业创造巨大的价值。对于零售商和制造商而言,如果他们搭建出了直接面向客户的平台,并且有强大的客户关系管理系统,情况就更是如此——这些程序可以整合多个来源的数据,并在此基础上产生对企业有意义的见解,从而了解如何让客户回购,指导企业的下一步营销活动。回购带来的忠诚客户无疑也会成为企业宝贵的客户关系资源。

(3)自动分析数据,精准推送内容

基于用户以往的操作历史及与智能系统的历史聊天数据,并充分利用深度学习和大数据分析技术,品牌方可以构建更为完整、立体的用户画像。据此,品牌方将制作好的内容推送给对该内容感兴趣或者有相关需求的用户,实现精准推送。推送的内容不仅可以是已经准备好只待发布的内容,也可以是品牌方原计划之外的内容。

(4)品牌关联和推介

人工智能也有助于进行品牌关联和产品推介。随着人工智能的不断发展,聊天机器人和语音助手的设计与功能变得越来越复杂,对消费者需求的预期和对其行为的理解将为数字营销专员和消费者提供更多机会。这些人工模拟助手采用的将不再是"如果您喜欢……"而是"您是否考虑过……"这样的表述。

(5)帮助品牌寻找合适的意见领袖

一些品牌倾向于在意见领袖渠道投放广告,因此意见领袖与品牌的适配性就显得尤为重要。现在品牌可以借助自然语言处理技术和知识图谱来阅读、分析一些目标意见领袖发布在社交网站上的内容,在进行理解、分类后,特别是在充分洞察其情绪和情感后,寻找有触达能力和影响力同时对品牌持支持态度的意见领袖。同时,企业也要了解意见领袖粉丝的人口统计学信息、触达数。充分权衡之后,品牌可以确定投放重点,选择与品牌匹配度最佳的意见领袖并精准地将广告投放到目标群体中,使其影响力达到最大化。这样可以使得广告的设计效率更高。

(6)广告效果分析

人工智能技术还能够帮助品牌分析广告效果。比如竹间智能科技公司的广告效果分析系统,该系统能运用计算机视觉与情感识别技术,来侦测受试者对视频或广告的情绪反应、专注程度、观看热区等指标,综合评估观看者对"关键情节""关键商品""关键人物"的接受程度,从而帮助广告主与广告制作商更好地评估广告效果。比如,人工智能技术可以帮助确定受众是否被该广告所吸引、广告中的画外音是否被有效传达,以此来确定品牌的广告是否有正向效果、影响力大小,进而为有针对性地调整广告内容提供一定的指导。

(7) 为制定多样化的营销方式提供条件

人工智能还为广告商带来了多种新颖营销方式的实践。特别是利用图像识别、人脸识别等创新技术,使得营销方式可以具备更多创意与新奇感,从而吸引用户注意并进一步参与进来,进而引发对品牌与产品的关注。这种奇特的营销方式可以在给用户带来欢乐的同时,有效输出品牌的价值观。

(8) 实时管理所有渠道的客户互动

对于市场营销,特别是零售营销来说,人工智能带来的最令人兴奋的可能性之一就是它能够实时管理所有渠道上的客户互动。在许多情景之下,品牌成败的关键在于它们是否能够在获取客户反馈的基础上及时有效地调整自己的策略。对于那些愿意倾听客户心声的品牌,人工智能可以提供有意义、有价值的客户数据宝库。

(9) 预测未来趋势

借助特定的算法,人工智能能够在数以百万计的数据中遴选出与品牌自身、所处行业和消费者相关的有效信息。人工智能还能更好地了解用户行为、习惯与爱好,并以用户画像为基础构建一套能够以一定准确率对各种潜在结果进行预估的人工智能模型,从而为企业的核心业务提供决策依据,并由此带来有效的销售和用户数量的增长。据美国营销和销售预测公司 Everstring 所做的一项调查,在借助了人工智能技术的 B2B 行业中,高达 42% 的营销人员业绩增长率高于行业平均水平。相比之下,传统营销人员中则只有 14% 可以做到这一点。

人工智能的出现,让品牌预测未来趋势的把握大大提高。如今发达的信息技术让人们能够从各种各样的渠道获取海量数据,而人工智能技术可以对这些数据进行进一步的分析整理,使之成为品牌方决策的依据。聪明的营销者应当意识到,人工智能技术从某种程度上来说将指引企业率先发现、挖掘未来的价值。

知识点延伸

AR（增强现实）和 VR（虚拟现实）是新兴的互联网技术。它们通过软件与硬件的相互配合，可以让使用者进入虚拟场景，为其提供几乎无异于现实的体验，并支持用户与虚拟场景互动，从而增进其对场景的了解和认识。3D 可视化编辑器、图形图像识别引擎（AR 识别引擎）等，未来将全面应用于各个行业，其中就包括网络营销。借助 AR 和 VR 技术，企业不仅能将产品栩栩如生地展现在客户面前，还能为客户提供生动有趣的消费场景。

本章要点

1. 理解市场调研的意义。
2. 掌握市场调研的程序和步骤。
3. 掌握网络市场调研的方法和步骤。
4. 了解新技术的出现给市场调研带来的新变化和新机遇。

分析思考园地

1. 假设你是网上书城亚马逊的营销管理人员，现在要进行一项市场调研，而你们班同学就是被抽取出来的目标客户样本，请设计针对这些同学的一个调查方案和一份调查问卷。

2. 在网络市场调研中运用人工智能和大数据时，说说两者的功能和作用有什么异同。

3. 假设你是一名酒水销售人员，你所推销的酒水产品准备进入新的市场，要进行市场调研。想一想，该从哪几个方面入手进行调研，并请写出调研计划。

篇后研习

霍山石斛,又称米斛,是石斛中的极品。其生长环境严苛,产量稀少,是国家濒临灭绝的珍稀药材。其干燥茎(霍枫斗)和鲜斛均可入药,能有效提高机体免疫功能,对眼、咽、肺、胃、肠、肾等器官和血液、心血管等疾病有特殊疗效,还有抗白内障、延缓衰老、抗突变和抗肿瘤等功效。《本草纲目》中有明确记载,霍山石斛为中华九大仙草之一。

近几年,霍山县地方政府越来越注重石斛的生产和开发。目前,霍山石斛鲜条价格每千克7 000元左右,干燥茎(霍枫斗)每克150元左右。霍山县地处大别山区,为了让石斛走出大山销往全国各地,霍山县石斛协会面向一线城市,于2019年制订了霍山石斛网络营销战略计划。但是,霍山石斛的网络营销效果并不理想,主要原因在于,一是石斛因生长周期长、养殖成本高而价格高,二是消费者对霍山石斛的认知度并不高。

思考题:

1. 请在网上搜集霍山石斛的资料,研究销售平台上的产品,试从产品的角度,结合你所在城市的市场特点,分析霍山石斛网络营销效果并不理想的可能原因。

2. 请根据霍山石斛产品的特点和网络销售现状,制订一份你自己的网络营销战略计划。

第3篇

数字时代的中国消费者

开篇综述

在网络市场中,网络和电子商务系统的巨大信息存储、处理能力为大量的产品和服务信息提供了展示平台。消费者可以通过网络检索机制获得全方位的产品与服务信息,并以此为依据做出满足自身需求的、理性的消费决策。由此,网络市场也真正变成了买方市场。

但考虑到网络自身的一些特点,网络消费者市场与传统消费者市场仍存在许多不同之处。在如今的购物领域中,网络营销手段已经占据了很重要的位置。现代网络营销正在改变人们的消费心理和消费行为;同时,这些改变也对网络营销时代的企业提出了新要求。要想在竞争日趋激烈的消费市场上取得可观的市场份额,企业必须充分洞察并把握目前人们在消费心理和消费行为上的变化动态,为消费者打造个性化的产品,并提升其购物体验。

在诸多网络消费者中,中国消费者是一个较为特殊的群体。国家和时代背景不同,让中国消费者与其他国家的消费者相比独具特色。所以,我们在研究中国网络营销的时候,一定要了解中国消费者的独特之处。

第 5 章　网络营销的消费者分析

对消费者的定义,通常有狭义和广义之分。狭义的消费者是指购买、使用各种消费品或服务的个人与家庭。广义的消费者是指购买、使用各种产品与服务的个人或组织。

5.1　影响网络消费者购买的主要因素

对消费者网络购物行为影响因素的研究,是网络零售商提高自身服务水平、不断增强营销能力的坚实基础。已有的研究表明,消费者的网络购物行为受到诸多因素的共同影响,其中就包括消费者自身因素和社会文化等共同外部因素。

5.1.1　消费者自身因素

消费者自身因素包括以下几个方面:

1. 文化因素

文化是一个较为综合的概念,它几乎可以概括影响个体行为与思想过程的所有事物。文化是一种后天的学习行为,它不包括遗传性或本能性的行为与反应。对饥饿等生理驱动力来说,文化并不影响其性质和频率,但它却影响着人们的行为,以及如何使这些生理驱动力得以实现或满足。

由于人类的绝大多数行为并不是天生的,而是通过后天习得的,因此文化对人行为的影响是真实而普遍存在的。文化对人的影响是潜移默化的,如同我们呼吸的空气,无处不在,无时不有。人们总是与同一文化下的其他人员有类似的行为、思考和感受。我们很少能意识到文化的作用(通常都将其作为既定事实加以接受),除非其性质突然改变。

2. 社会因素

社会因素是指消费者周围的人或社会结构对其所产生的影响。其中,家庭、角色地位、参考群体和社会阶层对个人的影响最为重要。

个体在扮演多种角色的同时,也一定是某一个或几个子群体的一员,从而其认可、采纳和接受群体成员总体的价值观念、态度和行为。人们的消费行为和信念可以变得与群体成员的行为和信念一致,相关群体对个人来说也起到参照物和信息来源的作用。相关群体对购买决策的影响程度依赖于个人对相关群体影响的敏感性、个人与相关群体结合的紧密性等因素。

社会阶层是指按照一定的社会标准,如收入、受教育程度、职业、社会地位及名望等,将社会成员划分成若干社会等级。社会中的人会被划分到不同的阶层,处于同一社会阶层的人往往有着相似的价值观、生活方式、思维方式以及生活目标,而这些因素都会影响到他们的购买行为。不同社会阶层的人之间在生活习惯、思维方式、购买动机和消费行为等方面存在明显的差别。例如,在对店铺的选择、消费和储蓄倾向、对产品的选择、购买数量、娱乐休闲方式、对媒介的选择、对广告的反应、价格心态、品牌忠诚度及消费审美观等方面,不同阶层的人在心理和行为上都会有很大的差异。

3. 个人因素

影响消费行为的个人因素主要包括消费者个人基本特征、个性以及生活方式。

个人基本特征是个人因素的重要组成部分,主要包括年龄、性别、家庭、收入、职业、教育、宗教等统计量。它被广泛地应用于细分消费者市场上,以更好地制定针对目标消费者的营销策略。消费者的个人基本特征可以在一定程度上对其网络购物频率和购物数量做出合理解释。

4. 心理因素

消费者的网络购物行为主要受几个心理因素的影响:动机、感知、学习、信念和态度。动机促使消费者产生消费行为,然后他们在感知购物环境的过程中进行学习,在多次学习及实践的基础上逐渐形成关于消费的态度和信念,而态度和信念都会影响其最终的购买决策。

消费者需求是消费者生理或心理上的一种匮乏状态,即消费者感到缺少什么,从而想获得它们的状态。需求具有无限延展性,因而人的需求永远不会有完全满足和终结的时候。动机是个体行为和决策的内在驱动力,引发动机的内在条件是需求,外在条件是诱因。仅有需求并不能导致个体的行为产生;若只存在外界刺激,则即使缺乏内在的需求,有时也可能引发动机并产生行为。

5.1.2 企业因素

影响网络消费者购买的企业因素主要有以下六个方面:

1. 价格

价格是影响网络消费者消费心理及消费行为的主要因素,也常被看作市场竞争的主要手段之一。一般来讲,价格与需求量成反比关系。网络消费有其特定的优势,例如对计算机软硬件、书籍杂志、娱乐产品等标准化程度较高的产品而言,网上销售减少了流通环节,可以降低售价,因而对网络消费者具有较大的吸引力。

2. 产品的特征

目前,网上交易的标准化产品,例如书刊、音像制品、时尚礼品等往往在价格上占绝对优势。而随着网络营销的发展和网上品牌形象的建立,网上交易产品的种类越来越丰富,一些大件产品、非标准化产品,如电器、家具等也可以在网上交易。将来,网上交易的产品、服务和体验可能会变得更加丰富。

3. 交易时间

交易时间包括网上交易合同订立的时间和最终交易过程耗费的时间。网上交易合同可以在任何时间签订,这也是网上交易和线下交易的一个很大的不同。与线下交易相比,网上交易产品多为标准化产品,网络消费者为交易花费的时间主要包括网上信息资料的收集、分析时间,产品服务选择、比较和谈判、达成协议的时间,以及物流时间。一般而言,整个网上交易过程较线下交易的时间会更短,且更灵活,可以在网络消费者认为合适的任何时间完成,消费者无须花费专门的时间和精力去逛街购物。

4. 购物的便捷性

"节省时间""操作方便"是网络购物的优势所在,也是网络消费者选择网上购物的重要动因。具体而言,在线下交易中,消费者既要与商家谈判,又要掌握商品或服务的信息和知识,需耗费大量的时间和精力。现代快节奏的社会生活使有一定消费能力的人更愿意把有限的时间和精力花在享受生活上,从事一些有益于身心健康、可以充分休闲娱乐的活动。而网络购物恰恰能使消费者在轻松上网的同时方便快捷地进行购物,因此很受网络消费者的喜爱,经济活跃程度比较高。

5. 安全可靠性

一部分网络消费者有稳定的收入,有自己喜欢的品牌,他们追求时尚,也重视品质。但他们对网络购物可能缺乏信任和安全感,担心没有售后服务或售后服务差等问题。同时,在购物网站注册时需要提交自己的真实姓名、住址和联系方式等私人信息,网站潜在的信息泄露风险也让消费者对网络购物的安全性打了一个问号。此外,网络诈骗、网购纠纷案件的频发,严重影响了网上交易的发展。

6. 其他因素

影响网络消费者在线交易的因素还包括网络口碑、上网的便利性、网速、网上支付方式、送货方式和时间等。

5.2 网络消费者的购买动机与购买过程

在网络虚拟世界中,提高消费者的忠诚度远比推销产品本身更加重要。只有充分了解网络消费者的特点,分析网络消费者在网上进行购物时的行为特征,把握好其需求方向,企业才能制定合适的网络营销策略来满足消费者的需求,同时获取较高的收益。

5.2.1 网络消费者的购买动机

消费者的消费需求往往是由一些特定的购买动机引发的。网络消费者的购买动机是指在网络购买活动中那些能使他们产生购买行为的内在动力。只有了解了消费者的购买动机,企业才能更好地预测其购买行为,并由此制定相应的营销策略和有效的促销手段,提高产品的销量。网络消费者的购买动机可以分为需求动机和心理动机两类。

1. 需求动机

网络消费者的需求动机包括兴趣、聚集和交流三个方面。

(1) 兴趣

许多网络消费者之所以热衷于网络漫游,主要是因为他们对网络活动本身就抱有极大的兴趣。这种兴趣的产生主要有两种内在驱动力:一是探索的内在驱动力,即网络消费者内在的好奇心理会驱使他们沿着网络提供的线索不断查询,希望能够最终找出符合自己预想的结果,他们甚至会深陷在这一过程中而无法自拔;二是成功的内在驱动力,即当网络消费者在网络上找到自己所需的资料、软件、游戏时,这种顺利获得的体验会在他们心中产生一种满足感。

(2) 聚集

网络为具有相似经历或相同兴趣爱好的网络消费者提供了任意聚集和交流的平台,从而打破了时间和空间的种种限制。通过网络平台聚集起来的网络消费者往往可以形成一个极具民主性的群体。在这个群体中,所有成员都是平等的,都有独立发表自己意见和观点的权利。在现实社会中经常处于紧张状态的人,在这个虚拟世界中却可以获得放松和休闲的体验。

(3) 交流

网上交流是网络消费者上网的主要需求之一。随着网络的发展和普及,人们的信息交流频率提高,网上交流的范围也在不断扩大。对某种产品或服务有相同需求或相似兴趣的网络消费者聚集在一起进行交流,就可以形成商品信息交易的网络,即网络商品交易市场。在这个虚拟交易的市场中,参与者大多是有目的的,他们交换的信息涉及产品质量、价格、库存量、新产品的种类等,这些信息和经验大多来自他们真实的体验及体会。

网络营销者参与并收集相关信息,不仅可以更好地了解网络消费者的需求,制定切实可行的营销策略,还可以在此基础上有效地组织生产,提高劳动生产率,并降低生产成本。

2. 心理动机

心理动机是基于人们的认识、情感、意志等心理过程而产生的购买动机。网络消费者购买行为的心理动机主要包括理智购买动机、情感动机和惠顾动机三个方面。

(1) 理智购买动机

理智购买动机建立在网络消费者对线上商场推销的商品具有客观认识的基础上。网络消费者多年纪较轻,乐于且善于从各个渠道收集有效信息,且一般具有较强的分析和判断能力,其购买决策往往是在反复比较各线上商城的商品之后做出的,因此对所要选购商品的特点、性能和使用方法有较为深入的了解。在理智购买动机驱使下,网络消费者首先关注的是商品的先进性、科学性和质量,其次才是权衡商品的经济性。可见,理智购买动机具有客观性、周密性和可控制性。

(2) 情感动机

情感动机是基于网络消费者的情绪和感情所产生的购买动机。情感动机又可以分为两种形态:一是低级形态的情感动机,一般是由喜欢、满意、快乐、好奇等情绪所产生的,具有冲动性和不稳定性;二是高级形态的情感动机,是基于道德感、美感、群体感等情绪所产生的,具有较强的稳定性。值得注意的是,线上商城可以为网络消费者提供异地送货的服务,这也在一定程度上促进了情感动机的形成。

(3) 惠顾动机

惠顾动机是建立在理智和情感双重体验之上的。消费者因对特定的网站、图标广告、商品产生的特殊信任与偏好而重复地、习惯性地深入了解产品服务信息并产生重复购买意愿,我们把这样的心理动机称为惠顾动机。具有惠顾动机的网络消费者,一般表现为某一站点的忠实浏览者。他们不仅自己经常光顾相关站点,而且对周围的人也具有较大的影响力,推荐和传播能力较强。当企业的产品或服务出现某种瑕疵时,他们往往也可以谅解。

知识点延伸

对于消费者购买决策的模式,国内外许多专家学者进行了大量研究,以下几种模式认可度普遍较高,被看作具有一定的代表性。

1. 一般模式:刺激-心理-反应

1974年,雷诺(Reynolds)根据心理学相关概念提出了刺激-心理-反应模式(SOR模式:S-stimulus,刺激;O-organism,有机体;R-response,反应)。该模式认为外界刺激首先对消费者的心理产生作用,继而才会影响消费者的外在购物行为。

2. 科特勒行为选择模式

该模式是科特勒在SOR模式的基础上提出的。在肯定了外界刺激对营销活动的影响后,科特勒提出,对于多样化的外部因素,不同的消费者会产生不同的心理活动,然后做出不同的反应,而这个心理活动仍是一个黑箱。

3. 尼科西亚模式

1966年,尼科西亚(Nicosia)在《消费者决策程序》中提出这一模式,将消费者决策分为四个阶段:消费者态度形成,消费者购买动机形成,决策与行为发生,信息存储与反馈。

4. 恩格尔-克拉特-布莱克威尔模式

恩格尔(Engel)、克拉特(Kollat)、布莱克威尔(Blackwell)三人于1968年首次提出恩格尔-克拉特-布莱克威尔(EKB)模式,且直到1984年才将其修正完成。这一模式将消费者决策分为问题认知、方案评估、信息收集、方案选择和消费行为发生五个环节。在这些环节中,消费者会受到文化、道德、家庭等不同因素的影响。

5.2.2 网络消费者的购买过程

从本质上说,网络消费者的购买过程是一个信息收集、分析和评价的过程。网络消费者在网上购物前,首先会在网上搜索、浏览与产品或服务相关的信息,为最终的购买决策提供依据;然后再将其转化为一种购买行为。网络消费者的购买过程一般分为五个阶段,即产生购买动机、收集信息、比较选择、进行购买决策和购后评价。

当消费者知觉到某事物的实际状态和他们所期望的状态之间有差距,且该差距扩大到足以激发消费者进入购买决策程序时,知觉上的需求便会被唤起,引发消费动机,进而产生问题与需求认知。消费者在意识到自己的需求之后,就会以最终购买为目标,开始搜索内部或外部信息,为购买方案的制订提供充足的信息。在这一过程中,消费者会逐步形成一套方案评估标准,并做好购买前的方案评估。然后,他们会从可能的方案中选择最后确定要购买的商品,并做出购买决策、产生购买行为、获得所要的商品或服务。在购买后,消费者还会对本次购买行为进行评价,加深其对商品或服务消费经历的体验,这也有助于其在未来购买行为中的决策。消费者对购买行为的评价会有满意或不满意的情况,若是对购物经历感到满意,则其信念会被加强,会将满意结果储存于记忆中;若是对购物经历感到不满意,则会导致其产生购买后的心理失调。

1. 产生购买动机

网络购买过程的起点是诱发并唤起需求,因此可以说,吸引网络消费者的注意是成功进行营销的基础步骤。对于网络营销者来说,诱发网络消费者的需求动因往往被局限于视觉和听觉,为此,网络营销者必须充分了解与自己产品有关的实际需求和潜在需要,把握诱发网络消费者需求的各种因素,并依此设计相应的促销内容和足以吸引更多消费者注意的浏览网页,学会有效激发其需求和欲望的方法。

2. 收集信息

在需求被诱发后,每个消费者都希望自己的需求能得到有效的满足。为此,网络消费者往往会积极地收集相关信息。

知识点延伸

总的来说,网络消费者收集信息的渠道可分为内部渠道和外部渠道两种。内部渠道是指网络消费者个人所存储、保留的市场信息,包括购买商品的实际经验、对市场的个性化观察及个人购买活动的记忆等;外部渠道是指网络消费者从外界收集信息的通道,包括个人渠道、商业渠道和公共渠道等。在进行购买决策时,网络消费者首先会在自己的记忆中搜寻可能与所需产品相关的知识与经验;在内部信息不充分或有缺失、不能为决策提供有效帮助时,便会考虑通过外部渠道收集相关信息。

根据网络消费者收集信息的范围和努力程度的不同,信息收集可大致分为以下三种模式:

1. 广泛问题的解决模式

这一模式是指网络消费者在尚未建立评判特定产品或特定品牌的标准,也不存在明显的品牌偏好与倾向的情况下,会广泛地收集关于某种产品或服务的信息。当网络消费者出于好奇、消遣或其他原因对某种之前了解得很少且不熟知的产品产生兴趣时,就会广泛收集相关信息以便进一步了解产品,为做出购买决策提供依据。

2. 有限问题的解决模式

这一模式是指在网络消费者已建立起对特定产品的评判标准,但还没有特定品牌偏好倾向时,会有针对性地收集产品信息。此时收集的信息对网络消费者的购买决策具有直接的影响。

3. 常规问题的解决模式

这一模式是指网络消费者在对将要购买的产品或品牌已有足够的经验和明确的购买倾向的情况下,收集有关产品销售、售后服务等方面的信息,以便于合理指导其购买行为。此时收集的信息主要是有关产品的使用信息等,对购买决策影响不大。

网络消费信息收集渠道与信息搜寻模式的关系如图 5.1 所示。

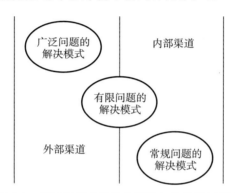

图 5.1　网络消费信息收集渠道与信息搜寻模式

3. 比较选择

网络消费者需求的满足以其支付意愿和实际支付能力为基础。没有支付能力支持的购买欲望只能是空中楼阁,并不会转化为实际的购买行为。能满足网络消费者某一需求的产品和服务往往有很多,在比较、分析的基础上,网络消费者会综合考虑自己的支付意愿和消费能力,之后再做出最后的选择。比较选择是网络消费者购买过程的一个重要环节。网络消费者会对各渠道汇集而来的信息进行比较、分析和研究,了解各种产品或服务的特点和性能,然后再做出最终的购买决策。

一般来说,网络消费者的评价因素包括产品的功能、可靠性、性能、样式、价格和售后服务等多个方面。

网络购物在虚拟的网络上进行,网络消费者并不能直接接触实物,对产品的比较大大依赖于厂商所提供的相关信息,包括文字描述、图片等。如果网络营销者因此进行投机性宣传,对产品进行不充分或过度夸张的描述,甚至带有虚假欺骗的成分,就会误导网络消费者,甚至失去他们的信任。

4. 进行购买决策

网络消费者在完成对商品的比较选择后,便会依此做出购买决策。与传统的购买方式相比,网络消费者的购买决策有三个特点:一是网络消费者的理智购买动机往往占主导地位,而情感动机多处于次要地位;二是网络购物一般受外界影响较小;三是网络购物的决策时间更短、速度更快。

通常,影响网络消费者购买决策的因素有两种:一是他人的态度,包括其他人对产品的评价和意见;二是其他的一些偶然因素。

5. 购后评价

在顺利完成商品购买并使用一段时间后,网络消费者会对自己的购买选择进行分析、做出评价,并重新考虑购买决策的正确性。

为了提高企业的市场竞争力,最大限度地占领市场,企业必须虚心倾听消费者反馈的意见和建议,并以此为提示和线索来改进营销策略及服务。互联网为网络营销者收集网络消费者的购后评价信息提供了便利而快捷的工具,如电子邮件和其他网上交流工具等,为企业与消费者提供了较为及时、有效的沟通途径。

本章要点

1. 影响消费者购买的因素。
2. 消费者网络购物的心理过程。
3. 网络营销的企业因素。

分析思考园地

1. 在网络消费决策过程的各个阶段,各种因素如何具体地影响消费决策行为?
2. 在实际的网络购物过程中,网络消费决策过程是否按五个阶段依次进行?是否存在决策过程中的某几个阶段交替存在的情况?
3. 设计一个研究方案,研究消费者在网络上购买某种商品的决策过程。

第 6 章 中国消费市场及其特点

6.1 中国消费市场

消费市场是连接生产和消费的一个重要桥梁,是发展生产、扩大供应、保证消费、满足市场需求、实现再生产的必要条件,也是沟通产销、调节供求、指导消费、提高消费水平和消费经济效果的重要杠杆。中国消费市场内部需求增长较快,持续成长性好,带动能力强,将成为全球最大的国内消费市场。

6.1.1 中国消费市场现状

随着中国逐步对外开放,中国内部社会消费环境发生了急剧的变化。中国在世界上的经济地位与角色正不断转变,目前已经从全球生产基地变成潜力巨大的消费市场。文化信息环境的不断开放带来了多元的外来文化、诸多外来品牌及西方的生活方式、互联网环境等,这些都深刻影响着国人的消费观念和消费价值取向,成为中国消费市场的一个新特点。

近年来,中国消费市场的主要变化体现在以下几个方面:

1. 消费持续升级

近年来,零售市场正经历着跌宕起伏的变化。互联网技术为消费者获取海量信息提供了可能,而他们在网络上聚集,形成了有一定话语权的网络社群,并逐步掌握着网络市场的话语权。消费者变得日益成熟,消费市场重新呼唤理性的回归。此外,中国国民收入水平逐步上升,收入增长驱动消费升级,大众品质和体验意识被唤醒,国内消费者对价格的敏感度逐步下降并进一步呼唤品质的提升。同时,由于线上购物体验受限,其对线下消费的冲击见顶回落,实体商业重新获得发展契机。中国的大众消费形态正在从购买产品向购买服务、购买体验转变,提升生活品质及获得体验逐步成为推动消费的核心动力。随着消费多样性的日趋明显,单一性的市场增长势头有所放缓。

2. 消费意愿增强

随着消费者收入水平的提高,人们的消费能力和消费意愿正不断增强。根据权威部门发布的报告,近几年中国消费者信心指数正稳步增长。中国市场的消费者信心指数自2014年以来一直高于100%,并持续保持在高位,这也为中国消费结构的转型升级带来了更多新的可能。经历过经济高速发展时期的核心消费群体以其日益旺盛的消费需求带来新一波市场红利。

3. 新消费群体崛起

目前,中国零售市场另一个显著变化便是主力消费阶层年轻化。80后、90后、00后,新生代的消费群体正在崛起。波士顿咨询公司2015年的数据显示,35岁以下年轻人的消费占消费增长的65%。此外,从2016年到2021年,这一群体的消费正以年均11%的速度增长,是35岁以上消费者消费增速的两倍。其预计到2021年,年轻一代的消费将占到消费总量的69%(见图6.1)。

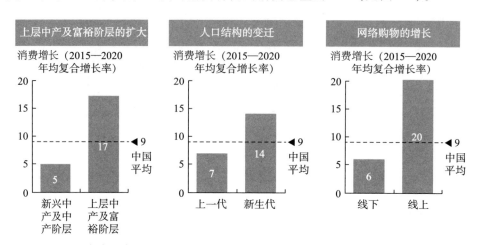

图6.1 上层中产及富裕阶层、新生代(80后/90后/00后)未来四年成为消费主力人群

资料来源:https://image-src.bcg.com/Images/BCG_A_Tale_of_Two_Chinese_Consumers_June_2015_CHN_tcm9-127570.pdf(访问时间:2021年10月28日)。

主流消费群体变更带来整个消费新一轮的全面升级:

(1)年龄结构上,80后、90后逐渐成为消费主力人群。

(2)财富结构上,富裕阶层和上层中产阶层将逐渐占据主导地位。主流消费群体年轻化、富裕化,这推动消费结构从生存型消费向发展型、享受型消费不断升级,在新的消费活动中,消费者更加重品牌、重品质、重服务、重享受、重个性化、重精神体验。

随着经济社会的高速发展与互联网的普及,新生代消费群体普遍拥有超前的国际视野与新的消费理念,追求个性化的生活方式,注重生活品质,并期待更加丰富的购物体验。他们将成为消费市场的主导力量和最有影响力的消费群体。

从营销者的角度而言,他们必须重视新生代消费群体的价值主张,深刻洞悉其生活方式、价值追求,积极迎合其各方面的综合需求,如移动、社交、体验、便利、定制的产品或服务。而基于该群体的获客成本、商业运营等方面也必将发生诸多深刻变化。与之相适应的整个供应链也应当进行调整变革,不断迭代升级。

4. 线上线下相融合的全渠道购物成为主流消费方式

全渠道零售(omni-channel retailing)是企业为了满足消费者在任何时候、任何地点、任何方式都可以进行购买的需求,采取实体渠道、电子商务渠道和移动电子商务渠道多渠道整合的方式销售商品或服务,向消费者提供无差别的购买体验。消费者对全渠道融合基本服务(如线上购买线下取货、线上查询线下店铺存货等)的需求越来越普遍,但在目前的商业实践中并没有得到很好的满足。购物中心或品牌可以通过提升全渠道体验的交互感及满意度来为消费者创造和提供更高的价值。

为了全面探索零售业态升级,很多百货企业纷纷致力于建构"实体+线上+移动端"的全渠道数字化模式。这类企业会自建网络销售平台及入驻第三方网络销售平台,并配合以自建移动端手机 App 为消费者提供促销信息推送、商品推广和会员计划,以及室内导购、餐厅预订、积分累积与兑换等多样化的附加增值服务。

尽管网络零售蓬勃发展,但线下实体店铺的零售价值依旧无法被取代,消费者的完整消费体验离不开线下环节。线下零售不可替代的价值体现在两个方面:

(1) 网点价值

例如,生鲜作为非标品需要体验才能判定其新鲜度,纯电子商务运营又面临着物流配送成本过高的问题,所以生鲜类产品天生适合线下运营;再如,便利店这种"小而全"的业态即时性更强,对于某些实效性强的消费只有便利店才能满足,这样的网点设置更贴近消费者需求,其用户黏性也较强。

(2)体验价值

某些消费体验需要线下场景的支持,例如服饰的试穿、新上线美妆的试用等。近年来兴起的新购物中心往往集购物、电影院、餐厅、室内健身房、小型游乐场于一体,一站式满足主力消费群里更年轻化的社交、娱乐需求,而不仅仅是产品购买需求。

5. 技术驱动智慧零售

数字经济发展的基础设施,如移动互联网、智能手机、移动支付等自2017年起已逐步完善,这为零售转型创新提供了必要的技术支撑。特别是2008年以后,我国的无现金支付稳步发展,便捷快速的移动支付等非现金支付方式已成为人们在零售行业购买支付的首选。移动支付不仅优化了消费者的购物体验,更为企业积累了大量用户数据,成为打造智慧零售的一项重要基础技术。

从消费者体验切入的技术开发和应用,到业务中后台的核心流程数字化和技术水平的提升,物联网、数据分析、地图搜索、室内外定位、人脸识别等技术正从采购、生产、供应、营销等各个环节深刻影响着传统零售业,零售的深度及广度不断得以拓展和延伸。顾客数字化、商品数字化、服务数字化、营销数字化、供应链数字化、经营管理数字化等趋势全方位推动传统零售业运行效率的提升,零售行业商业模式的深刻变革前所未有。

6. 零售新物种频现

自2017年以来,零售新物种呈井喷式爆发于市场,从阿里巴巴的盒马鲜生到永辉的超级物种等。这些都在对传统超市进行颠覆性重构:压缩品类,加入生鲜、餐饮、体验等新元素进行跨界组合;运用大数据、智能物联网、自动化等技术和先进设备进行数字化、智能化改造。与传统业态相比,新物种更加看重顾客体验。一方面,它们通过新颖的门店设计,从视觉效果上提升门店"颜值";另一方面,卖场中嫁接餐饮、科技甚至娱乐内容,重新定义传统的人、货、场。

据不完全统计,2017年以来诞生的新物种有天虹Sp@ce、新华都海物会、步步高鲜食演义、百联RISO、联华鲸选等。除了主营超市+餐饮,天虹Sp@ce还增加了儿童独立购物+体验的娱乐空间;百联RISO还将花店、咖啡吧、书店、艺术中心等融入超市门店,提供更多元的服务。不断崛起的新物种正在构筑多样化的未来消费场景,也拓展着消费者想象的边界,用供应端的变革推动消费需求的变化。

值得注意的是,中国消费市场存在多种经济形式,其中全民所有制商业是主体,它们在稳定消费品供求、稳定物价等方面起着决定性作用。同时,中国也允许和鼓励集体商业和个体商业的存在及发展,它们在满足城乡居民消费需求方面具有不可替代的作用。

中国营销好故事

2020年全球新冠肺炎疫情肆虐下的中国消费市场

2020年,面对突如其来的新冠肺炎疫情,全国人民团结一致、众志成城,不仅顺利取得抗击疫情斗争的阶段性胜利,国民经济发展也没有停滞,依然实现了2.3%的增长,成为全球主要经济体中唯一实现经济正增长的一个。在新冠肺炎疫情肆虐的严峻国际形势下,我国的国内消费成为稳定国民经济的"压舱石",各种新业态、新模式在疫情下被催生出来,它们充分利用了网络的优势,而消费者行为和习惯也随之发生改变。消费市场被整合出诸多新特点和新亮点,主要表现在以下几个方面:

1. 线上消费成为引领消费增长的主要动力

我国大型商业综合体、商超等加快了数字化转型,各种电商平台迅速崛起。2020年拼多多线上销售额强劲增长,其财报显示,截至2020年9月30日之前的12个月中,平台成交总额达到1.46万亿元,较上年同期上涨73%,其中仅2020年第三季度即实现营收142.1亿元,同比增长89%。2020年5月,拼多多日均在途物流包裹数已超过6 500万个,较3月份日均在途物流包裹数(5 000万个)增加了1 500万个,增幅达30%。在2020年上半年全国社会消费品零售总额增速为负的情况下,线上实物商品消费依然保持了两位数以上的高增长,可见在新冠肺炎疫情的背景之下,线上消费已成为引领消费增长的主要动力。

2. 线上刚性需求助推服务消费规模快速扩大

新冠肺炎疫情期间,居民就医、上学、文化娱乐等刚性需求也移至线上,这也助推线上医疗、教育、文娱等服务消费规模快速扩大。

在线上医疗消费方面,由于疫情期间医疗资源极度紧张且线下就医存在交叉感染风险,平安好医生、好大夫在线等多家医疗服务平台推出线上义诊服务,以满足特殊时期的问诊需求,助推线上问诊量呈激增之势。统计数据显示,2020年春节期间在线问诊领域独立App日活跃用户最高峰达到671.2万人,最大涨幅接近160万人,涨幅达31.28%。

在线上教育消费方面,疫情期间"停课不停学"催生了大量线上教育消费需求,好未来、新东方、网易有道等在线教育服务机构为学校、老师和学生提供在线直播教学系统、教师教学培训、标准化及定制化在线教育课程产品,在线教育普及度迅速提升。

在线上文娱消费方面,在"宅经济"的带动下,短视频、泛娱乐直播、网络游戏、在线音乐、网络动漫、网络文学等内容消费规模大幅走高,电影、综艺录制及演出等线下文娱活动也更多依托视频连线、云录制、云直播等技术手段,加速向线上转型,推动在线文娱消费实现较快增长。

不受时空限制便可进行虚拟交互的网络,成了疫情期间最有力的经济工具。它成为新的机遇,让疫情期间的消费跨越了停滞不前的陷阱。中国消费市场"失之东隅,收之桑榆",用网络经济推动市场的继续繁荣,同时网络这个新的战场也被不断探索出面向未来的更多可能。

6.1.2 中国消费市场机遇和挑战

随着信息技术和互联网的飞速发展,中国俨然已经进入一个大数据时代。这个时代的主要特点就是海量信息层出不穷,借助互联网工具,人们可以较为方便快捷地搜索到自己想要的各种信息资源。大数据是一种多样化、增长率很高的信息资产,能帮助人们一目了然地看清很多问题。大数据也为企业的市场营销提供了很多机遇和便利。但每一种新的手段、每一次时代转型都必然伴随着潜在的挑战。传统的市场营销模式逐渐因缺乏增长动力而显得活力不足,如何应对并适应市场翻天覆地的新变化对于市场上的每一个个体来说都是一个亟待解决的问题。在大数据时代,中国市场面临的机遇很多,但更多的挑战不可忽视。如何抓住机遇迎接挑战也是网络营销要解决的重大课题。

1. 机遇

(1) 借助科技精准定位

借助"互联网+"的巨大技术和数据优势,企业得以充分了解客户的个性化需求,并通过社交化的人与人的互动服务提供更加有个性、有温度的服务,打造独特的品牌形象,以此构建能够高度匹配商品特点的零售环境以及消费者体验,从而更有针对性地为消费者的个性化需求提供服务。例如,阿里巴巴主要通过大数据来提升物流效率、实现快速发展;苏宁则对商品和消费者群体进行精准匹配,并建立了具有融合性的互联网商业模式,开设了2 000多家线下苏宁易购门店入驻各个乡镇、小区,对需求和体验进行精准的分析与把握,充分贴近消费者打造智慧零售创新模式,反向定制产品,实现产品与服务更加精准的供应。

(2)利用线下优势引流线上资源

随着网络竞争对手的入驻,原有电商的流量红利时代即将过去。电商的消费引流成本不断上涨。在大数据、人工智能、物联网、智慧物流体系等新技术的推动下,电商企业与实体商业的融合度不断提升,越来越多的电商领军企业开始布局线下门店。2017年,互联网的两大派系阿里巴巴和腾讯为扩大各自的阵营,将竞争延伸到了线下。它们纷纷向线下零售店投入大量资本,旨在推动传统零售业的转型。

2. 挑战

(1)传统购物中心需加快转型升级的步伐

近年来,国家逐步出台有关政策,使得流通企业税费成本有所下降,但受制于物流成本高、房地产价格上涨、人工成本上升等因素,零售企业经营面临的成本压力依然较大,长期的微利经营甚至亏损经营导致部分企业入不敷出,更没有足够的资金用于转型创新。一些企业本就不充足的后备资金只能维持日常经营,即使有创新意愿,也缺乏财力,创新所需的资金大部分仍靠多方筹措,转型升级的步伐缓慢甚至惨遭停滞。

目前,以零售为主要业态的传统购物中心的转型更多体现为对消费体验升级方面的关注,如购物环境、商品陈列、空间规划;或是业态上的跨界,如超市+餐饮、超市+3C(3C零售体验店,指手机通信类产品零售店)、超市+娱乐休闲。这种业态升级满足了消费升级下的部分新需求,也是创新的具体表现之一。但简单的业态组合或业态细分与聚焦,并不能从根本上解决行业所遭遇的困境。转型升级并不只是进行简单的空间改造;引入各种体验业态和社交性场景,模仿化、标配化地增加餐饮层,开设电影院和各类儿童项目等,也未必一定能够很好地产生引流效果、带来整体项目业绩的提升。

（2）商业定位需更清晰，以消费者为运营核心

具体需要解决以下三个方面的问题：

① 客群定位不够准确。伴随着消费者特征的变化以及消费主体的代际切换，品质化、个性化与碎片化成为 90 后、00 后这一代消费主力的标签。市场整体消费理念正由炫耀式消费逐步转变为理性实用与多元化价值取向。这一重要的代际属性的演替对过去依赖增开门店、博眼球营销等手法的众多传统购物中心来说，无疑是巨大的挑战。

② 商业业态有待更新升级。面对客群需求日益多样化的局面，购物中心需走出传统零售、餐饮、娱乐 1∶1∶1 的固定业态分配比例，紧盯需求调整经营模式。能否紧密结合客群消费体验预期，大胆调整业态分布，最大化地吸引到潜在客流并实现消费转化，是对购物中心运营能力提出的新挑战。

③ 全渠道建设需要全面加速。部分传统购物中心在转型过程中其实对全渠道建设没有清晰、正确的认识，对线上线下融合的理解也比较片面，导致这些企业在形式上虽实现了 O2O 模式，建立了线上支付平台，但缺乏实质性进展：虽然开始网上交易，但忽视了体验式服务，消费者参与程度较低，没能实现与消费者的有效互动；网络营销平台建成后缺乏专业的运营团队，对消费大数据信息的挖掘不够，并不能从中得出有效的经营信息，这就导致购物中心无法实现精细化运营、差异化管理。此外，若不创新与品牌和商户间的合作模式，购物中心作为一个全渠道平台的运营发展也会相应受到限制。

与此同时，购物中心的线下价值应当被重新审视和挖掘。实体购物中心需要充分利用其网点优势和体验优势，努力打造更加高品质的体验空间，为消费者创造更真实满意的体验场景，更好地吸引消费者进入并由此打造一批忠诚客户。

6.2 中国网络消费者特点

与西方消费者相比，中国网络消费者具有非常鲜明的特点，在地区、身份、年龄、收入、性别等指标上均与其存在差异（比如，中国网络消费者整体上比西方网络消费者年轻），这些都带来了其消费心理、消费行为和消费习惯的多样化结果。这些特点对企业营销者来说是不可忽视的，充分了解和理解其独特性与差异性对企业而言具有很重要的意义。

6.2.1 网络消费者

进行互联网营销的企业可以通过网络应用对网络消费者进行群体细分,重点分析不同类型网络消费者的行为特征,并结合企业特点为其开展网络营销、电子商务等工作提供更为精准的人群定位,并由此制定相应的营销策略。消费者行为是对消费者进行分类的有效指标之一,而网络消费者的网络应用行为则是对网络消费者进行分类的有效指标之一。

1. 网络消费者的类型

根据网络消费者的网络应用行为,可以把网络消费者大致分为如下四种类型:

(1) 娱乐型

娱乐型网络消费者对网络的应用较为单一,主要是网络游戏、网络音乐、网络视频等,并以此满足自己的娱乐需求。

(2) 交流型

交流型网络消费者在QQ、微信、博客等具有社交特征的网络应用上的参与度较高,通过这些平台表达自己的观点,并与社群中的其他人实现双向交互、信息交换。

(3) 信息收集型

信息收集型网络消费者在网络上的主要活动就是利用政府、媒体等公共信息网站,或是利用搜索引擎及电子邮件等渠道收集其所需的信息。这一类型的网络消费者是网民中最大的一个群体。

(4) 购物型

购物型网络消费者在网络购物、在线炒股、旅行预订等应用行为上特征明显。这一群体占网民的比例较小,但具有很大的消费潜力。

2. 网络消费者的特征

网络消费是一种新型的消费形式。这种消费形式既与传统的消费形式有一些类似的地方,也存在不少差异点。网络消费者的特征主要表现在以下六个方面:

(1) 追求购买的方便性

追求购买的方便性是消费者将行为从线下转向线上很重要的原因,同时也是网络消费者个体行为的重要特征之一。随着竞争的加剧和生活节奏的不断加快,在职人员所承受的生活和工作压力越来越大,节省时间、便捷购物成为购买行为所需权衡的新的因素。同时,一边上网聊天,一边与网友讨论产品和服务信息并在网上下单购买,已成为许多网友所青睐的购买方式,也日益成为一种标签明显的生活方式。

(2) 消费需求的差异性

消费需求的差异性是普遍存在的,不同的网络消费者因个人特征和所处环境的不同,会有不同的需求。企业开展网络营销,必须分析和研究消费者需求的差异性及产生差异的原因,从产品的构思、设计、制造到定价、包装、运输、销售等每一个环节,都要根据需求的差异性来设计,并针对不同消费者的需求特点,制定相应的营销策略、营销措施和方法。网络营销的发展使个性化需求和定制更容易同时也在更深的层次上得到满足。

(3) 消费满足的个性化

随着消费品的提供日益丰富、消费者个性化需求的不断增强,消费者开始主动制定自己的消费准则,市场营销的重心回到了对个性化需求的满足上。个性化消费正在成为消费的主流,而网络应用的普及、网络技术手段的升级恰好为网络消费的个性化发展提供了便利条件。网络消费的个性化特征日益显现。

(4) 消费需求的层次性

在传统的商业模式下,人们的消费层次一般从较低层次的需求开始,逐渐向高层次的需求延伸,即先满足个人的生存需求,再追求精神上的需求。而在网络时代,消费者的需求得以从高层次开始,不断向低层次扩展。随着网络法律法规的不断健全以及网络安全技术的提高,网上交易规模的扩大、形式的拓展有了更安全的保障,交易者数量和交易对象也不断增加。

(5) 消费的主动性

在社会分工日益细化、专业化的总体趋势之下,消费者的消费风险也随着产品和服务选择的增加而上升。特别是在选择大件耐用品或高科技产品时,消费者往往需要利用各种渠道收集相关的产品和服务信息,并通过分析、比较最终做出购买决策。网络应用的普及和网络营销的开展,也为消费者收集相关的产品和服务信息提供了便利,大大提高了消费者选择的主动性和满意程度。

事实上,从根本上说,消费主动性的增强源于现代社会不确定性的增加和人类追求稳定、平衡的愿望。

(6) 消费需求的超前性和可诱导性

电子商务构造了一个庞大的虚拟市场。在这个市场中,最先进、时尚的商品会以最快的速度与消费者见面。年轻人是网络消费者的主体部分,他们往往具有超前的意识,能够较快接受来自全球的新商品,继而用说服或购买行为带动其周围消费层新一轮的消费变革。在网络营销战场上的企业应当充分发挥自身的优势,采用多种促销方法,启发、刺激网络消费者的新需求,激发他们的购买兴趣,从而诱导网络消费者将潜在的需求转变为现实的需求,转化为实实在在的购买力。

6.2.2 中国网民的特征

网民是网络营销的主要个体消费者,广大的网民构成了网络消费者的市场主体。网民的规模决定了网络消费者市场的规模和潜力,而网民的结构影响着消费结构,进而影响到产品结构。企业要做好网络市场营销工作,就必须对网络消费者的群体特征,即网民特征进行分析,以便采取相应的营销策略。

1. 中国网民的结构和特征

深入分析、研究网民的结构,把握网络消费者群体的需求状况和消费现状是企业在网络营销过程中必须着重考虑的问题。随着互联网时代的深入发展,我国网民的组成结构也在动态变化着。根据 CNNIC 发布的第 44 次《中国互联网络发展状况统计报告》(截至 2019 年 6 月),中国网民的结构如表 6.1 所示,各个部分也显现出不同的特征。

表 6.1 中国网民的结构和特征

结构类型划分	具体特征
性别	近年来,中国网民的性别比例基本保持稳定。受性别因素的影响,男性的网络消费更多的是电子产品和户外用品,而女性则更倾向于服装和食品
年龄	截至 2019 年 6 月,10~39 岁群体占网民整体的 65.1‰,其中 20~29 岁的网民占比最高,达 24.6%;40~49 岁的网民占比由 2018 年 12 月的 15.6% 提升至 17.3%;50 岁及以上的网民占比由 2018 年 12 月的 12.5% 提升至 13.6%。中国网民以中青年群体为主,并持续向中高龄人群渗透。受网民年龄结构的影响,中国互联网应用呈现出与年轻网民特征较为相符的特点,娱乐是网络的主要应用之一

(续表)

结构类型划分	具体特征
学历	中国网民以中等教育水平的群体为主。截至2019年6月,初中、高中/中专/技校学历的网民占比分别为38.1%和23.8%;受过大学专科、大学本科及以上教育的网民占比分别为10.5%和9.7%。随着网民规模的逐渐扩大,其学历结构正逐渐向中国总人口的学历结构不断靠拢,这也是互联网大众化的结果
职业	截至2019年6月,在中国网民中,学生群体最多,占比高达26%;其次是个体户/自由职业者,占比为20.0%;企业/公司高层/中层管理人员和一般人员占比共计11.8%。中国网民职业结构基本保持稳定。而占中国总人口最大比重的农民、服务业工人以及其他行业人员在网民中所占比重还比较低,互联网的渗透有待进一步深入
收入	截至2019年6月,月收入在2 001~5 000元的群体在网民中占比最高,为33.4%;月收入在5 000元以上的人群占比为27.2%;无收入及月收入在500元以下的人群占比为19.9%。中国网民呈现出向高收入群体扩散的特征

2. 中国网民的网络使用特征

了解网民使用网络的规律和特点,对网络营销管理者来说是十分必要的。具体来说,中国网民的网络使用特征体现在以下几个方面:

(1) 上网时间

截至2019年6月,中国网民的人均周上网时长为27.9小时,较2018年增加了0.3个小时。网民上网时间与网龄之间存在密切关系,一般而言,网龄越长,平均上网时间越长。上网时间是各种网络应用的基础及其使用程度的综合反映。一方面,现代网民主要通过手机等移动终端上网,有效利用了碎片时间,进而延长了其上网时间;另一方面,网民对一些互联网应用,比如网络直播、网络短视频等的使用不断深入,明显增加了其上网时长。

(2) 上网地点

截至2018年12月,中国网民在家通过计算机接入互联网的比例为81.1%,较2017年相比降低了4.5个百分点;在网吧上网的比例为19.0%,与2017年的比例基本持平;在单位、学校、公共场所上网的比例分别增加了3.8、3.0和2.9个百分点,分别达到40.6%、22.1%和21.6%。

(3) 上网设备

截至 2019 年 6 月,中国网民使用手机上网的比例高达 99.1%,较 2018 年提升 0.5 个百分点;使用电视上网的比例达 33.1%,较 2018 年提升 2.0 个百分点;使用台式计算机、笔记本电脑、平板电脑上网的比例分别为 46.2%、36.1% 和 28.3%。而分析不同职业的网民,其上网设备也存在明显的差异:管理人员更倾向于使用笔记本电脑上网,办公室职员主要通过台式计算机上网,而学生则多用手机上网。

(4) 主要网络应用的使用行为

2019 年上半年,中国个人互联网应用发展较为平稳。其中,在线教育用户规模增长最快,半年增长率达到 15.5%;其次是互联网理财和网络直播,用户规模半年增长率分别为 12.1% 和 9.2%。

知识点延伸

中国新生代消费者需求有什么样的特点呢?一般来说,90 后和 00 后的新生代消费者在精神层面上具有高追求,需求已经从简单的产品功能性转向了对品质、健康、个性、娱乐、社交等多个方面的要求,进而也产生了一些有趣的新现象:

1. 始于颜值,终于品质

经济发展让消费者手里有了钱,其消费习惯也在悄然发生变化。纵观市场的发展,似乎只有精品、爆品才能抓住消费者的眼球;而颜值更是任何年代的人都不变的追求,"爱美之心,人皆有之",只是不同的时代对美有着不同的标准,对美的事物有着不同的追求。在以往的购物场景中,我们主要关注产品品质,看其是否耐用;但现在的年轻消费者在注重品质的同时,一样会关注颜值。年轻消费者希望买到好看的东西,并将其看作展现自己品位和个性的重要手段。另外,年轻人更愿意捕捉和顺应时代潮流。他们善于利用手机发现新事物并乐于收集诸多信息对新事物进行比较。年轻消费者更注重产品体验,而不仅仅将追求局限于拥有物质本身。这种趋势在今后也将更加明显。对于未来的智能家电、3C 类等硬件产品,在功能被充分发掘、新特征可以快速被模仿而趋同的大背景下,外观、包装、设计等尤其重要。当然,这也绝不是说品质将不再被年轻消费者纳入考虑范围,更加长期、稳定的消费行为还是要依赖品质的打造。

2. 健康、环保消费

身体是革命的本钱。即使对于年轻的新生代消费者而言,他们也很看重身体健康。比如,市场上85%的体脂秤销售都来自新生代消费者,人们对于健康消费的需求比以往任何时候都更加迫切。此外,环保、低碳、共享是新经济发展的方向,无论是响应国家政策,还是顺应国民意识的变迁,对生产企业而言,产品的环保、健康、品质等方面都被赋予了更高要求。

3. 个性化和定制化

个性化和定制化是一对孪生兄弟:有个性化的需求,就会导向定制化的产品和服务。每个人的潜意识都是以自我为中心的,就像我们看照片的时候会着重看自己是不是好看,常常更加关注自己一样。当这一现象被引申到平台产品开发中时,平台的功能、界面、内容、交互设计、运营也应该围绕用户的自我意识展开。

个性化定制有五大要素,分别是生产者(producer)、内容(content)、交互平台(platform)、用户(user)、反馈(feedback)。生产者将内容(内容是广义的概念,包括产品在内)生产出来,消费平台通过规则将内容组织起来,使用者通过消费平台使用该内容并产生相应的反馈。生产者的角色不仅可以是别人,也可以是用户自己,当然也可以是由人工智能技术推动产生的机器自动生产者。内容通过消费平台能够被用户使用,平台在搭建的过程中也应关注美观和用户友好等因素。除此之外,平台更重要的功能是收集用户反馈。反馈分两种:一种是用户的直接反馈,如通过线上线下多种形式进行意见表达;另一种是用户在使用客户端时的间接反馈,如使用时长、浏览痕迹、下载、点播、分享、活跃度等,在该类反馈产生和收集的过程中,用户往往是无意识的。

4. 深度参与,体验式消费

根据最新的统计,外出旅行已经占据国人消费榜单的首位。"生活也好像是一场旅行,不必在乎目的地,在乎的是沿途的风景和看风景的心情。"此类观点的出现也说明人们越来越重视过程中深度参与的体验感,人们不是在消耗时间,而是在消费时间。

体验消费不但注重消费者的参与和感受,也重视同空间、环境等方面进行交互。比如在商场,今天的消费者绝不仅仅是到商场购物,而是呈现出对读书、休闲娱乐、餐饮、亲子、教育等多元化的需求。"体验式消费"应运而生,很多购物中心已经把原来的服装零售部分超过30%的比例转化成了娱乐、餐饮、黑科技展示店。甚至很多传统超市也引入了餐饮部分,消费者可以在现场制作和品尝一些海鲜产品;超市同时提供Wi-Fi(无线网络),休闲区域的装修也让人感到十分舒适,这就是比较明显的体验式消费。此外,电子类卖场,比如英龙华辰、苹果体验店、华为专卖店等,也尝试在店内增加了很多体验区,比如VR体验区,顾客到店试戴之后能够对产品本身有更加深入的了解,同时这些门店也贯彻了场景化消费的理念,在提高用户满意度的同时也能用新的营销理念提高购买转化率。

6.2.3 青年消费群体

青年是社会的新生力量,是一个国家发展和繁荣的顶梁柱,也是社会未来发展的方向和动力。随着社会经济的迅速发展,青年消费群体在整个消费市场中的地位变得越来越重要。青年是一个有着巨大消费潜力的群体,这不仅是因为他们人数众多,更是因为他们的消费需求更加广泛,内容也十分丰富。随着青年群体在社会上的地位的提升,基于其而诞生的青年文化也逐步发展成为一种重要的亚文化。它是独立于主流文化的一种彰显自我价值与自我意识的存在。

中国青年一代成长于市场经济迅速发展的时期。在这一时期,中国在努力"走出去"的同时,也面临着西方资本主义的经济渗透。与新消费模式同时进入中国人观念中的便是与之相伴随的消费文化,这也与传统的东方文化产生了强烈的碰撞。中国的青年一代在中西方文化碰撞和融合的背景下成长起来,并形成了这一代人特有的消费观念。为了更好地适应青年消费市场的需求,研究青年一代的消费心理就显得十分重要。那么,中国青年具有什么样的特点呢?

1. 追求新颖与时尚

青年人思维活跃,热情奔放,富于幻想,容易接受新事物,喜欢猎奇。这些特点反映在消费心理和消费行为方面,就表现为追求新颖与时尚。同时,青年群体喜欢创新、勇于挑战,有强烈的自我意识,是最狂热的时尚爱好者和推崇者,同时也是最挑剔的时尚弄潮儿。正如社会学家、哲学家齐奥尔格·西美尔

(Georg Simmel)所说的:"时尚总是只被特定人群中的一部分人所运用,他们中的大多数只是在接受它的路上。一旦一种时尚被广泛地接受,我们就不再把它叫做时尚了……时尚的发展壮大导致的是它自身的死亡,因为它的发展壮大即它的广泛流行抵消了它的独立性。"①由此可见,青年人亦热衷于创造时尚,但这同时也是一个不断抛弃时尚的过程:当一种时尚足够流行并普及开来,以至于实现大众化后,曾经狂热追捧的青年们便会毫不犹豫地抛弃这种"变质"的时尚,因为它已经太过普通,不足以展示自我的特立独行和与众不同。所以,对面向青年消费者的产品而言,如何保持自己品牌的个性,在秉承品牌固有理念的同时,又能不断地为其注入新的活力,保持鲜活的个性,才是品牌受到市场持续关注和青睐的重点所在。

2. 注重个性

中国的青年一代在改革开放、市场经济迅速发展的环境下成长起来,他们经历了中国社会从贫穷到小康再到富裕的转变,且这一转变是在短短的三十多年内浓缩实现的。物质生活条件的不断提高为他们接触新事物、追求个性提供了必要的经济基础;与此同时,随着社会对高科技人才的需求越来越大,以及父母一代对教育的高度重视,青年一代深受传统教育制度的压抑和束缚,迫切地渴望摆脱身上的一切束缚,追求自由自在,并希望可以随时随地彰显自己的个性。所以,青年人较少会对商品做出综合性的权衡选择,而会特别注重商品的外形、款式、颜色、品牌、商标。只要直觉告诉他们商品是好的、是可以满足其个人需要的,他们就会产生积极的情感,迅速做出购买决策、实施购买行为。这一过程在实践中往往会缩短购买时间。至于商品的质量到底好不好、价格是否偏高、是否耐用、是否很快就会过时、是否超出原有的购买计划等问题,青年人考虑得较少。可见,当理智因素与情感因素产生矛盾时,他们总是更注重情感因素。

3. 乐于展现自我

青年人有文化、有知识,信息接触广,社交活动多,并且非常希望在群体中展示自我、塑造形象,以获得自我的存在感和身份认同。网络的发展为青年群体提供了一个很好的自我展现的平台。所以,在"朋友圈"发状态、晒心情成了

---

① 〔德〕齐奥尔格·西美尔,《时尚的哲学》,费勇等译,广州:花城出版社,2017,第72—73页。

青年人的一大习惯。不管身边发生了什么,他们都要到网上晒一晒才安心。他们还可以利用多样的社交平台,随时随地更新自己的相册、公布自己的行踪,这也是他们提升存在感的一种方式。同时,商品经济不断发达、繁荣,这又成为青年人展现自我的一个重要途径。青年消费群体倾向于用品牌符号、图像来包装自己,他们看中的不单纯是商品的使用,而是商品服务于个性化表达的方式。

青年是一个有着强烈购买欲望和巨大购买潜力的消费群体。在市场竞争中,谁抓住了青年消费群体的心,谁就掌握了市场竞争的主动权、获得了优势。对企业来说,要想迎合青年消费群体的需求、在激烈的竞争中脱颖而出,就必须充分了解他们的消费心理特征,在此基础上,再采取与之相应的营销策略。

中国营销好故事

故事1:盲盒——中国年轻人的"悦己"消费

顾名思义,消费者在购买盲盒时并不知道里面是什么,只有买后拆开才能揭晓答案。盲盒中大多为成套销售的玩偶手办。对于大部分盲盒玩家特别是有一定经济实力的上班族来说,盲盒就是成年人的玩具。从这一点来看,与其说年轻人抽的是盲盒,倒不如说他们抽的是快乐。曾有媒体报道,盲盒售卖的门店门口曾经有人每天来"打卡",帮助店员理货;还有女孩因为和男友吵架,花700多元买了一整套盲盒回家陪伴自己⋯⋯盲盒的存在,为这些在经济浪潮中、生活重压下显得有些无措的年轻人提供了一个精神的避风港,也为他们带来了一种特别的快乐。

目前,闲鱼上的盲盒交易已经是一个千万元级的市场,购买盲盒的主要是90后的白领,月收入多在8 000元以上。过去一年,闲鱼、天猫上有超过30万的消费者每年在盲盒上花费2万多元,甚至有人一年耗资上百万元;热门盲盒潜在的议价能力很强,比如泡泡玛特原价59元的隐藏款潘神天使洛丽,因其十分难得,而被市场炒至2 400元,涨到原价的近40倍。

随着90后、95后和00后的年轻消费者逐渐成为消费主力,悦己型消费也得到了更大的发展。比起委曲求全、讨好他人,新时代的年轻消费者更愿意保持自己的态度,用各种方法来取悦自己。这也就解释了为什么盲盒这种能带来"快乐"的产品能受到年轻人的喜爱和追捧了。

想要更好地理解年轻人这种悦己型的精神消费,不妨设想这样一个情景:你完成了一天的高强度工作,回到家里却还要去处理一堆生活琐事,好不容易忙碌完,睡前又想起还远未达到的 KPI(关键绩效指标),立马又陷入失眠状态之中……这样的场景很可怕,然而这却是如今许多年轻人的生活常态。在生活节奏持续加快的现代社会中,竞争也变得无比激烈,年轻人常常面临着巨大的压力。在累积的压力之下,年轻消费者也在不断寻求生活中的精神寄托。

经济水平提升了,物质生活丰富了,但千金易得,快乐难求。这也让年轻人在日常消费的过程中更加注重购物过程体验与精神满足感。

事实上,通过盲盒的火爆,我们不仅可以窥探经济浪潮下中国年轻消费者们消费能力的提升,更能看到他们消费需求的转变、消费习惯的转型。这也是当下消费逻辑带来的新的有趣现象,值得我们更多关注。

故事 2:中国的网红奶茶品牌——年轻人的挚爱

奶茶店火了!喜茶、一点点、鹿角巷、鲜果时间……遍布城市街头的奶茶店成为消费领域的一道新风景,十几元、几十元一杯的奶茶成为许多人休闲时的热门饮品。业内人士估算,在北、上、广、深等城市,各类奶茶品牌及其加盟店的数量可能多至上千家,这些城市每年的奶茶消费超过 20 亿元。调查显示,年轻群体当仁不让地成为奶茶消费主力军。根据阿里巴巴旗下本地生活服务平台"口碑"数据调查的结果,2020 年全国奶茶消费中,80 后、90 后和 00 后人群的贡献达到了 85%。

纵观我国消费的大盘子,虽然奶茶市场的份额并不突出,但其却是消费新风向的生动注解。不只是奶茶,装修精良的连锁餐饮店的风头早已盖过了路边小吃摊;7-11、全家等服务周到的便利店代替了胡同里的小卖部;盒马鲜生、Ole'精品超市等中高端商超吸引了早市菜场上的常客……种种变化背后,显示出的是中国消费升级的澎湃动力。

奶茶的"走红"也和我国年轻人消费观念的转变有关。现在,我国年轻人对生活质量的要求越来越高:吃,不仅是为了果腹,还要吃得新鲜、吃出感觉;穿,不仅是为了保暖,还要穿得时尚、穿出性格。奶茶作为现代甜饮,品种多样、选择丰富、个性化突出,正好契合了大众消费市场,特别是年轻人的新需求。

"口碑"的数据显示,2021 年 2 月,全国线下奶茶整体消费环比增长 16%,许多网红奶茶单个门店的日均销量都超过千杯,而部分门店的单日峰值更是达到3 000杯。其中,消费排名前三位的城市分别为上海、杭州和北京。

总体而言,我国的奶茶消费被年轻人"一网打尽"的现象已经十分普遍。他们捧着的是一杯奶茶,同时也是一份"甜蜜"。

6.3 中国网络消费文化特点

在互联网深入发展的时代,我国逐渐形成了独具特色的网络族群和网络文化,例如那些出于共同的兴趣或爱好而组建的新闻组、虚拟社区、聊天室、代购群等。这些文化网络族群中的成员往往分享相似的网络价值观,并愿意遵循相同的网络行为准则以享受共同的网络资源。作为一种新兴的文化,网络文化对消费者生活与价值观念、行为选择的影响也日益深刻,不可被忽视。同时,随着电子商务向纵深发展,网络消费者的结构更加复杂,网络消费文化也变得更加丰富多元,对其进行理解和洞察也有了不小的难度。

6.3.1 独特的中国消费习惯和消费文化

伴随着社会经济的持续发展、人民生活水平的不断提高,中国人的消费观念也在升级,并呈现出多元、丰富的特征。在改革开放前的中国,大多数消费还是以解决温饱为主要目的。到了改革开放之后,在中国企业尝试"走出去"的同时,国际贸易不断发展,越来越多的外国企业进入庞大的中国市场。由此,中国人的生活开始发生翻天覆地的变化,消费习惯和消费文化也因此受到了很大的影响。消费文化作为一种消费价值体系,潜移默化地影响着人们的思维习惯、生活习惯和消费习惯,激发或制约了人们的消费需求;而反过来,消费习惯又不断影响和决定消费文化的发展。

1. 中国人的消费习惯

中国不同的年代背景对各年龄段的消费者特征影响巨大。中华人民共和国成立以来,国内政治、经济、社会、文化和技术以很快的速度发展变化,不同年代的人的成长环境有很大的不同,经历和观念也呈现出很大的差异。50后、60后,因为历史原因,成长环境较差;60年代末70年代出生的人,赶上了高考恢复、改革开放的好时代,所以积累了较多财富,是目前中产的核心力量;80后、90后赶上了互联网时代,信息收集能力强;而95后、00后的成长伴随着互联网的深入发展,不少人还是网络时代的原住民,同时其父母大多是70后,家庭条件比较好。

在中国,年代背景差异对各年龄段的消费特征影响巨大。60年代末70年代出生的人,有机会进行财富积累,所以消费能力普遍较强。他们的消费结构以家庭消费为主,在教育、旅游、生鲜、白酒上的消费最多。80后、90后,目前正处于事业和家庭的上升期,是房、车、家电消费的主力,同时在娱乐、电子、护肤等方面的消费也比较多。因为赶上了互联网时代,他们乐于也善于进行广泛的信息收集,重品质、爱比较。00后从小就接触互联网,并进入移动互联网时代,获取的信息更加多元。他们更注重个性,但是现在大部分还未成年,辨别能力不足,喜欢追求时尚,会有较强的从众倾向。所以,中国各年龄段消费者的消费习惯和消费特征各有不同。

(1) 老年人财富积累多,重家庭消费,勤俭节约

50后、60后银发一族多已退休,时间比较充裕,所以也开始接触互联网,网络购物在这一群体中的渗透率提升很快。他们在购物中更看重价格。

(2) 中年人处于事业家庭上升期,爱比较又重品质

70后人群是享受了改革开放红利的一代,所以物资积累一般都比较充裕,也有较强的消费意愿,但他们多是务实派,看中的多是便利和体验。线上购物在这个群体中尚处于渗透率提升的阶段。

80后、90后目前正处于中青年时期,是消费的中坚力量。他们有钱,也很愿意花钱,同时他们搜集信息的能力强,所以也是最挑剔的一群消费者。他们在购物时,对于个性、体验和便利都有很高的要求,喜欢去网上搜集信息进行对比,看重品质、注重效率。他们并不像大家想的那样常常冲动消费;恰恰相反,他们购买之前会做更加全面的分析和比较。而网络购物的发展是这种现象背后巨大的推动力之一。

(3) 年轻人追求个性化,行乐或超前消费旺盛

95后、00后的物质生活较为优越,更注重现时享受,超前消费理念更强。95后、00后的父母大都是70后,他们成长的家庭条件较好。由于社会经济的稳定增长与物质条件的不断提高,年轻一代相较老一代对未来的预期更加乐观,消费理念也更偏向于及时行乐或超前消费。调查显示,95后一代中认同"行乐须及时,必要的时候可以透支"的比例占26.8%,而85后和85前一代该比例则分别为22.7%和22.0%。

00后目前大多处于学生阶段,消费能力和辨别能力有限,喜欢跟随潮流;95后人群处于学生时代后期,或是初入职场的小白,他们在消费上表现为矛盾体:既对个性有强烈的追求,又怕不合群,尝鲜欲并不强。同时,他们热衷于线上购物和分享,这与大部分95后成长所处的经济阶段及其社会身份是相关的。

这一群体的年轻人喜欢时尚,追求潮流,而且其对于个性的追求也使得赢家通吃的局面更难出现。

2. 中国消费文化

消费文化是文化在消费领域的具体表现。它是在一定的历史阶段中,人们在物质生产与精神生产、社会生活以及消费活动中所表现出来的消费理念、消费方式、消费行为和消费环境的总和。具体来说,消费文化可以被解释为人们在长期的经济生活中所形成的对于消费的一种相对稳定的共同信念,也是约束居民消费行为或消费偏好的一种文化规范。中国消费文化在开放的国际化形势、多变的国际环境下出现了一些新情况和新问题,其中既有积极向上、有利于我国经济发展的因素,也有制约经济发展、不利于社会主义小康社会建设的消极因素。

每个国家、民族甚至地域都有自己独特的消费文化。随着社会的发展,消费文化也呈现出不同的时代特征。中国消费文化主要呈现出以下特点:

(1) 离不开传统文化

中国文化自古以来便重家、重族、重国,生命血统的延续是头等大事,长辈望子成龙、望女成凤,希望他们能够光宗耀祖。这种传统在今天的社会中着重体现为:子女的教育消费在家庭开支中占据较高的比例。亲情消费、孝敬消费,在"宁愿苦自己,不愿伤感情"心理的支配下,成为中国消费者购买行为中较为突出的一部分。中国人长期受儒家思想的影响,在消费行为上会表现出求同和从众心理,消费行为以被他人认同和接受为目标之一,因此大众化的商品比较容易被接受。此外,儒家文化追求精神境界,讲求贤者风范,注重通过个人品质的修炼实现理想人格,而节制个人欲望被视为一种美德。在这种观念的影响之下,中国人在选购商品时更注重商品的实用性和耐用性。

(2) 呈现明显的地域性

在中国,地域对消费文化的影响主要体现在南北文化差异和城乡差别两个方面。

中国幅员辽阔、历史悠久,长期文化发展本就丰富多彩,不同地区的风土人情、审美情趣等在此影响下显示出多元化的特点。南北文化大致是以长江为界,长江以北属于北方文化,长江以南则属于南方文化。气候、食物、土壤和地形的不同孕育出不同的文化,南方人灵活性强,比较委婉、细腻;而北方人比较直接、庄重,在淳厚朴实的同时变通性较差。而延伸到经济社会中,南、北方消费者的消费习惯、消费方式也会因为地域差别而各具特点。

中国城市和农村收入发展并不平衡,城乡之间的收入差距呈现出扩大化的趋势,基于此,城市和农村的消费水平自然不同,消费文化也有所差异。

(3) 粉丝文化和粉丝经济进一步发展、发酵

粉丝现象在中国其实有着较为深厚的历史根基。在中国传统的京剧文化中,就有"票友"这一概念,他们借由捧名角或是举办业余演出的方式表达自己对京剧的热爱。而现在我们所定义的粉丝文化、粉丝经济,追根溯源还属于舶来品,是欧美流行文化向东迁移的结果。流传到中国后,粉丝文化也因为国内庞大的市场迸发出强大的生机与活力,显现出不少差异化的特点。近年来,随着移动互联网的发展和传统商业模式的转型,粉丝文化、粉丝经济进一步发展、发酵,并与互联网思维、大数据等流行词汇一起成为互联网经济热潮下的新注解。现在,许多现象级偶像及偶像团体相继出现,娱乐产业甚至可以说已经进入"粉丝本位"时期。电视节目甚至会根据粉丝数量的多少来挑选和邀请嘉宾,以充分利用流量、扩大市场影响。粉丝也早已不再是单纯的受众和文化消费者,强大的粉丝团体已经可以影响甚至决定媒介议程。新的社交平台成为粉丝文化的重要载体之一。如今,几乎每个明星都有自己的粉丝团,以"后援会"的名义进行组织和呈现。大型粉丝团体的规模能达到数十万甚至数百上千万人;而传统贴吧的规模往往只有几万人。粉丝团体的计划性、组织性和专业化程度越来越高,粉丝的构成变得更为复杂,甚至呈现出职业化的倾向,这些变化和特征都带动了一系列粉丝产业的发展。

(4) 逐渐融入全球一体化

发展的中国已经崛起,并逐渐成为全球经济中最具活力、最有潜力的市场。中国经济正在努力走向世界、融入世界。在这样的背景下,中国消费文化势必要受到外来文化的冲击。不管是在城市还是在农村,中国消费者在消费观念、消费方式和消费的物品等方面都显示出全球性消费文化的特征。

只有充分了解中、西消费文化,正确把握消费者需求变化的趋势,政府才能有效地激活市场消费需求,推动经济的发展和人民生活水平的提高;企业才能

以消费文化为先导,培育文化营销的新理念,运用文化营销的手段,满足消费者不断变化的需求,在市场竞争中赢得主动权。

知识点延伸

"文化"是人类知识、信仰、艺术、道德、法律、美学、习俗、语言文字以及人作为社会成员所获得的其他能力和形成的习惯的总称。"社会文化"是一个国家、地区的民族特征、价值观念、生活方式、风俗习惯、宗教信仰、教育水平等要素的总和,它是影响消费者行为最广泛、最深刻的因素。社会文化可以影响到社会的各个阶层和各个家庭,进而通过诸多个人和心理因素,包括文化、社会阶层、参照群体等,最终影响和改变消费者行为。

文化是一个可以被用来帮助我们分析消费者行为的关键概念,脱离了消费者所处的文化背景,我们可能无法从本质上了解其消费行为选择。

文化可以传达以下四个方面的内容:

1. 价值观念

价值观念是指人们对社会生活中各种事物的态度和看法的综合。不同的文化背景会造就不同的文化观念。例如,美国人希望得到个人最大限度的自由,人们在购买住房、汽车等时愿意选择分期付款或者银行贷款等方式。而在中国,人们习惯于攒钱买东西,购买商品的价格往往局限于货币支付能力的范围之内。

2. 物质文化

物质文化由经济和技术构成,它影响需求水平,以及产品的质量、种类和款式,也影响着这些产品的生产与销售方式。一个国家的物质文化对市场营销具有深远的影响。例如,电动剃须刀、多功能食品加工机等小电器,在发达国家已经完全可以为市场所接受,而在某些贫困国家的货架上,它们往往看不到或者卖不出去,甚至会被看作一种奢侈与浪费。

3. 审美标准

审美标准是指人们对事物的好坏、美丑、善恶的评价标准。在营销过程中,营销人员如果对一个社会的审美标准缺乏在文化维度上的正确理解,产品设计、广告创意等工作就很难取得成效。如果营销者对审美标准感觉迟钝,产品的款式与包装不仅不能发挥正向效应,甚至还会冒犯潜在的消费者,损害品牌形象。

4. 亚文化群

不同文化之间往往存在巨大的差异;而同一文化内部往往会共享某些内容,但也会因民族、宗教等诸多因素的影响,使人们的价值观念、风俗习惯和审美标准表现出不同的特征。亚文化通常按民族、宗教、种族、地理、职业、性别、年龄、语言、文化与教育水平等标准进行划分。在同一个亚文化群中,人们必然有某些相似的特点,以作为与其他亚文化群区别开来的边界。熟悉某个细分目标市场的亚文化的特点,也有助于企业了解和迎合消费者,制定相应的营销策略。

由于社会文化因素对消费者的影响是潜移默化且根深蒂固的,因此在各种文化背景下成长起来的消费者常常具有不同的价值观念和对商品的多元选择标准。除此之外,文化对消费者行为的影响还表现为它会决定消费者的生活方式、培养消费者的习惯。消费者的需求和动机、购买的物品和方式都与其难脱干系。

6.3.2 中国意见领袖引人注目

意见领袖往往拥有较多的忠实受众、较高的关注度和较大的社会影响力,他们对整个社会舆论的形成、发展过程有重要影响。新媒体环境中社会舆论常常展现出众说纷纭的特点,无法形成确定的意见和特定的舆论方向,需要具有意见领袖作用的纸媒进行引导。现代社会中意见领袖具有极高的社会公信力,能够有效引导社会舆论,从而引导社会力量,塑造主流民意。

1. 意见领袖的概念和作用

意见领袖,在传播学中又被称为舆论领袖或观点传递者,是美国哥伦比亚大学教授保罗·拉扎斯菲尔德(Paul Lazarsfeld)于20世纪40年代提出的两级传播理论中的一个核心概念,是指在人际传播网络中经常为他人提供信息的人。这一概念的提出,一定程度上对传统传播学造成了颠覆性影响,"皮下注射论"和"魔弹论"强调了意见领袖在信息传递中无形却强大的力量,刷新了人们对大众传播效果的认知,形成了"大众媒体→意见领袖→普通受众"的传播理论范式。这一理论在后来的各种实践中都得到了证实和改进。意见领袖不仅存在于政治生活领域,而且在时尚、购物等诸多社会生活话题上普遍存在且适用。

当前,互联网技术正迅猛发展,市场经济与公民社会正逐步壮大,信息社会也在被不断推进,以青年为主体的网络意见领袖群体异军突起。传统意见领袖多由政府人员、知识分子、媒体从业人员等社会精英分子担当,往往存在较高的门槛;而网络意见领袖则主要由传媒圈才俊、商界精英、文体明星、专家学者以及大V和网红等群体构成。

网络意见领袖的影响力会波及社会的各个层面,社会热点问题、争议讨论等涉及公共性的问题始终是他们最为关注和最为聚焦的领域。网络意见领袖的来源较为广泛,他们往往善于广泛收集各类信息,且能敏锐地对社会信息进行挖掘,喜欢分享自己的观点。他们更倾向于采用一种平等的互动方式来影响公众的行为,"显性化"趋势明显。

网络意见领袖对于社会发展的影响不容忽视。他们可能会帮助合理反映网民诉求、引导社会舆论走向、形成舆论压力,也可能会给青年网络文化带来不小的改变。可见,意见领袖在大众传播效果的形成过程中起着重要的中介和过滤作用,他们是人群中信息的第一波接收者,也是对信息进行加工后将其扩散给更多受众的媒介。网络意见领袖的存在帮助形成了信息的两级传播。他们介入大众传播,加快了传播速度并扩大了影响。

当然,意见领袖在网络时代也有一定的局限性和潜在风险。例如,在网络时代下,一个社会问题很容易在传播过程中被暗箱操作从而引发新的社会公共危机,进而妨碍政府决策的公正性和司法独立性,意见领袖的存在可能会加重这种危害。意见领袖因具备一定的社会影响力很容易被利益集团操控,从而成为信息传播中的"棋子"。若意见领袖是为了获得自身利益而制造舆论意见,并非追求信息公正、从民众的角度出发,则容易将社会舆论引向相反的方向,激化政府和民众之间的矛盾。

2. 中国网络意见领袖的构成及其活动领域

当前,随着中国社会经济的发展和互联网技术的突飞猛进,中国网络意见领袖群体也迅速崛起,并呈不断扩大之态势,越发引人注目。

(1) 中国网络意见领袖的构成

传统意见领袖多由政府人员、知识分子和媒体从业人员等精英分子担当,而网络意见领袖的构成则呈现出多元化、复杂化、平民化的倾向。它不独立构成一个经济学意义上、社会学意义上的阶层,也并不集中于特定群体,而是广泛分布于社会上的各个群体和各个阶层。

从职业构成来看,中国的网络意见领袖主要由以下人群构成:

① 传媒圈才俊。在信息化时代,传媒圈的活跃群体在成为意见领袖方面具有得天独厚的优势。他们通常从事新闻媒体工作,对于各种新闻信息的传播途径与操作过程较为熟稔。同时,由于具备专业能力,他们对各种社会信息的了解较为深刻,因此能够较为准确地掌控各种不同信息的社会意义与社会价值。传媒圈内的活跃人士也深谙普通民众的社会心理,能够从公众接受的角度准确把握新闻信息的内在逻辑。他们能够依据个人的专业经验,并借助媒体的从业经历,向社会公众传播热点话题。

② 商界精英。这类意见领袖及其所代表的财富观在市场经济迅猛发展和以财富为个人成功主要评价标准的今天,能有效地吸引中国广大的消费者。他们的成功经历、财富理念、人生哲学以及对经济民生热点问题(如教育改革、房价等)的见解都会引发较为广泛的关注,从而深刻影响人们的思想和行为。

③ 文体明星。这类意见领袖是文体明星将其现实世界中的影响力带到互联网上而形成的。他们所凭借的是个人魅力和公众人气等先赋资本。在互联网这样一种较为生活化的场景中,能够与自己喜爱的文体明星直接交流对话、分享共同的生活体验也是众多网友非常期待的体验,这也是文体明星公众影响力的逻辑来源。

④ 专家学者。这类意见领袖多是线下现实生活中的意见领袖"迁徙"到线上而形成的。他们关注的焦点往往涉及整个社会层面的"宏大叙事"。他们经常接受采访、撰写文章和表达观点,被认为是"公共意识和公共利益的看门人""社会正义和世道良知的守护人"以及"沉默大多数的代言人"。他们中可能有高校教师、科研机构的研究人员、民间知识分子等,常以专家、写手、自由撰稿人、专栏作家的身份出现,通常通过个人学术网站、博客、微博、门户网站专栏等方式发表意见和看法。有人将这类知识分子称为公共知识分子,以与学院派知识分子区分开来。相较而言,他们更加关注公共事务,力求在重大事件和热点事件中发挥影响力,并以推动社会发展和进步作为终极目标。

(2)中国网络意见领袖的活动领域

信息化时代,网络意见领袖所起的作用呈现出纵向与横向两个层面的扩大化发展,影响力也表现为深度与广度的双向跨越式前进。始于传播学领域的网络意见领袖研究如今已经打破专业领域的限制,其影响力可以波及社会的各个层面。通过深入考察与分析,我们不难看出,网络意见领袖在信息化社会中所起的作用越来越大,其影响的范围也呈现出急剧扩大的态势。网络意见领袖的活动范围主要集中于社会热点问题、社会争议问题、时事政治以及时尚、购物、广告等领域。分析发现,网民(包括网络意见领袖)不仅会关注特定的新闻事件,也会关注社会草根的多舛命运以及自身利益和全民狂欢事件。尤其在涉及国家利益、网络文化潮流、网络商业、官员不当言论、官员违法乱纪行为等话题时,网络传播更能引发广泛讨论。

3. 中国网络意见领袖的重要作用

中国的网络意见领袖对于社会的发展与进步起着不容忽视的作用,综合起来看主要体现在以下几个方面:

(1) 反映网民诉求

在中国传统的治理结构之下,上级政府与普通民众之间的沟通渠道有限,因此,来自普通民众的声音难以有效地传达至上级政府,上级政府也就难以得知普通民众的愿望与诉求。这种沟通壁垒会直接导致政府与民众之间信任的缺乏,并最终会对社会的稳定发展造成巨大的威胁。而虚拟网络世界的出现为这种困境的解决提供了一种新的思路与方法。在虚拟的网络世界中,民众可以借助网络更方便地直接表达诉求,网络意见领袖的出现和发展也正是民众意愿得以展现与表达的必然产物。

网络意见领袖作为青年群体价值选择与社会理想的指引人,对于整个青年群体的健康发展至关重要。网络意见领袖在这一方面具有先天的优势,他们来自民间社会,对于普通民众的需求感同身受。同时,他们自身的文化与科学素质较高,对于国家的政治体制与政治生态较为了解。无论是在主观层面还是在客观层面,这些网络意见领袖都具备了成为政府与民众中间人的条件。借助于网络这一平台,网络意见领袖的作用得以充分发挥。

(2) 引导社会舆论走向

网络意见领袖通过设定青年讨论议程与框架,可以引发社会热点问题,引导舆论走向。如今,由网络意见领袖爆料而成为社会热点的信息占比越来越高,甚至大大超过了传统大众媒体在这方面的作用。相较于"沉默的大多数"和"跟随的大多数",网络意见领袖总是内心充满热情,且善于利用自身独特的信息优势、激情使命和人格魅力来发起议题,在议题发酵过程中为网民提供认知框架参考和源源不断的新消息,并回答网民的提问以引导舆论走向。可见,网络意见领袖在社会议题选择上的范围越来越大,在社会舆论引导方面的作用越来越明显。

(3) 形成舆论压力

政府与媒体的博弈关系历来都是研究者们不懈思索的重要议题。西方国家将言论自由视为个人权利之一,且从社会契约的角度对舆论自由进行了理想化的构建。在中西文化交融的语境下,社会舆论的走向与发展总是会对社会的政治经济发展产生很大的影响,但这种影响具有双重性,需要对其加以引导和合理控制。该倾向在如今的中国表现得更加明显,由网络热点问题转化为社会热点问题的案例比比皆是。

社会事件发生之后,网络意见领袖的作用不仅仅体现在收集和发布信息上,而且在网络热点问题向社会热点问题转化过程中起着关键作用。通过对网络热点问题的转化过程进行分析可以发现,网络热点问题发生的逻辑一般为:事件发生—网络意见领袖爆料—传统媒体跟进—网络炒作—形成舆论压力—政府部门介入—网民偃旗息鼓。由网络意见领袖爆料,进而再由传统媒体跟进报道成为近年来社会舆论形成过程中的一大鲜明特色。网络意见领袖通过意见表达与建议辩论,引发网民的讨论与关注,推动其成功转化为社会舆论,并最终对政府决策形成巨大压力。

(4) 影响网络文化

在世界主流话语权的争夺过程中,除了军事、经济等硬实力,软实力也将在未来的竞争中逐渐发挥决定性的作用。文化则是软实力的一个很重要的方面。无可置疑,网络文化将直接反映出民众的心理状态与文化素养。现在,网络已然发展成了一个新的文化培训基地,网络的流行趋势、网络的时尚都将直接预测和显示生活中的文化场景与文化态势。中国共产党和中国政府历来重视网络文化,各级政府部门也在综合采取多种措施为网民创造健康文明的网络环境。伴随着网络的普及,网民规模也将不断扩大,网络环境与网民群体的成长关系十分密切。各级政府与部门正通过行政、法律与制度等多种手段努力营造良好的网络环境。然而,政府的引导仅仅是创造良好的网络文化的必要条件之一,网络意见领袖在良性的网络文化塑造与培养方面也承担着重要责任。作为网络催生出的网络精英群体,网络意见领袖要持续思考如何在虚拟网络中宣传正确、健康的社会价值观。

未来,网络意见领袖群体的影响力将持续下去。经济属性强的企业家、信息敏感度高的媒体人将占据长期持久型活跃群体的主体地位。随着5G网络的发展、各种可穿戴设备的完善和视频社交的兴起,网络社交平台将不断走向专业化、智能化、服务化、全媒体化、垂直化和地方化,一部分网络意见领袖也可能从自媒体走向自商业,并在风险可控的基础上寻求可营利的网络新模式。

6.3.3 中国网红经济迅速崛起

1. 粉丝及网红经济的基本概念

粉丝是指热衷于某一事物或人物的群体。中国粉丝主要分为娱乐明星粉丝、网红粉丝、网络文学粉丝、二次元粉丝、游戏电竞粉丝和其他行业的名人粉丝等几大类。网红是建立在大量粉丝信任或崇拜基础之上的。网红经济是指网红在社交媒体上聚集流量与热度,以其品位、眼光对商品进行选款和视觉推广,并针对庞大的粉丝群体进行定向营销,将粉丝关注度转化为实实在在的购买力,从而将流量变现的一种新型商业模式。在如今流量媒体当道的时代,大大小小的网红充斥于生活的方方面面。

与传统零售业相比,网红经济具有五个方面的显著特征。一是即时化:广大网民通过手机、平板电脑等移动端,可以随时随地进行消费,不受时间和空间的限制。二是融合化:网红经济可以充分融合线上消费和线下体验,拓展消费渠道。三是社交化:网红经济具有介于网红与粉丝之间的红人社交属性,黏附性很强。四是强覆盖性:网红经济可以突破门店销售品类限制,广泛覆盖绝大多数消费品类。五是规模效应:网红推广实现的商品销售可能会呈指数级增长。现阶段,中国网红经济规模优势明显。

网红经济按变现途径划分,涵盖广告、电商、打赏等业态,其中广告业态为网红经济主要的变现途径之一。随着私域流量的兴起,凭借匹配客群精准、转化力强的优势,网红广告营销备受品牌主重视,市场规模持续扩大。

知识点延伸

2016年是网红爆发的一年。网红经纪公司和网红业务运营公司如雨后春笋般涌现。作为主流社交媒体,微博也开始设置收费白名单体系,美空等具备资本规模和生态规模的行业大户快速崛起。这一年也被称为"网红元年"。

网红从内容产出到粉丝运营一直都面临巨大挑战。单枪匹马或小作坊式的传统运营模式难以满足内容生产和粉丝运营的专业化需求。而如今,网红模式不断发展变化,网红正在创造新媒体经济的奇迹。在这些网红火起来的背后,更多被颠覆的是受众接收信息的习惯。

三代网红的发展证明,每一次互联网的换代都会造就一批新网红,但他们如果只关注犀利的言辞或另类的行为,则很难在较长时期内保持热度。要想受到公众较为持续的喜爱,网红需要持续不断地输出特色内容,并紧跟媒介传播方式的变化调整策略。

最终能够沉淀粉丝的网红一般具有三个特点:首先,节目更新的频次一般不会太低,至少是一周一次甚至每天一次。频次高起来后,跟受众接触的概率就相应增加了。其次,网红节目背后一定要有一个主线,或者说要有一个核心价值观,有一个灵魂。只有将其坚持下去,才会吸引到有相同价值观的粉丝前来关注并进行对话。最后,网红要开发可持续的发展路径,这不仅仅是针对网红节目本身,更意味着其背后的商业价值开发,即"商业变现"。

涉足网红经济的相关企业在网红内容生产的基础上也逐渐摸索出了经典变现模式。第一,广告。广告是网红变现的首选方式。网红是内容的生产者,有极强的内容驾驭能力,粉丝对其极易产生共鸣,因此商业推广效果较好。并且由于网红的个人魅力以及极高的粉丝忠诚度,粉丝对其内容中的广告包容和接受度也较高。第二,卖会员、VIP(贵宾)及粉丝打赏。当粉丝足够多、浏览量足够大时,这种变现方式比较直接明显。第三,微电商模式。这种变现方式有一定的难度,需要对粉丝进行适当的引导。除了这三种,其他的常用变现方式都对网红运营团队的综合能力提出了比较高的要求,比如做形象代言人、商业合作、品牌策划、话题炒作、做微商、出演网剧,等等。

资料来源:王锐、仲雯雯,《美空:网红工场》,北京大学管理案例研究中心入库案例,2016。

---

2. 我国网红经济的发展和特点

(1) 我国网红经济的发展历程

我国最早的网红始于电子小说界,包括《盗墓笔记》《鬼吹灯》《三重门》

《幻城》在内的一系列网络文学作品捧红了南派三叔、天下霸唱、韩寒、郭敬明等一批作家网红。初代网红依靠互联网的传播途径吸引了大量的读者人群,当时网红的商业价值实现方式还比较单一,主要以销售图书、杂志为主。2005年之后,随着博客、人人网等新社交媒体的兴起,短平快的文字表达方式慢慢流行起来。网民表达自己的欲望被激发,成本也变得更低,他们不用接受任何文学培训,简简单单的一段话甚至几句话也在网上发布,这其中就诞生了评论犀利者、见解独到者等中国的第二代网红。这一时期,各大门户网站及互联网运营商慢慢意识到了博客等大众交流平台的传播效益,纷纷开始运营自己的官方博客,以期吸引更多的网民成为自己的潜在消费者。

PC(个人电脑)端之外,4G、5G通信技术的投入使用,又使网红的发展形成了新的格局。网友们已经无法满足于图片所承载的信息量了,随之而来的是各类短视频和直播的爆红。近几年间,网络直播带货成为新的趋势,这也催生了一大批新的网红。如今,网红已经慢慢形成了一套自己的经济模式,通过广告植入、直播带货等手段,将自己吸引到的粉丝数和流量关注度转化为实际的经济效益,即顺利完成了流量变现的过程。另一个值得关注的现象是,90后、00后逐步登上历史舞台,他们对网红经济、直播电商等新模式、新业态的接受度更高,在观念上更为认可,他们不断增加的收入也能在消费力上有效支持网红经济的发展。

(2)我国网红经济的特点

在社会形态日益多元化的今天,社会的包容度和自由度越来越高,"宅男""宅女"也有愈发增多的趋势。同时,网红经济作为一种新型商业业态逐渐兴盛起来。值得一提的是,在新冠肺炎疫情突发初期,整个社会几乎处于封闭状态,这也从某种程度上推动了网红经济的发展。

我国网红经济发展的主要特点是:围绕去中心化的商业模式,网红经济在不同行业、渠道、场景的应用渗透程度不断提高,形成了丰富多元的创新商业生态。技术推进基础设施建设,实现营销全生态运营,达到千人千面的效果。区块链保障网红经济积极向上发展,彰显网红价值。对其特点的具体理解为:

① 去中心化的商业模式。去中心化的商业模式特征明显,主要表现在以下几个方面:

以人、物、虚拟形象构建无边界化多渠道网红经济的商业模式。随着互联网服务形态的多元化发展,去中心化的网络模型越来越清晰,网红经济商业模式呈现出去中心化的发展趋势,这也催生出经济发展新的可行模式。

意见领袖投放矩阵化。意见领袖的增多扩大了广告主的选择范围。同时,基于网红流量、内容影响力、粉丝购买意愿等多维度考量,品牌主可以根据不同时期的营销策略自由搭建传播矩阵,以更低的成本支出获得更好的营销效果和更佳的用户体验。

意见领袖网红主体多样化。目前的网红经济仍主要围绕网红实体角色进行,以网红的影响力、号召力达到促进消费变现的目的。除了人物意见领袖,现在网红主体已经扩展到了物、虚拟形象等。在多样化的网红主体中,粉丝与网红IP建立关系,在IP影响力的带动下实现消费变现,也能逐渐提升对品牌的忠诚度。

粉丝关系价值化。着眼于粉丝和网红之间的关系,粉丝卓越的价值与贡献日渐明显。在网红经济商业模式中,粉丝与网红的关系并没有被改变,但未来核心粉丝的话语权和影响力可能获得提升,他们的呼声甚至可以推动网红和品牌方进行品牌创新与内容创新。

② 网络技术的推进,呈现千人千面的传播特点。网红经济可以从内容分发平台上实现营销全生态运营,达到千人千面的效果。这主要得益于各种网络技术的不断发展和扩展应用。比如,5G技术低延时、高传输速度、高可靠性等特征使内容在传输方面速度更快、画面更清晰;人工智能对内容平台的赋能体现在内容分发时间、内容分发场景、内容分发用户群体方面,可以帮助广告主做出最优选择,保障多平台、多内容、多用户千人千面的传播特征。网红经济从业者可以根据网红内容设定,通过对多样化的内容分发策略进行组合,在平台覆盖的用户群体中精准触达粉丝群体,以粉丝带动消费者参与,提升用户认知,通过这样的传播逻辑让更多消费者成为网红经济商业模式中的重要参与者。

③ 网红经济借助区块链快速发展。随着文化娱乐产业的不断繁荣,围绕网红、物、虚拟形象等多种媒介的网红经济商业模式发展越来越快。商业变现中核心变现的数据有两个关键要素:一是流量,二是销量。在未来成熟的网红经济商业环境中也要提防这两个要素带来的数字陷阱。只有实事求是、保障数据真实,才能推动产业链各角色方朝着正确的方向发展。区块链技术去中心

化、不可更改、公开透明等特点,可以将网红经济各环节的数据,如广告投放数据、网红影响力数据、粉丝参与度数据等真实存储在数据库中。这些数据的存储能有效帮助网红经济产业链各方在未来营销事件中对匹配的网红和最优营销策略进行组合,体现红人的市场价值。因此,区块链技术的作用不可忽视,在未来其也可能成为网红经济的受益者。

④ 网红经济影响地区经济。网红经济可能会引领新消费,从而有力推动地方经济的发展。目前,全国网红经济发展势头最强劲的城市之一就是杭州。依托淘宝直播平台,一大批网红走到镜头前,开启了直播带货的新零售模式。网红经济对地方经济的推动效应主要体现在:第一,拓宽数字资源等"新基建"的使用范围,帮助城市收获数字赋能红利;第二,通过新电商、新消费,网红经济能更好地满足个性化、多样化的消费需求,收获消费升级红利;第三,网红经济可以拉动当地就业,特别是帮助女性群体、大学生群体、新生代创业阶层收获就业和创业红利;第四,网红经济可以进一步释放地方消费潜力,扩大消费需求(尤其是在新冠肺炎疫情出现的特殊时期),进而由需求拉动,帮助收获经济增长红利。

中国营销好故事

故事1:中国网红孵化在行动

十年来,美空一直专注于娱乐垂直领域,发现并培养有潜力的人才,利用自身平台优势帮助旗下人才对接更多资源,让他们获得更快速的成长。随着移动互联网平台的快速发展,传播的成本变得前所未有地低,网红也更易获得规模化的精准粉丝,网红的商业价值逐渐显现,一度有超越明星的势头。在这一趋势的推动下,美空更加注重平台资源的导入,尝试进军视频直播、电商等领域,并探索和实现了"平台+行业+媒体"的全方位模式,给网红提供二次成长的机会。通过大量研究和尝试,美空逐渐建立起从养成到挑选绑定再到深度加工的"网红孵化全生态",同时搭建起基于传统社区的艺人成长直播生态体系架构。在网红经济的基础上,美空逐步实现了全面红人电商管理,对电商品牌、直播等领域的资源进行整合,关注供应链综合运营,同时也为红人提供图文+短视频内容制作方面的支持。自2016年"网红元年"开始,美空更是在电商和直播领域双向发力,力求双向发展,全面覆盖网红经济的各个变现模式和商业路径,不断挖掘网红的成长空间和发展潜力。

故事2:多频道网络推动网红经济发展

在网红营销方面,多频道网络(MCN)的兴起极大地推动了网红经济的发展。MCN会对社交媒体网红进行整合,其功能有些类似于网红经纪公司,主要是提供内容创作经费和环境,保证网红能持续输出优质内容,并延长其热度期。MCN依托其背后的丰富资源,为网红提供受众分析数据,并即时提出调整方案,延长网红的生命周期。同时,MCN会为网红提供更多变现渠道,对其流量进行充分利用。微博此前便启动了视频MCN管理系统,为视频MCN机构提供成员管理、资源投放、商业变现、数据分析四大服务。视频MCN机构可以通过这一系统将网红、机构和微博平台三者串联在一起,在增长速度、内容成本、内容数量和内容质量层面都提供一些保障。得益于此,微博背后最大的第三方营销平台IMS新媒体商业集团获得了6亿元人民币的C轮及C+轮融资,主要由微博、摩根士丹利、中信建投、软银赛富等机构注资;微博CEO王高飞则获得了IMS新媒体商业集团的董事会席位。IMS新媒体商业集团主要做的便是通过聚合内容营销里最重要的内容生产者,将其聚集到的粉丝和流量卖给广告主。

目前,人们对网红经济的前景普遍持乐观态度,很多企业都在围绕网红经济做文章。可以预测,在未来,随着网红人才的不断涌现,网红经济将会呈现高质量的快速发展局面。当然,潜在的风险也需要加以防范,以推动行业的健康发展。

本章要点

1. 了解消费动机的过程和意义。
2. 了解中国当前消费市场的特点。
3. 了解中国当前消费者的特点及其差异性。
4. 了解网络背景下的中国消费文化。
5. 了解网红经济。

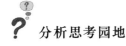 **分析思考园地**

1. 在网络购物过程中,哪些因素影响了消费者的网络购物行为?

2. 消费者如何进行网络购物决策?

3. 网络零售商应如何把握消费者的消费心理与消费行为,并调整可控因素来满足消费者的需求?

篇后研习

辛巴算是最早一批成名的网红主播之一,在短视频平台刚兴起的时候就加入其中,成为全网拥有 7 000 万粉丝的"顶流网红"。在 2020 年的一次直播带货中,辛巴团队全场销售额超过 12 亿元,创造了网红直播带货的奇迹。当时快手直播电商数据平台"新快"的数据显示,在辛巴带货的 50 个商品中,3 个商品单链接销售额过亿元。辛巴在带货方面非常成功,不仅为粉丝和网友争取最大的优惠力度,还曾因为为公益事业豪捐 1.5 亿元而在国内引起了不小的轰动。

但是,2020 年 11 月中旬,一位粉丝在社交平台上分享了一段在辛巴团队"大漂亮"直播间购买"燕窝"的视频。该粉丝表示:自己购买的"燕窝"如同糖水一般。这件事瞬间成为网友们热议的话题。很快,在舆论的压力和确凿的证据下,辛巴承认了带货假燕窝的事实,并在直播间公开向网友以及粉丝道歉。相关部门开始对其进行调查,商家对假燕窝的受害者也启动了赔偿程序……但是,辛巴的"假燕窝事件",不仅给自己的直播带货带来毁灭性的打击,也给不少网红的直播带货乃至这个行业带来了一次不小的信任危机。

思考题:

1. 辛巴直播带货起初的成功体现了中国网络市场以及中国网络消费者怎样的特征?

2. 请利用网络资料详细了解辛巴直播带货的发展史,归纳出网红经济成功的要素。

3. 请通过辛巴的"假燕窝事件",从管理的角度,就网红经济管理制度的完善谈谈自己的看法。为了网红经济的健康发展,你认为政府管理部门还有哪些工作要做?

4. 归纳当前若干"顶流网红",分析一下他们各自的特色以及成功的原因。尝试从心理学以及市场需求的角度,谈谈他们"吸粉"的必然性。

第4篇

网络营销中的
产品策略

开篇综述

产品是一切生产经营活动的核心物质载体,是企业的生命。没有产品,经营活动就无从谈起。在市场营销组合中,产品策略是核心,其对营销组合的其他策略,如定价策略、促销策略、渠道策略等起着统帅作用,很大程度上影响或决定着这些策略的制定与实施。因此,产品策略成功与否,在一定程度上决定了企业的兴衰成败。

值得注意的是,在网络营销模式背景下,网络营销活动要求企业将可控因素——产品、价格、渠道、促销有机组合起来,形成一套完整的营销方案,并建立与之相适应的营销策略,以满足顾客需求,实现企业的营销目标。因此,网络营销模式下的产品策略与传统营销模式下的产品策略有一定的差异,企业需要掌握这种差异,这样才能准确地进行产品策略的制定与实施。

第 7 章 产品概述

7.1 产品整体概念

通常情况下,人们理解的产品是指具有某种特定物质形状和用途的物品,是看得见、摸得着的东西,这是产品定义的狭义层面。而市场营销学认为,广义的产品指人们通过购买而获得的能够满足某种需求和欲望的物品的总和,它兼具物质形态的产品实体及非物质形态的利益,这就是产品整体概念。

7.1.1 产品整体概念包含的基本层次

20 世纪 90 年代以来,菲利普·科特勒等学者倾向于使用五个层次来表述产品整体概念,他们认为五个层次的表述方式能够更深刻、更准确地表达产品整体概念的含义。产品整体概念要求营销人员在规划市场供应物时,要考虑到能为顾客提供价值的五个层次——核心产品、期望产品、形式产品、延伸产品、潜在产品,如图 7.1 所示。

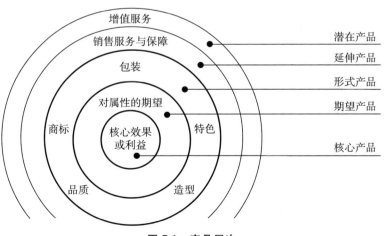

图 7.1 产品层次

1. 核心产品

核心产品是指整体产品提供给顾客的实际利益和效用,是满足顾客基本需求所在。

顾客购买产品的目的是满足其未被实现的需求,通过消费产品或服务来获得实际利益和效用。因此,产品只是承载核心利益,顾客关注的并不是产品本身,而是产品所带来的利益和效用。例如,顾客购买照相机的目的不是对照相机本身的拥有,而是通过照相机来记录美好的时光。

2. 期望产品

期望产品是指在目标市场上,除核心利益之外,顾客希望从产品中得到的并能满足自己个性化需求的利益总称。顾客在购买产品之前,对所购产品的质量、款式、功能等已经有所预期,从而形成顾客的期望。虽然不同顾客对同种产品所期望的核心效用或利益一般是相同的,但对产品所期望的其他效用却表现出很大的差异性。在网络营销中,营销主体应借助网络信息系统,根据顾客对产品的不同需求,设计出满足顾客个性化需求的产品或服务,从而满足甚至超越顾客对产品的期望。

3. 形式产品

形式产品是指产品在市场上所呈现的实体外形,包括产品的造型、包装、品质、特色、品牌商标等。形式产品是核心产品的表现形式,核心产品需借助形式产品展现给顾客。随着社会经济的发展,包装精美、造型时尚的产品越来越受到顾客的欢迎,顾客对形式产品的需求也在不断变化。

4. 延伸产品

延伸产品是指提供给顾客的、与产品消费有关的一系列附加利益,包括产品的储运、安装、维修服务等。延伸产品虽然不会增加产品的核心利益,却有助于产品核心利益的实现,促进产品的销售。延伸产品是网络营销产品的重要组成部分,凭借为顾客提供令其满意的售后服务和保障,网络营销效果可以得到巨大的提升。

5. 潜在产品

潜在产品主要指产品的超值利益,是由企业提供的、延伸产品之外的、能满足顾客潜在需求的产品层次。与延伸产品不同,潜在产品的存在与否并不影响产品的核心利益和效用的实现。目前,许多产品的潜在利益及需求尚未被顾客认识和发现,需要企业积极引导和探索。

随着我国社会经济的发展和消费水平的不断提高,顾客对产品的需求逐渐由核心产品迁移至整体产品,这就要求企业必须为顾客提供整体产品解决方案,不断完善整体产品。

7.1.2 影响产品营销的主要因素

我们经常会发现这样的情况:摆放在市场上的两种同类商品,外观和功能相似,但往往一种在市场上可能是热销品,而另一种则可能滞销,甚至无人问津。为什么会出现这样两种截然不同的情况,又是什么在影响产品的销售呢?研究发现,影响产品营销的因素是多样的,但从产品本身来说,影响产品营销的因素主要包括以下五个方面:

1. 产品质量

如书籍、计算机、数码产品等标准化程度很高的产品更适合在网上营销。顾客在购买前,通过网上收集信息就能确定和评价该产品的质量。但个性化程度较高的产品则一般需要试穿、试用后才能决定是否购买。

2. 产品定价

物美价廉一般是顾客购买产品的最优解,如果利用网络进行营销的成本低于其他渠道,则会吸引顾客转向网络渠道。企业可以采用低价策略,以吸纳顾客群体。

3. 产品形式

通过互联网可以销售各种形式的产品,但最适合网络营销的产品多属于易于数字化、信息化的产品,例如音像制品和计算机软件等。这类产品可以直接通过网络进行传输,采用试用等方式吸引顾客,让其在试用后决定是否购买。

4. 产品式样

产品式样是影响顾客选择的重要因素。适合网络营销的产品式样应根据顾客的需求特点进行个性化设计,满足顾客的个性化需求。例如,信息是许多网络服务公司的核心产品,这些公司将客户指定的、具有不同属性和特色的信息融入其提供的产品中,客户可以决定需要哪些信息以及如何获取这些信息。

5. 产品品牌

网络营销产品的品牌不仅包括生产商的产品品牌,还包括网络经营商的品牌。网上购物活动中的实体产品销售无法支持购物体验时,网络消费者只能通过品牌购物来降低购买风险。

实际上,这五个方面也是消费者在选择商品时的决定性因素,直接决定了消费者的购买意愿。如今的企业在制定产品策略时,大都是从消费者的角度去考量的。

7.2 网络产品

网络产品是在网络经济条件下满足互联网用户需求的物质产品、信息产品和网络服务等的总称。网络产品从传统意义上的"产品"衍生而来,基于互联网及信息技术的发展而出现,是用于满足互联网用户需求和欲望的有形或无形载体。简而言之,网络产品是为满足网络用户需求而产生和发展的互联网应用与服务的集成形式。例如,新浪的主要产品是"新闻",腾讯的主要产品是"QQ",百度的主要产品是"搜索",网易的主要产品是"电子邮件"。

7.2.1 网络产品的特点

网络产品是传统产品在网络环境下的继承、发展和创新。要通过对网络产品和传统产品进行比较研究,来分析网络产品的营销中所应把握的关键策略。网络产品的特点有以下四个:

1. 外部性

商品的外部性是指在经济交易中,成本和收益落在了与交易无关的第三者身上,即一个消费者消费某种商品,不仅给自己带来效用,也给他人带来某种效用。外部性作为网络产品的重要特性,是网络产品区别于非网络产品的重要指标。例如,一名使用微信的消费者,不仅自己和别人沟通起来更为便利,同时也便于别人能够随时随地找到自己。并且,参与微信平台的消费者越多,微信平台的价值就越大。

2. 数字化

与纯粹的物质产品不同,网络产品具有鲜明的数字化特征,其知识、信息含量高。电子图书、在线音乐、软件程序等都是典型的数字化网络产品,以Windows软件程序为例,软件程序的开发、设计是复杂的创造性劳动,知识、信息等构成了软件程序这一数字商品生产中的重要成本支出。

3. 知识性

任何供给都需要生产要素——土地、劳动力、资本的投入。网络经济背景下,科学技术开始作为一种独立的生产要素,跃居生产过程中的首席地位。相对来说,工业经济背景下的实体产品需要大量资金、设备等,有形资产起到决定性作用,而网络经济背景下的网络产品则包括知识、技术甚至数据等,无形资产的投入起到决定性作用。

4. 低成本

区别于工业经济的产品,网络经济背景下的网络产品能够最大限度地保证制造商、零售商与消费者在网上的双向沟通渠道,达成协议,减少中间交易环节,降低交易成本。

但在当前环境的发展形势下,网络产品营销与传统产品营销将在相当长的一段时间内保持一种相互促进和补充的关系,网络产品将在经济商务生活中占据重要地位。因此,从网络产品和传统产品两个维度研究与学习相关的营销策略应成为日后市场营销的题中之义。

7.2.2 网络产品的类型

基于互联网的商业活动衍生出两种商业业态:一种是纯粹的在线交易,另一种是在线和离线交易杂交的形式。按照产品的生产、使用和存在方式等与互联网关系强度的差异,我们从广义和狭义的角度对网络产品进行划分。从广义的角度讲,网络产品可以划分为网络生产产品、网络信息产品和网络信息服务三大类;从狭义的角度讲,网络产品可以划分为网络信息产品和网络信息服务。以下网络产品的具体分类按广义的角度展开。

1. 网络生产产品

网络生产产品,是由离线交付的产品销售和分销及连带提供的网络服务所构成的网络产品。网络生产产品基本围绕有形产品展开,如家电、时装等,其产品生产直接或间接利用计算机技术和网络信息技术。但是,这些技术只是生产的必要条件,自然资源仍然是生产的主要资源和基本要素。

网络可作为通用的营销手段传播产品信息,并通过在线零售、批发或拍卖等形式的分销促进产品的交易。事实上,网络上的大多数商务活动均由零售商和分销商构成,它们在线销售的产品与离线销售的产品完全一样。海尔、李宁等传统品牌提供了实践案例,它们与天猫旗舰店合作,呈现出传统品牌向网络零售的过渡或转型趋势,借助在线运作的外壳扩展传统的离线商务模式。

2. 网络信息产品

有别于网络生产产品,网络信息产品完全依赖于网络。作为由信息构成的一种无形产品,网络信息产品以在线产品的形式在网络上交付核心利益。网络成为其生产的必要和充分条件,而对于自然资源的依赖程度则下降到次要地位。网络信息产品的典型代表就是数字化产品,数学化的信息产品通过互联网交付给消费者。

3. 网络信息服务

网络信息服务,是以在线服务的形式在网络上交付核心利益。网络信息服务通常是无形的,服务的提供广泛分布于物流、旅游、教育等领域。网络信息服务介于网络生产产品与网络信息产品之间,其生产既不是完全依赖于网络,也不是基本围绕有形产品而展开。网络信息服务高度依赖储存的信息,同时又能够分解为例行或良好的在线服务,并最终依靠离线系统来实现交付。

按照产品所呈现的形态不同,网络营销产品可以分为两大类,即实体产品和虚拟产品,见表7.1。

表 7.1 网络营销产品的分类

产品形态	产品种类	产品品种
实体产品	普通产品	一般为有形产品,例如计算机、服装、家电等
虚拟产品	数字化产品	系统软件、应用软件、电子游戏、视听产品、电子书籍、新闻信息
	服务	普通服务,例如远程医疗、法律救助、航空订票、入场券预定、餐饮和旅游服务预约、网络交友等
		信息咨询服务,例如市场调研、投资咨询、法律咨询、医药咨询、金融咨询、资料库检索等
		网络营销服务,例如网站建设、维护和推广服务、网上搜索引擎、电子邮件和网上商店平台

实体产品是指以一定的实物形态呈现出来,并有具体物理形状的物质产品。虚拟产品的功效和核心利益通过满足顾客的心理需求得到体现,在网络营销中分为数字化产品和服务两大类。

知识点延伸

当前,单个用户网购商品品类越来越多,从服装鞋帽、日用百货到珠宝配饰,各品类购买用户比例显著上升。与此同时,网购商品品类不断细化,逐渐向全覆盖消费需求方向发展。单个用户网购商品品类从低价的日用百货、书籍音像制品向价格较高的计算机/通信数码产品及配件、家用电器扩散,从服装鞋帽向食品/保健品渗透。

经济学研究表明,20%的产品为传统企业带来80%的收入,因此,实现利润最大化需要聚焦热门商品。区别于短缺经济时代长期在市场中占主导地位的规模经济,互联网技术的发展与普及催生了虚拟经济,虚拟商品凭借凸显高固定成本、低边际成本的优势,导致用户的增长将其边际成本推向零。

7.2.3 二维码营销和 App 营销

在网络产品中,二维码和 App 是最常见而又最特殊的两种。它们的特殊性表现在两个方面:一方面,二维码和 App 自身就是一种网络产品,甚至是互联网背景下产生的一种商品;另一方面,它们又是网络产品在市场营销中必不可少的媒介或窗口,对众多网络产品来说扮演着一种营销工具的角色。有了二维码和 App,从某种意义上就具备了网络产品的象征和标签,可以说,今天很多网络产品已经离不开二维码营销和 App 营销了。

1. 二维码营销

(1) 二维码的概念

二维码,英文名为 2-dimensional bar code,它看起来很复杂,其实就是将几何图形按一定规律在平面上展开的记录信息的方式。它由一套独特的代码编制,巧妙地使用了构成计算机内部逻辑基础的"0""1"比特流的概念。二维码的图形和二进制相对应,使得二维码能够用来表示文字或数字信息。

二维码被誉为"移动互联网的最后一段距离",在移动互联网时代发挥着巨大作用。一个小小的二维码就包含了产品的所有信息,而获得这一切只需一部能上网的手机即可实现。二维码营销能够轻松地将线上和线下结合在一起,用户在扫描二维码的时候,可以直接访问企业网站,获取相关产品的信息。二维码的便捷性使得它快速发展为最重要的营销工具之一,通过广泛散发二维码,企业可以快速获得关注度,提升品牌形象,带动客流量和销量。只要运用得当,几乎百试百灵,所以二维码营销已经被许多企业成功运用。

21世纪是科技快速发展的时代,是移动互联网的时代,也是掌中新媒体的时代,同时又是营销多元化的时代。在这样的环境下,二维码凭借其独特的特点,成为最实用的商用载体,也成为企业热捧的营销手段。二维码营销在世界范围内蓬勃发展,涉及生活的方方面面。

(2)常见的二维码营销策略

随着智能手机、平板电脑的日益普及,移动互联网开始飞速崛起,正在引领新的互联网发展模式和培养新的消费者生活习惯,二维码互动营销成为时下最火热的电商概念之一,可以将二维码融入下列方式中进行二维码营销:

① 线下虚拟商店。电商们已经开始进行二维码营销。1号店的地铁虚拟商店、京东的楼宇框架广告牌,都是在每个商品旁边附上二维码,消费者对看中的商品可直接扫码购买。但这些二维码基本都属于阶段性推出,且效果并不理想。

② 线下广告。品牌商主要将二维码用于线下媒体广告的投放。越来越多的品牌广告会附上一个二维码,消费者扫码后直接进入商品详情页面或者品牌店铺。对于冲动型的消费者而言,这种广告是他们乐于接受的,遇到喜欢的产品会立即购买。

③ 实体包裹或包装。一些淘宝卖家尝试用二维码刺激消费者二次购物——在快递包裹或者商品包装上附加带有店铺地址的二维码,并承诺扫码再次购物有优惠,以此鼓励消费者返回线上购物。此外,若告知消费者在特定时间段上网购物有特殊优惠,还能拉动网站低峰时期的流量。

④ 线上预订—线下消费。上述三种情况均属于把消费者从线下带到线上,适用于实物类商品交易。而在本地生活服务领域,二维码还可以作为消费者从线上预订到线下消费的凭证。麦当劳、哈根达斯的天猫旗舰店以及许多团购网站采用的都是这种方式。

传统的营销模式都是单向的,仅起到宣传的作用,并不能拉近企业与消费者的距离,缺乏互动性;而二维码营销则可拉近企业与消费者的距离,实现企业与消费者的互动,提升用户活跃度,最终实现消费者大数据的收集和再营销。

中国营销好故事

二维码,方便中国

如今,出行、购物、就医乃至身份验证,都可以通过二维码来完成。二维码是现代生活的宠儿,为网络营销的快速便捷持续加温,给人们的生活带来诸多便利。

1. 网上购物,一扫即得

目前国内一些大城市的地铁通道里,已经有二维码商品墙。消费者可以边等地铁边逛超市,按照个人喜好进行扫码,经手机支付直接下单。如果是宅在家里,家里的米、面、油、沐浴露等生活用品用完了,只要拿起包装,扫描商品二维码,便可以立刻查到促销地点和价格。此外,二维码购物保障了购物安全,产品的二维码直接标示了产品的"身份证",扫描后调出的产品真实有效,令消费者放心。

2. 消费打折,有码为证

凭二维码可享受消费打折,这是目前业内应用最广泛的方式。比如,商家通过短信方式将电子优惠券、电子票发送到顾客手机上,顾客进行消费时,只要向商家展示手机上的二维码优惠券,并通过商家的识读终端扫码、验证,就可以获得优惠。

3. 二维码收付款,简单便捷

支付宝公司推出了二维码收付款业务,商家只需放置付款码,消费者只需打开手机客户端的扫码功能,扫一扫二维码,即跳转至付款页面,付款成功后,商家和消费者会收到短信及客户端通知。从此,二维码诞生前手忙脚乱的收银员形象逐渐淡出了公众视野。

4. 资讯阅读,实现延伸

过去,报纸、电视以及其他媒体上的内容都是静态的,只能被压缩在对应的媒介中,无法延伸阅读,但是,二维码出现后,模糊了这种界限,实现了跨媒体阅读,可以实现纸质媒体和网络媒体的时时互动。另外,户外广告、单页广告都可以加印二维码,感兴趣的客户只要用手机扫一扫,即可快速了解更详细的内容,甚至与广告主互动。

5. 二维码电子票务,实现验票、调控一体化

火车票上印上二维码是我们较为熟悉的应用案例。此外,二维码还可以延伸至景点门票、展会门票、演出门票、飞机票、电影票等,由此实现票务电子化。

6. 二维码参与交通管理,能够强化监控

二维码也可参与交通管理,应用于管理车辆本身的信息、行车证、驾驶证、年审保险、电子眼等方面。比如,采用印有二维码的行车证,将有关车辆的基本信息,包括车驾号、发动机号、车型、颜色等转化保存在二维码中,交警在查车时,就不需要再呼叫总台协助了,直接扫描行车证上的二维码即可。以二维码为基本信息载体,可以构建全国性的车辆监控网络。

7. 执法部门采用二维码,有利于快速反应

在商品、检验物品上附上二维码,政府执法部门的人员就可以通过专用移动执法终端进行各类执法检查,及时记录企业等的违法行为,并且可以保证数据传输的高度安全性和保密性,有利于政府主管部门加强监管,规范市场秩序,提高执法效率,增强执法部门的快速反应能力。

8. 证照应用二维码,有利于防伪防盗版

传统纸质名片携带、存储较为烦琐并易于丢失,而在名片上加印二维码,客户拿到名片后,经手机扫描便可将名片上的姓名、联系方式、电子邮件、公司地址等存入手机中,并联动手机功能,如拨打电话、发送电子邮件等。由此及彼,身份证、护照、驾驶证、军官证等证照资料均可以添加二维码,不但利于查证,关键还利于防伪。

9. 会议签到二维码,简单高效低成本

目前,很多大型会议由于来宾众多,签到手续非常烦琐,耗费很多时间,也很容易让人混入其中,混吃混喝混礼品。如果采用二维码签到,则省去了传统上签名、填表、会后再整理信息的麻烦,可大大提高签到的速度和效率。主办方向参会人员发送二维码电子邀请票、邀请函,来宾签到时,只需扫描二维码,验证通过即可完成会议签到,实现整个签到过程无纸化,做到低碳环保、高效便

捷、省时省力。

10. 高端产品用二维码互动营销,有助于打击山寨

高端产品加印二维码,有利于消费者全面了解产品的各项信息,可以更好地与品牌互动,让购买变得简单有趣,并可以准确辨识真伪,打击山寨。以南极星黑皮诺葡萄酒为例,消费者只要用智能手机扫描产品背标上的二维码,该产品的信息详情链接就能立即显示出来,点击链接,可以看到该产品的原产地、生产年份、葡萄品种、酒精度、产品介绍、获奖荣誉等信息,令消费者在选购葡萄酒时能够更加轻松。

11. 食品采用二维码溯源,保证食品安全

将食品的生产和物流信息加载在二维码里,消费者只需用手机扫一扫,就能查询食品从生产到销售的所有流程,实现对食品的追踪溯源。

12. 二维码点餐,实现个性化客户服务

在二维码时代,餐饮店的顾客将能享受到更加个性化的服务。到达一家餐饮店后,顾客用餐饮店的设备扫描一下手机上的二维码,立即就可顺利点下自己爱吃的菜品,还可以获得当日优惠信息,如果有 VIP 折扣券、代金券等,系统可以自动计算应付金额。或者,顾客用手机扫描菜谱上的二维码,即可随时把点单信息传递给服务台或厨房,不需要服务员现场点单。用餐完毕,顾客可以通过手机对菜品和服务进行评价,餐饮系统将自动积分。

13. 公交二维码,成为城市的移动地图

有了二维码,就像随身带了张城市地图,可以更高效、更从容地完成吃喝玩乐。市民扫描二维码即可看到一张所在区域的地图,随时获取周边景点、餐饮、娱乐、道路、公交信息和换乘信息,甚至可以马上查询到你乘坐的公交车离站点还有多远,或者还有多长时间可到达终点站。

14. 二维码进入医院,挂号、导诊、就医一条龙

对于患者而言,挂号是其最烦心的环节之一。采用二维码,患者可以通过手机终端预约挂号,凭二维码在预约时间前往医院直接取号,减少了排队挂号和候诊的时间。二维码服务不仅有助于解决挂号难的问题,而且结合看病、支付等环节后,可以实现看病、付款、取药一条龙,患者无须再重复排队。

15. 二维码旅游监督和导游,提高旅游服务的质量

将旅行社运营的大巴车加装彩色二维码,游客用手机扫描后,便能获悉自己所搭乘车辆的运营资质、是否为黑车、是否接受过年检、有无肇事记录等信息。

16. 通过二维码技术实现药物溯源

例如,中药饮片已经渗透到日常生活中,但如何辨识是个重要问题。目前医药行业正在尝试建立以二维码溯源为主的一条链溯源机制,消费者通过扫描二维码便可得知该药品的产地和加工地、流通过程等信息。

17. 使用二维码技术跟踪种子质量

消费者扫描二维码便可查询到所购种子的品种和名称、区内经营企业以及质量监督电话等信息,一旦发生种子质量安全事件,便能够快速、高效地追踪溯源,及时处置。

18. 二维码管理生产,质量监控有保障

二维码凭借更多的信息存储量,冲击了条码在产品制造过程中长期制霸的地位,渗透产品制造过程的更深层次。

只要是能承载信息给消费者看的场景,都可以利用二维码,因此二维码营销应用场景可以融入各行各业当中,并衍生出二维码红包营销。二维码营销与我们越来越近,逐渐成为我们生活的底色之一,企业、商家只要运用得当便能产生事半功倍的效果。

---

2. App 营销

(1) App 营销概述

App 是 Application 的缩写,是指智能移动终端的第三方应用程序,可以通过智能手机或平板电脑应用商店平台进行下载。移动互联网的发展,使得移动智能设备迅速普及,带来移动互联网用户和移动应用 App 下载量的爆炸式增长。《2016 中国网民 App 使用行为调查报告》显示,智能手机用户占手机用户的比例超过 98%,安装的 App 数量在 20 个以上的用户占比最高,达到 44%。App 作为移动智能终端的主要信息载体,已经渗透到人们工作、生活的方方面面,以投放 App 广告或策划各种形式的营销活动作为手段的 App 营销应运而生。

不同的 App 商店对其会有不同的分类,按照 App 的内容功能划分,可分为新闻、杂志、音乐、游戏、娱乐、导航、财务、参考、工具、健康、教育、旅行、商业、社交、医疗、摄影、图书、生活、体育、天气、品牌等,涵盖了用户在工作和生活中各方面的需求。

不同的 App 功能不一,其应用情况即用户下载率、使用率、忠诚度等也不尽相同。互联网大数据分析公司蝉大师发布的《2020 年度中国 App 报告》显示,用户使用最为频繁的 App 集中在社交、系统工具、视频、购物类。

按收费模式划分,App 可以分为免费模式、收费模式和"免费+收费"模式(针对不同的用户提供两种不同的版本:免费、收费)。

知识点延伸

目前应用下载商店的模式包括系统原生平台,如苹果公司的 App Store、Android(安卓)系统的 Google Play Store、诺基亚的 Ovi Store 以及 BlackBerry(黑莓)用户的 BlackBerry App World。随着安卓智能手机的普及,第三方应用商店模式也进入市场,如 360 手机助手、豌豆荚、PP 助手、应用宝等,此外还包括各大手机品牌生产商所开发的硬件厂商预装应用商店模式,如小米应用商店、华为应用市场、OPPO 软件商店、vivo 应用商店等。除此之外,常见的还有手机运营商应用商店,即指中国移动、中国联通、中国电信运营商的运营商渠道和软件下载网站,如天空下载、华军软件下载、太平洋下载等。

(2)App 营销及其特点

App 营销指某一组织为满足顾客需求,利用智能手机、平板电脑等移动终端上安装的 App 应用程序而从事的一系列营销活动,是移动营销的核心。App 营销是移动互联网时代的产物,可以为企业有效拓展营销渠道、深化品牌形象,实现企业与用户之间良好的互动交流,成为企业推广产品或服务的重要工具。App 营销的特点有以下几个:

高碎片化。快节奏的生活使人们的时间日益碎片化,对于手机几乎不离身的现代人来说,其通过手机、平板电脑等移动终端上的 App 度过了无数碎片时间。App 营销的高碎片化特征体现在其可以将整体信息分割成信息碎片,如短信息、短视频等,利用用户的碎片时间向用户传递其所需的信息,满足其碎片化的阅读需求,并且 App 可以有效整合各种形式的碎片化信息,如短文、小图片、短音频等,将其整合传递给用户,具备极高的营销价值。

高持续性。传统营销和网络营销一般都是按周期计算的。而一款成功的品牌 App,一旦用户下载到手机中并持续使用,品牌就可以通过 App 与用户保持长期的沟通与互动,持续推送品牌信息,有效增强用户黏性,产生持续性的营销效果。

高全面性。App 营销的全面性体现在两个方面:一方面,App 是一个综合信息载体,可以将产品或服务的相关信息全面整合呈现给用户,用户能够迅速感受到产品及服务各方面的魅力;另一方面,App 产品及服务已经遍及人们生活的各个领域,满足人们各方面的需求,覆盖范围广、服务精准及信息全面,可以有效提高用户的使用满意度。

高精准性。App 营销可以在与用户个性化的沟通中,借助先进的大数据技术、网络通信技术以及可量化的精准市场手段等,使营销达到可度量、可调控等效果。例如,App 可以通过收集手机系统信息、位置信息、行为信息等,精准判定对方所处的时间、空间情况,分析目标客户群体的属性,或者通过识别用户经常浏览的页面,分析其兴趣偏好和行为习惯,再向他们推送符合其需求的信息。

高互动性。手机和平板电脑是人们用来互动交流的便携性工具,基于这样的平台的 App 也具备移动互动特点,并诞生了用户在 App 内丰富的互动方式,例如,关注 SNS(社交网络服务)账号、即时通信、参与官方活动、发送电子邮件、反馈评价 App 等。同时,结合移动设备的触屏、重力感应等技术,在操作上,App 用户的感官体验将更加丰富,产生前所未有的互动体验,实现人机交互、人人互动,并且互动也因此得以多次传播、扩大影响。所以,App 营销的互动性与传统营销的互动性的区别在于,App 营销更多的是用户的自主互动,而非被动互动,用户在 App 内可以自行选择其想要获取的信息。

(3) App 营销的模式

根据 App 所属主体的不同,App 营销的模式可以分为两种:自有 App 营销模式和植入式 App 营销模式。

自有 App 营销模式,指企业或商家自主开发设计 App 进行营销推广活动,一般包括两种:一种是网站移植式 App,多为购物类、社交类网站的手机客户端版本;另一种是用户参与式 App,指企业或品牌主开发的品牌 App,让用户了解其文化、产品或服务,或通过开发有创意、互动性强的 App 来吸引用户的主动下载和参与,从而达到有效营销的目的。

植入式App营销模式,指广告主根据需求筛选目标受众使用量较大的App进行广告投放,也称为In-App广告,其可以分为硬性植入和软性植入两种形式。In-App广告与网络广告类似,也属于效果计费的广告类型,以用户点击(CPC)、回应(CPP)、注册下载(CPA)、销售数量(CPS)等作为其计费衡量标准。

 **本章要点**

1. 网络产品的概念。
2. 网络产品的特点及其分类。
3. 二维码和App的作用。

 分析思考园地

1. 在网络市场中影响产品营销的因素与传统市场有什么不同?
2. 二维码营销和App营销有什么异同点?

第8章 产品的基本整合策略

8.1 产品定位策略

企业应以市场需求为依据,先进行产品定位,经论证可行后再进行开发、生产和销售定位。这样一来,就有利于准确把握市场。在产品定位中,产品功能定位是其中的核心内容,它直接关系到产品的销售力和市场生命力。产品定位的实质就是让自己的产品与市场其他所有同类产品有所不同:区别越大越好,特色越明显越好,看上去好像是社会上"唯一"的更好。

1. 产品定位的概念

产品定位策略(product positioning strategy)是指企业根据消费者对其产品属性的重视程度,为产品确定一定市场地位的策略。产品定位时,应将产品固有的特性、独特的优点、竞争优势等与目标市场的特征、需求、欲望等结合在一起考虑。大体依照以下步骤:

第一步,分析本公司与竞争者的产品。分析本公司及竞争者所销售的产品,是定位的良好起点。

第二步,找出差异。比较本公司的产品和竞争者的产品,对于目标市场对产品正面及负面评价的差异性必须详细列出。有时候,表面上是负面效果的差异性,也许会变成正面效果。

第三步,列出主要目标市场。

第四步,指出主要目标市场的特征。应将目标市场的欲望、需求等特征一一写出来并力求简明扼要。

第五步。将产品的特征和目标市场的需求与欲望结合在一起。有时候,营销人员必须在产品和目标市场特征之间画上许多条线,以发觉消费者尚有哪些最重要的需求未被本公司的产品或竞争者的产品所满足。

2. 核心产品定位

核心产品是企业在某段时间主要向市场推荐的产品,一般有以下几种情况:

① 核心产品是企业长期生产、工艺已经非常成熟的,这类产品的质量更有保证,生产效率更高,出错风险小,竞争优势大,当然值得推荐。这种情况一般是市场稳定、产品品种比较常规的企业采取的定位。

② 核心产品可能是市场需求旺盛的产品,这类产品网上竞争对手少,利润空间大,当然也值得推荐。这种情况一般是生产品种随市场变化、库存少、以生产特殊产品为主的企业采取的定位。

③ 核心产品可能是企业因库存太大、资金周转或者市场大幅变动等情况急于出手的产品。这种情况一般是不得已而为之,却也是意外发生后解决问题的有效办法。需要指出的是,按照二八定律或者实际经验,每家企业一定至少有一款主打产品,这些产品将是企业的主要利润来源。当然,同时主打很多款产品也是不合理的,因为那样精力会过于分散。

3. 产品卖点定位

在网络上面对客户的是产品信息而不是业务员,并且客户在网络上会同时对比了解多家供应商,产品只有具备独特的卖点才能破解同质化竞争困局,占据市场优势地位。

8.2 产品组合策略

产品组合策略是企业为面向市场,对所生产、经营的多种产品进行最佳组合的策略。其目的是使产品组合的广度、深度及关联性处于最佳结构,以提高企业竞争能力和取得最大的经济效益。一家企业究竟应当生产或经营多少产品,这些产品应当如何搭配,需要根据市场需求和企业实力等条件来决定。为了合理规划产品结构,调整新老产品的组成,有必要对产品组合问题进行探讨。

产品组合是指一家企业生产或经营的全部产品线、产品项目的组合方式,它包括三个变数:产品组合的广度、产品组合的深度和产品组合的关联性。

企业在进行产品组合时,需要将三个层次的问题纳入考量:第一,是否增加、修改或剔除产品项目;第二,是否扩展、填充和删除产品线;第三,哪些产品线需要增设、加强、简化或淘汰,以此得出产品组合的最优解。

三个层次问题的抉择应该遵循既有利于促进销售又有利于增加企业的总利润这一基本原则。

企业在调整产品组合时,可以针对具体情况选用以下产品组合策略:

1. 扩大产品组合策略

扩大产品组合策略是拓展产品组合的广度和深度。拓展产品组合的广度是指增添一条或几条产品线,扩展产品经营范围;拓展产品组合的深度是指在原有的产品线内增加新的产品项目。具体方式有:

① 在维持原产品品质和价格的前提下,增加同一产品的规格、型号和款式。

② 增加同一产品的不同品质和不同价格。

③ 增加与原产品相类似的产品。

④ 增加与原产品毫不相关的产品。

扩大产品组合的优点是:

① 满足不同偏好消费者的多方面需求,提高产品的市场占有率。

② 充分利用企业信誉和品牌知名度,完善产品系列,扩大经营规模。

③ 充分利用企业资源和剩余生产能力,提高经济效益。

④ 减小市场需求变动的影响,分散市场风险,降低损失程度。

2. 缩减产品组合策略

缩减产品组合策略是削减产品线或产品项目,特别是要取消那些获利小的产品,以便集中力量经营获利大的产品线和产品项目。缩减产品组合的方式有:

① 减少产品线数量,实现专业化生产经营。

② 保留原产品线,削减产品项目,停止生产某类产品,外购同类产品继续销售。

缩减产品组合的优点有:

① 集中资源和技术力量改进所保留的产品的品质,提高品牌的知名度。

② 生产经营专业化,提高生产效率,降低生产成本。

③ 有利于企业向市场纵深发展,寻求合适的目标市场。

④ 减少资金占用,加速资金周转。

3. 高档产品策略

高档产品策略,就是在原有的产品线中增加高档次、高价格的产品项目。实行高档产品策略主要有以下益处:

① 高档产品的生产经营容易为企业带来丰厚的利润。

② 可以提高企业现有产品的声望,提高企业产品的市场地位。

③ 有利于带动企业生产技术水平和管理水平的提高。

采用这一策略的企业也要承担一定的风险。因为企业惯以生产廉价产品的形象在消费者心目中不可能立即转变,这就使得高档产品不容易很快打开销路,从而影响新产品项目研制成本的迅速回收。

4. 低档产品策略

低档产品策略,就是在原有的产品线中增加低档次、低价格的产品项目。实行低档产品策略的好处是:

① 借高档名牌产品的声誉,吸引消费水平较低的顾客慕名购买该产品线中的低档廉价产品。

② 充分利用企业现有的生产能力,填补产品项目空白,形成产品系列。

③ 增加销售总额,提高市场占有率。

与高档产品策略一样,低档产品策略的实行能够迅速为企业寻求新的市场机会,同时也会带来一定的风险。如果处理不当,可能会影响企业原有产品的市场声誉和名牌产品的市场形象。此外,这一策略的实施需要有一套相应的营销系统和促销手段与之配合,这些必然会加大企业营销费用的支出。

知识点延伸

由于市场需求和竞争形势的变化,产品组合中的每个项目必然会在变化的市场环境下发生分化:一部分产品获得较快的增长,一部分产品继续取得较高的利润,一部分产品则趋于衰落。企业如果不重视新产品的开发和衰退产品的剔除,则必将逐渐出现不健全、不平衡的产品组合。

为此,企业需要经常分析产品组合中各个产品项目或产品线的销售增长率、利润率和市场占有率,判断各产品项目或产品线销售增长的潜力或发展趋势,确定企业资金的运用方向,做出开发新产品和剔除衰退产品的决策,以调整其产品组合。

因此,所谓产品组合的动态平衡是指企业根据市场环境和资源条件变动的前景,适时增加新产品和淘汰衰退产品,从而随着时间的推移,维持住利润最大的产品组合。可见,及时调整产品组合是保持产品组合动态平衡的条件。动态平衡的产品组合亦称最佳产品组合。

产品组合的动态平衡,实际上是产品组合动态优化的问题,只能通过不断开发新产品和淘汰衰退产品来实现。产品组合动态平衡的形成需要综合研究企业资源和市场环境可能发生的变化,各产品项目或产品线的增长率、利润率、市场占有率将会发生的变化,以及这些变化对企业总利润率所产生的影响。对于一家产品项目或产品线众多的企业来说,这是一个非常复杂的问题,系统分析方法和电子计算机的应用已为解决产品组合最优化问题提供了良好的前景。

中国营销好故事

小狗电器的产品策略

小狗电器互联网科技(北京)股份有限公司是一家基于互联网电子商务模式为消费者提供商品和服务的小家电企业,主要从事的业务是研发、销售清洁电器。其主要产品为吸尘器、扫地机器人以及除螨仪等清洁电器,属于家用清洁卫生电器具制造企业。成立至今,其主营业务并未发生变化。

小狗电器互联网科技(北京)股份有限公司于2016年6月15日成立,其前身为成立于2012年8月23日的小狗电器(北京)有限公司。但是"小狗电器"作为一个品牌,早在1999年就已注册。小狗电器创始人檀冲回忆道:"1999年7月15日我从杭州回来,加急申请注册商标。因为想到一个好名字——'小狗电器'。第二天拿到受理通知,后来就有了'小狗电器'品牌。"事实上,在上线经营之前,小狗电器已在线下运营了8年时间。

檀冲对于吸尘器营销有自己的想法和观点:"因为我是广告人出身,在商场里做店面还是擅长的。小狗吸尘器最初上市,我提出'999蓝色服务'的广告语,在《北京晚报》上做广告。'999蓝色服务'的意思是'9天无条件退货,99天包换,999天包修'。小狗电器一开始就打服务牌,这方面当时是超前的。那时,百货商场的地位很高,北京主要就是燕莎和赛特。我们开始时主打商场,培训促销员,了解用户心理并加强引导,开展扣点、赠品、促销等活动。产品进入商场以后,销量并不是很大,但与同行业其他产品相比,已经算厉害的了,在城乡贸易中心一个月销售100多台。2000年就是北京市场第一名了。"

2000年,吸尘器市场的格局比较简单,当时小狗吸尘器的竞争对手只有富达、春花、快乐、海尔四个国内品牌,以及松下、三洋两个国外品牌。那时飞利浦、伊莱克斯等品牌的吸尘器还未在中国出现。

檀冲从一开始就对小狗电器这一初创品牌进行营销,包括展台设计、店面布置以及促销员的培训等都管理得比较细致。这样小狗电器后期与伊莱克斯等知名品牌竞争时,才能具备一定的竞争力。他说:"2001年,我们跟伊莱克斯是同一家供应商、同一个工厂订货。我们提前知道伊莱克斯要确定这家供应商,伊莱克斯要做的产品我们也选了,但是上市比它快,产品颜色比它好看,知道它要配1 100瓦的功率,我们就加了50瓦。上市以后我们比伊莱克斯还贵50元。这符合消费者心理,给他们一个暗示就是我们的东西比伊莱克斯的好。品牌没有伊莱克斯知名,如果再比它便宜,消费者肯定会选知名品牌,当比它贵一点时,消费者就会觉得肯定是小狗电器的产品更好。结果伊莱克斯这款产品的销售比小狗电器差很多。"

通过长期在吸尘器行业的营销积累,在找准客户需求方面,檀冲总结出经验:一定要抓住消费者心理,一开始的打法就不是比别人便宜,而是贵一点,即使跟伊莱克斯竞争也是如此。他决定一试。2009年1月1日,小狗电器正式在线上推出第一款产品:D-907无耗材吸尘器。D-907成了吸尘器领域的爆款,当时588元的价格在网上算很贵的。2010年8月6日,淘宝授予小狗电器"淘品牌"称号,当时淘宝网只有100个"淘品牌"("淘品牌"是在淘宝网上形成的品牌,是淘宝商城推出的基于互联网电子商务的全新品牌概念)。

资料来源:王锐、王路,《从线下到线上:小狗电器的品牌营销之路》,北京大学管理案例中心入库案例,2018。

8.3 新产品开发

新产品开发是指从研究选择适应市场需求的产品到产品设计、工艺制造设计,再到投入正常生产的一系列决策过程。企业要想持久地占领市场,产品必须不断顺应市场潮流变化,推陈出新。

8.3.1 新产品开发战略

实践证明,新产品是企业进一步成长和发展的重要支撑。以下探讨若干新产品开发战略。

1. 新问世的产品

新问世的产品指该产品在市场上从未出现过,并兼具高风险、高回报的产品特征。互联网领域的创新基因使得新问世的产品层出不穷,我们习以为常的搜索引擎、微信就是曾经的或新近的典型新问世产品。以微信为例,微信通过导入QQ好友、手机联系人、熟人间互相推荐等,用人际传播的方式使得很多原本并不了解微信的人成为用户。这种"病毒营销"手段快速扩大了微信用户群,建立了一个更稳定、更活跃、更适用于移动应用的社交网络。

2. 新产品线

新产品线指企业基于现有品牌,相对于现有的产品增加完全不同的新产品。

3. 现有产品线的补充

现有产品线的补充指企业依托现有产品线,增加新功能、规格或做出其他改变。

4. 现有产品的改良或更新

现有产品的改良或更新指通过不断的更新替代原有产品。例如,微信问世后,经过持续不断的版本更新,截至2021年1月已更新至微信8.0。

5. 降低成本的产品

降低成本的产品采用低价甚至免费的方式与现有的品牌进行竞争,以赢得市场优势。在互联网领域的发展过程中不乏低价与免费产品。

6. 重新定位产品

重新定位产品是对现有的产品进行定位,针对不同的市场或新的用途进行相应的调整与修正。

中国营销好故事

不一样的元气森林

2016年年底,消费者开始注意到一些大城市的新锐便利店中一款名为"燃茶"的饮料。"无糖、无热量,但比其他纯茶饮要好喝""很像日本的茶饮料,但更好喝""价格挺高的,但很好喝""看配料表很健康",这是大部分消费者对这款茶饮的印象。

2018年春,"0糖、0脂、0卡"的元气森林苏打气泡水摆上了便利店的货架。相比"燃茶"的逐步走热,苏打气泡水则瞬间引爆,成为当之无愧的网红爆品。2019年天猫"618"活动,元气森林共卖出226万瓶,拿下水饮品类的第一名,超过了可口可乐。

虽然饮料行业从来不乏各类增长奇迹,但从未有元气森林这样高价、高口碑、数年持续多倍数高增长的品牌及产品出现。

过往经验中,消费市场是头部品牌的天下,可口可乐、宝洁、农夫山泉等品牌通过媒体投放大量广告,渠道布局遍布城镇乡村,新品牌很难出现在人们的视野中,新消费更是无从谈起。但随着"核心变量"——新的消费者及其背后的新需求开始崛起,改变已经开始发生。

例如从2018年开始,一大批现象级国产新品牌悄然蹿红,钟薛高、三顿半、元气森林、完美日记等雪糕、咖啡、饮料和美妆品牌,以及拉面说、熊猫精酿、米有沙拉等细分领域的新消费品牌,借助社交媒体、电商、新零售渠道,使品牌声量快速放大,销量同步上涨。2019年天猫"双十一"活动期间,钟薛高雪糕开场18分钟售出10万支;三顿半获得咖啡品类销量第一;元气森林气泡水获得水饮料品类销量第一……而再早一些时候的新消费代表性品牌,例如三只松鼠、良品铺子,都已经成功上市,并获得了资本市场的热捧。在2016年"燃茶"推出之前,没有人知道2014年就开始运作的元气森林曾花了400万元研制第一款饮料,却因为这款饮料并不符合心意,最终选择再花100万元销毁产品而没有选择低价投放市场。自那时起,元气森林就清楚了自己的定位和生产饮料的初衷——"做一款好产品",要是自己爱喝的、一口气能喝完的,并且能坚持长期喝的。为了实现这一目标,元气森林在产品定位和口味研发上开辟出了一条不一样的路径。

"燃茶"的诞生出于团队成员非常简单的愿望——做好喝又健康的饮料。何谓健康?茶饮有益健康。何谓好喝?应该甘甜。

国内、日本及亚洲市场有很多完全无糖、无任何添加的瓶装茶饮料,但口感或苦涩或"日常",只还原了"茶味",却不是消费者能够随时有冲动"来上一瓶"的味道。

因此,有利于减肥的"乌龙茶"成为元气森林考虑茶饮的基础。同时,团队在全球范围内筛选了各类"代糖",最终选择加入零热量、不参与人体糖原代谢、不增加血糖含量的"赤藓糖醇"(与木糖醇等代糖相比更为健康),再加入浓缩果汁、膳食纤维等元素,打造了醇香、玄米、桃香、草莓、茉莉等口味的全新茶饮,其既具备茶的健康和味道,又在口感上更接近于流行。

简而言之,"燃茶"将摄入热量降到了即使减肥人群也基本可以无视的程度,同时又保持了茶的营养,更增加了甜味口感和其他营养元素,价格为6元/瓶,这在饮料行业是一个不常见的高价。综合来看,在当时的市场环境下,几乎没有同类型的国内产品。

"'茶'之后,团队考虑到自己平时每天都会喝可乐等碳酸饮料,就想自己做一款气泡水来喝",元气森林产品负责人表示:"我们知道碳酸饮料是一个非常传统的战场,可乐类基本垄断,包括我们自己在内,几乎每天都要喝至少一罐可乐,竞争肯定特别激烈。但我们也没有考虑特别多,还是认为就做一款自己喜欢的、健康的饮料就好。"带着这样的想法,团队投入新一轮的产品设计中。此时,相比2014年、2015年的"完全摸不到门路",团队已经逐渐有了自己的心得。团队由大量年轻人组成,他们来自各行各业,但很少有传统饮料企业的背景,其中女性成员为大多数,她们大都有着独特的品位、"挑剔"的口味、对健康或好喝的些许"偏执",以及在某一方面超越常人的特质或爱好……其一定在某领域是个"玩家"或"极客"。在一系列尝试后,2018年春,四种口味的元气森林气泡水正式推出。与"燃茶"的慢热后逐步走高不同,气泡水一经推出,立刻火爆市场。短短几个月时间即实现了"燃茶"一年多才达到的销量高峰。同时,小红书、知乎、抖音、B 站等流行媒体上,大量网友自发推荐、评论、转发,"种草"这款网红饮料。

资料来源:王锐、王小龙,《不一样的元气森林》,北京大学管理案例中心入库案例,2020。

8.3.2 新产品开发原则

新产品开发一般指新产品的研制与开发,是企业求生存图发展,提高综合竞争能力的重要途径。随着科学技术的飞速发展,高科技含量产品、高附加价值产品、差异化和特色化产品日益成为产品开发的重点。

在投入市场的众多新产品中,一些新产品如流星即逝,而另一些新产品则一投入市场便初露锋芒,迅速成长为受消费者欢迎的产品。为了成功地实施新产品开发战略,必须遵循一些基本原则。

1. 以市场为导向进行新产品开发

新产品开发的目的是更好地满足市场需求,进而使企业获得更高的利润。因此,检验新产品成败的标准是市场,新产品能深受消费者的欢迎,能为企业带来令人满意的经济效益,才说明该新产品开发是成功的。

为此,企业必须采取一系列有效的制度性措施,来把握市场的发展动向。以日本三井物产公司为例,其采取的措施有:

① 设立实力雄厚的情报研究机构,以收集经济、技术、政治、法律等方面的情报。三井物产公司建立了一个遍及世界各地的庞大情报系统,世界上发生的重要情报,总公司在几分钟内就可以整理出来。

② 设立海外办事处。这些机构名为办事处,实际上主要从事情报收集工作。

③ 在公司内部建立"市场需求卡制度",一旦发现用户有什么新需求,就立即记录在需求卡上,定期加以汇总分析后提出建议。三井物产公司的许多产品创新构思就是通过这一手段产生的。

④ 通过"咨询公司"收集情报。借助"外脑"进行情报收集和市场调研活动。

2. 顺应世界科技发展和新产品发展的新趋势进行新产品开发

随着经济全球化的发展,各个国家之间新产品发展的时差愈来愈短,关注世界科技发展和新产品发展的新趋势将成为成功开发新产品的重要举措。

其一,运用定点超越的原理,及时引进和利用世界先进技术进行新产品开发。其主要优点有:

① 可以提高产品创新的投资效率,节省大量的研制费用。

② 有利于提高科技人员和职工的技术水平,从而有利于提高新产品的质量、功能和生产效率,降低成本,增强产品的市场竞争力。如海尔集团在美国、南美等地设立了研发中心,这样就把研究工作推进到不同国家和地区,积极吸收和利用世界先进技术进行产品创新。

③ 可以加速产品创新,节省开发时间。如日本的汽车工业起步较晚,主要依靠利用别国的先进技术,结果只花 15 年时间就走完了西方汽车工业大国走了半个世纪的道路,并处于世界领先地位。

其二,掌握新产品的发展趋势,确定新产品开发的正确方向。就目前状况看,新产品的发展趋势比较突出地表现在以下几个方面:

① 产品功能智能化。一是多功能化,即在产品原有功能或用途的基础上,不断增加新功能、新用途,从而使产品从单一功能转变为多种功能;二是自控化,增加自动控制和调节功能,向自控化方向发展;三是智力化,即产品向开拓智力、有利于使用者身心健康的方向发展;四是高科技标准化,随着市场经济的发展,数码技术、纳米技术等高科技被广泛运用于新产品之中,随着产品的流通范围不断扩大,企业须日益重视产品的标准化。

② 产品形体轻型、微型化。产品向灵巧轻便、微小的方向发展,以取代傻大黑粗的过时产品。日本针对欧美类产品"重、厚、长、大"的特点,成功地实施"轻、薄、短、小"的形象设计战略,使其汽车、家用电器、手表等产品成为国际市场的畅销品。

③ 产品发展绿色化。随着可持续发展战略的进一步深化,人们的环保意识愈来愈强,要求企业加强环境保护,发展绿色产品。

④ 产品外观工艺化,重视工业设计。随着消费者文化素质的不断提高,其审美能力日益增强,许多消费者不仅要求产品具有实用价值,而且要求它具有一定的艺术价值。

知识点延伸

十九大报告指出,既要创造更多物质财富和精神财富以满足人民日益增长的美好生活需要,也要提供更多优质生态产品以满足人民日益增长的优美生态环境需要。青山常在、绿水长流、空气常新,是新时代生态文明建设的题中应有之义。干净的水、清新的空气、安全的食品……优质生态产品已经成为人民美好生活的需要。如何贯彻好绿色发展新理念,发展绿色产品,推进供给侧视域下的生态文明建设,优化生态产品供给,是值得各级各部门思考和探索的重大理论与实践问题。

一般来说,发展绿色产品主要体现在以下几个方面:一是向节能化发展,即产品向节省能源、动力消耗的方向发展,并发展能循环使用、再次使用的产品;二是向减污方面发展,开发"从摇篮到再现"全过程中降低污染的新产品;三是向安全化、保健化发展,由于科学技术的进步和人们生活水平的提高,消费者对提高生活质量以及产品的安全性、保健性方面的要求日益强烈,因而,产品安全化、保健化也成为新产品的一大趋势。

---

3. 发挥自身优势,开发具有特色的差异化产品

① 产品和目标市场相适应,即新产品要和企业目标市场消费者的价值观念、风俗习惯和购买力相适应。

② 产品具有明显的相对优势,即同原有产品相比,新产品的优点是十分鲜明的,消费者只有在认识到新产品具有明显的相对优势时,才会乐于接受和购买。因此,企业进行新产品开发时,必须以新产品的相对优势为特征进行产品定位。

③ 突出自己产品和竞争对手产品之间的差异性。根据消费者购买产品时对价值的要求,产品差异化主要有四种基本途径:产品、服务、人员和形象。

4. 能有效控制成本,具有实际效益

通过对市场上同类产品的比较,为新产品估算出一个市场消费者可以接受的价格,然后通过反向定价原理来测算产品成本;通过对产品的市场规模和竞争态势的预测,进行量-本-利分析;根据预期收益与投资成本的比较做出新产品开发决策。

中国营销好故事

海尔 C2F 交互式产品设计创新

从2016年起,海尔有一批产品被称为"众创产品",因为这些产品是借助于互联工厂C2F(用户到工厂)模式,由用户深度参与,实现最终用户和生产工厂直连的交互创新产品。海尔工厂通过几年的尝试验证了产品的设计完全可以在社交网络孕育形成。海尔的部分冰洗产品、智能生活家电产品设计都是海尔在自媒体(国内如微信、QQ群,国外如Facebook、Twitter等平台)上和用户多次交互后形成的。初始阶段,海尔收集用户的痛点、槽点,挖掘可供修改的地方;再次交互阶段,海尔举办设计创意大赛,对有价值的方案给予奖励,这样集合企业内外部的智慧和资源形成最佳方案;产品下线阶段,海尔借助网络力量为产品命名。因此,海尔与用户的交互渗透在设计和生产环节的方方面面,这样的体验会让用户印象深刻,使他们产生"我购买变成了我创造"的使命感。借助外部的社交媒体力量只是海尔产品营销变革众创产品设计的形式之一。海尔C2F模式的自营环节"众创汇"——让客户更具参与、乐趣、体验感——是海尔产品和用户的交互定制平台。在该平台上,用户可以通过多种形式和途径参与产品设计,模块化的逻辑可以让用户用最简便的方式选择并组合出自己想要的产品。在C2F模式下,用户可以将自己的需求转化为创新的动力,提交自己的创新思路,并在"众创汇"上发起投票,得票高的方案即可预约众筹,进入量产阶段。比如海尔的创客产品"双子云裳"洗衣机,首次的外观众投就吸引了200万的流量,并有10万人实际参与。这增强了海尔品牌和用户的互动,产品端的体验也显著提升。

在不同时期,海尔为"废品"赋予了不同的内涵。传统时期,海尔认为"有质量缺陷的产品是废品";进入移动互联网时期,海尔对产品有了更高层次的追求,"没有按照顾客需求量身定制的产品也是废品"。为了解决传统上为追求成本最优的大规模生产和新时期用户不断增长的个性化需求之间的天然矛盾,海尔收集用户个性化、碎片化的需求,并寻找个性化订单的最大公约数,通过互联网实现工厂和用户的端到端互联,彰显柔性制造。用户-工厂直连模式为海尔在互联网时代聚合了大量粉丝,并围绕不同的产品类别建立起相应的社群。为解决大人和孩子衣服分开洗问题的海尔"双子云裳"洗衣机正是通过以上新营销模式,在不单纯依靠传统渠道的情况下培养小品牌的忠实用户,吸收粉丝创意共同进行名字、外观、包装设计,同时也在为粉丝举办的以"亲子"为主题的场景绘画比赛中收集了用户的新需求,再次启动新一轮的产品迭代。

本章要点

1. 认识产品整合的概念。
2. 了解产品定位的依据。
3. 了解产品组合的四个维度。
4. 掌握新产品开发的意义和原则。

分析思考园地

1. 企业进行新产品开发前,应该考虑哪些市场因素?
2. 企业在调整产品组合时,该如何选用不同的产品组合策略?
3. 找一找身边产品组合的案例,谈谈你对这些产品组合的看法。

第 9 章 品牌管理

9.1 品　牌

品牌是一种名称、属性、标记、符号或设计，或是这些因素的组合运用，是整体产品的重要组成部分，其目的是作为企业产品或服务的标识，将其与竞争对手的产品或服务区别开来。因此，绝大多数企业都为自己的产品或服务赋予了品牌。在网络营销中，品牌及品牌价值在企业营销中的地位和作用非常重要，网络品牌成为消费者选择产品或服务的重要依据，并已成为企业竞争的重要手段。

9.1.1 品牌的一般概念

学界对于品牌的定义尚未统一，按照美国市场营销协会的定义，品牌是一种名称、属性、标记、符号或设计，或是它们的组合，其目的是借以辨认某个销售者或某群销售者的产品或服务，并使其与竞争对手的产品或服务区别开来，其他较为常见的定义可参见表 9.1。

表 9.1　品牌定义

定义	内容
定义 1	用来证明所有权，作为质量的标志或其他用途
定义 2	被公众认可和接受的，包含某种特定利益或内涵的特征
定义 3	组织及其提供的产品或服务的有形和无形的综合表现，其目的是借以辨认组织产品或服务，并使其与竞争对手的产品或服务区别开来

（续表）

定义	内容
定义 4	一种名称、术语、标记、符号或图案,或是它们的组合,用以识别企业提供给某个或某群消费者的产品或服务,并使其与竞争对手的产品或服务区别开来
定义 5	企业或品牌主体(包括城市、个人等)一切无形资产总和的全部浓缩,而"这一浓缩"又可以以特定的"符号"来识别;它是主体与客体、主体与社会、企业与消费者相互作用的产物

品牌能够建立清晰强大的品牌识别（品牌理念），从而帮助企业建立竞争优势。例如，当人们提及麦当劳时，就会迅速将其与快餐、标准化的服务、干净整洁的店面等印象联系起来。品牌可以理解为对客户的一种承诺，这种承诺可以在客户心目中建立信任，从而使客户愿意为商品和服务支付更高的价格。

迈克尔·波特在其《品牌竞争优势》中曾提到，品牌的资产主要体现在品牌的核心价值上，或者说品牌的核心价值也是品牌的精髓所在。品牌价值是品牌在某一时点、用类似有形资产的评估方法计算出来的货币单位。根据美国公认会计原则的阐述，品牌作为无形资产具有无限的生命力。具有较高品牌价值的企业通常拥有明显的竞争优势。因为品牌企业享有更高的品牌知名度与美誉度，所以企业可以更容易地基于品牌推陈出新，积极主动地扩充产品线。

知识点延伸

品牌资产的概念最早出现于 20 世纪 80 年代，它一出现便引起营销业界人士和学者的广泛关注。品牌资产主要存在三种概念模型：财务会计概念模型、基于市场的品牌力概念模型、基于品牌-消费者关系的概念模型。经典的品牌资产测量模型有以下几种：

CBBE（Customer-Based Brand Equity）模型，由营销大师凯文·凯勒（Kavin Keller）于 1993 年提出。CBBE 模型侧重消费者体验，提出"品牌力"的概念，包括消费者对品牌的知识、感觉和体验。根据 CBBE 模型，一个成功品牌必须建立正确的品牌标识，创造合适的品牌内涵，引导正确的品牌反应，缔造适当的品牌-消费者关系。凯文·凯勒认为消费者对品牌了解得越多就越忠诚，因此建立良好的品牌联想和品牌形象能让消费者对品牌保持更加积极的态度。

品牌动力金字塔（Brand-Dynamics Pyramid）模型，由 Dyson、Farr 和 Hollis

三位学者于1996年提出。该模型认为建立品牌资产是一个动态的过程,首先必须拥有提示前知名度,其次要能满足消费者的需求,再次,产品的功能和效果需符合消费者的要求并拥有区别于竞争对手的优势,最后要建立与消费者的情感联结。因此,要针对品牌不同的发展过程采用不同策略来维护品牌资产,提高顾客忠诚度。

品牌资产十要素模型,由品牌研究专家戴维·阿克(David Aaker)于1996年提出。该模型是其在总结前人研究的基础上提出的,从品牌区分、品牌满意度或忠诚度、被感知的质量、品牌领导力或流行度、感知价值、品牌个性、组织联系、品牌意识及市场份额、市场价格和产品覆盖率等十个要素来测量品牌资产,这些要素也可归类为品牌忠诚度、品质认知、联想度、知名度和市场表现五个维度。品牌认知度内涵及举例可参见表9.2。

表 9.2 品牌认知度内涵及举例

内涵	举例
对品牌下的产品功能了解多少	微波炉有多种功能,但消费者在使用时却忽略了不少,有的仅把它当一个"温菜炉"用
功能、特点、外观	海尔的"双王子"冰箱,既可同时使用又可分开使用
质量信赖度如何	海信是高科技铸就的产品
产品耐用度如何	天奴——耐用之道,天奴创造
品牌服务度如何	海尔——专为你设计
对消费者在品质上有何承诺	格力冰箱,一天一度电
在品质上有何发展创新,是否参考了消费者的信息回馈	海尔小神童、洗地瓜的洗衣机
消费者从什么渠道获取品牌信息	邻居介绍、专业销售人员推介、随机翻阅报刊等

9.1.2 网络品牌概述

网络品牌主要是指企业注册的商标在互联网上的一一对应注册,是企业的无形资产。与传统品牌一样,网络品牌在市场竞争中也具有识别、宣传、质量承诺、维护权益和充当竞争工具的作用。受网站访问者数量和群体特征的影响,网络品牌具有较大的局限性。在某一群体中具有较高知名度的网络品牌,可能在其他群体中的知名度较低,甚至并不为人所知。

传统品牌与网络品牌之间存在一定的联系,但相关性较低。企业开展网络营销必须抛开对原有品牌优势的依赖,根据网络营销的特点和目标市场的选择,重新规划、设计和塑造网络营销优势品牌。

作为品牌管理技术或工具,网络品牌(也称在线品牌)依托互联网作为媒介进行品牌的市场定位。越来越多的企业正在探索如何利用各种在线渠道(其中包括搜索引擎、社交媒体、在线新闻发布、网络贸易平台或站点等)和工具与消费者建立牢固的关系以及建立自己的品牌知名度。相对于传统意义上的企业品牌,网络品牌具有以下特征:

1. 网络品牌的社会化

网络品牌涉及与社会化媒体的互动和融合。一方面,网络品牌通过微信、微博等平台开展媒体营销,分享关于品牌产品、服务等的信息、知识,主动深入地与客户进行互动交流。这种社会化媒体营销形式已经被越来越多的主流在线品牌所认可。另一方面,借助微博、微信、视频等平台,在特定的内容站点或频道上,针对特定的目标客户进行的展示和推送也是网络品牌与社会化媒体相互结合的常见形式。

2. 网络品牌的口口相传

与线下消费者相比,网络消费者更为关注商品或服务的综合评价。越来越多的网络消费者将互联网视作可靠的信息来源,通过消费者的口碑对不同品牌的产品或服务进行全面分析,并通过微信、微博等自媒体平台充分自由地表达自己的观点,以高度透明的方式进行票选。互联网显著加快了口碑传播的速度,极大地扩展了口碑的影响范围,消费者已经或多或少参与到营销环节中,他们成为信息的传播者,甚至创造者。

3. 网络品牌的客户导向

正如科特勒在《营销管理》一书中所言,"每一个强有力的品牌实际上代表了一组忠诚的顾客"。网络商务背景下的网络品牌价值意味着企业与网络用户之间建立起更为紧密的客户关系。作为互联网的特性之一,互动性有助于企业持续地沟通品牌信息和直接与客户对话。通过与消费者基于互联网进行的独特而富有个性的互动,企业可以有效传递其品牌意识和品牌形象;同时,企业的客户也可以获得品牌知识和提供反馈。由于消费者的潜在购买行为受品牌知识和熟悉度的影响,因此,优秀的网络品牌致力于与客户建立更为紧密的品牌联系,并且强化客户忠诚度和客户关系。

知识点延伸

自 21 世纪初以来,基于百度、阿里巴巴、腾讯的"BAT 平台模式",中国网络品牌呈现如下发展态势:第一,传统品牌向线上转移,以华为、李宁、海尔等为代表;第二,新兴的电子商务品牌出现,以京东、小米、淘宝等为代表;第三,由互联网所具有的网络经济属性所兴起和发展起来的平台模式,使得相当数量的中小企业品牌基于平台的规模流量均享,有效提升了其品牌知名度与美誉度,以御泥坊、三只松鼠、韩都衣舍等"淘品牌"为代表。

9.1.3 网络品牌战略决策

网络品牌战略决策和通常环境下的品牌战略决策基本相似,主要有五种:产品线扩展策略、品牌延伸策略、多品牌策略、新品牌策略、合作品牌策略。

1. 产品线扩展策略

产品线扩展策略指企业现有的产品线使用同一品牌,当增加该产品线的产品时,仍沿用原有的品牌。这种扩展产品往往都是现有产品的局部改进,如增加新的功能、包装、式样和风格等。厂家通常会在这些商品的包装上标明不同的规格、不同的功能特色或不同的使用者。产品线扩展的原因是多方面的,如可以充分利用过剩的生产能力;满足新的消费者的需求;率先成为产品线全满的企业以填补市场的空隙,与竞争者推出的新产品竞争或为了得到更多的货架位置。产品线扩展的利益有:扩展产品的存活率高于新产品,而新产品的失败率通常在 80% 到 90% 之间;满足不同细分市场的需求;完整的产品线可以防御竞争者的袭击。产品线扩展的不利之处有:它可能使品牌名称丧失其特定的意义;产品线的不断加长会淡化品牌原有的个性和形象,增加消费者认识和选择的难度;有时因为品牌过于强大,致使产品线扩展出现混乱,再加上销售数量不足,难以冲抵其开发和促销成本;如果消费者未能在心目中区分出各种产品,则会造成同一种产品线中新老产品自相残杀的局面。

知识点延伸

党的十八大提出要全面提高开放型经济水平,形成以技术、品牌、质量、服务为核心的出口竞争新优势,推动对外贸易平衡发展。中国作为世界工厂,在海外市场过去以走中低端路线为主,以价格低廉取胜。随着中国经济实力的增强、国际地位的提升,中国产品在海外激烈的市场竞争中地位凸显,其品牌和形象逐渐为海外消费者所了解,变"中国制造"为"中国创造"是大势所趋。

中国产品凭借其物美价廉的优秀品质和独具特色的海外形象,多年来逐步打开海外市场,受到广大海外消费者的欢迎与喜爱。然而,目前中国产品海外形象竞争力的提升尚未引起足够的关注,因此研究这一问题非常有意义。

1. 有利于优化中国国际形象,提升国家软实力

在全球化时代,软实力关系到国家的兴衰。十八大报告第一次明确提出要扎实推进公共和人文外交,意味着可利用中国产品开展外交活动。中国产品在海外市场上的形象代表着中国的国际形象,要通过质量过硬、技术创新的中国产品改变海外对中国的印象,营造和平发展的国际环境,达成提升中国国际形象、实现中国崛起的战略目标。要提升中国产品的海外形象,提高中国产品的国际吸引力,进而提升中国的国际吸引力,吸引资本、技术、人才、信息等生产要素的聚集,提高中国的软实力。

2. 有利于提高产品竞争力,打造中国创新品牌

随着中国综合实力和经济实力的逐步增强,中国产品在海外市场上的竞争力越来越强。提升中国产品海外形象竞争力,一方面,可根据海外市场的现实需求对中国产品进行更新换代,赋予新产品以生机和活力,通过技术革新丰富产品内涵,增加产品功能,使之更好地适应海外市场,进而提高产品竞争力;另一方面,凭借中国在电脑、信息、家电、服饰、零售等产业上的先天优势,加大科技创新力度,变"中国制造"为"中国创造",变劳动密集型产业为资本、技术密集型产业,打造中国创新品牌。

3. 有利于扩大出口贸易总额,增加国家外汇收入

形象鲜明、特色突出的中国产品,在海外市场竞争中将更容易引起消费者

的注意。通过物美价廉、品质高、声誉好的中国产品使海外消费者由注意转变为钟爱,最终由于经常使用转变为忠诚度较高的消费者。中国产品也在消费者认知的过程中逐渐占领市场,扩大市场份额,吸引更多的消费者。由于海外市场贸易发生过程中一般使用外币,因此提升中国产品海外形象竞争力将大幅增加出口贸易总额,提高国家的外汇收入。

2. 品牌延伸策略

将现有成功的品牌用于新产品或修正过的产品的策略称为品牌延伸策略。品牌延伸策略可以让新产品快速定位,保证新产品投资决策快速实现;降低产品开发风险,增加品牌的经济价值,提升品牌形象,提高品牌组合的整体投资效益。

3. 多品牌策略

在相同产品类别中引入多个品牌的策略称为多品牌策略。证券投资者往往同时投资多种股票,一个投资者所持有的所有股票集合就是所谓证券组合,为了降低风险、增加营利机会,投资者必须不断优化股票组合。同样,一个企业建立品牌组合,实施多品牌策略,往往也是基于同样的考虑,并且这种品牌组合的各个品牌形象相互之间是既有差别又有联系的,不是大杂烩,组合的概念蕴藏着整体大于个体的含义。

多品牌提供了一种灵活性,有助于限制竞争者的扩张机会,使得竞争者感到每一个细分市场的现有品牌都是进入的障碍。多品牌策略有助于企业培植、覆盖市场,降低营销成本,限制竞争对手,有力地应对零售商的挑战。

4. 新品牌策略

为新产品设计新品牌的策略称为新品牌策略。当企业在新产品类别中推出一款产品时,它可能发现原有的品牌名并不适合它,或是对新产品来说有更好、更合适的品牌名称,因此需要设计新品牌。

5. 合作品牌策略

合作品牌(也称双重品牌)策略是将两个或更多的品牌在一个产品上联合起来。每个品牌都期望另一个品牌能强化整体的形象或购买意愿。

第 9 章 品牌管理

> **知识点延伸**

品牌定位策略是企业在竞争中寻找自己的品牌区别于其他品牌的过程。在这一过程中,最关键的是寻找品牌定位点。品牌定位策略从某种意义上说就是寻找品牌定位点。一般来说,品牌定位策略包括产品定位策略、消费者定位策略和竞争者定位策略三个方面。此处我们介绍第一种,即从产品定位方面来寻找品牌定位点。

企业竞争的载体就是产品,服务业中的服务也是一种产品,因此,对于产品如何竞争,企业可以考虑表 9.3 中所列举的方面。

表 9.3　品牌定位策略之产品定位

定位点	说明	举例
产品功能	产品功能是整体产品的核心部分。产品只有具有一定的功能,能够满足消费者的某种需求,才能定位成功	海尔的"洗土豆洗衣机"和汰渍宣传的"油渍污渍,不留痕迹"等
产品外观	产品外观是消费者最容易辨识的产品特征,因此,人们常常将外观式样作为评价产品地位的标准	TCL 专为女士定做的"宝石手机"等
产品价格	价格是赢取大部分消费者最直接、最显见的工具,企业借价格的高或低给消费者留下一个产品档次高或价格低的形象	格兰仕以价格低廉使自身在小家电市场上获得一席之地;杉杉西服以高价捍卫自己的高档形象

中国营销好故事

海尔的品牌战略

所谓品牌战略,就是把品牌看成企业发展的第一要素,重视品牌效应带来的企业及产品的差异化形象。品牌使海尔集团在参与国内外市场竞争的过程中形成了有自己特色的竞争力,呈现高质量发展态势。

品牌之所以成为海尔的核心竞争力,首先在于品牌具有"天然"的延展性。品牌经过科学而有效的运作有了知名度后,就可获得良好的市场信誉,得到消费者的普遍认同。在赢得较高的品牌忠诚度后,品牌所带来的市场信誉在节省宣传促销费用的同时助力新产品快速占领市场,实现品牌效应在其他产品上的延伸与拓展。海尔品牌战略的核心是凸显服务优势和强调技术与创新。

海尔有句格言:"质量是产品的生命,信誉是企业的灵魂,产品合格不是标准,用户满意才是目的。"海尔人知道,只有提供最令消费者满意的产品和服务,企业才能获得最好的效益回报。在其他企业普通缺乏诚信和优质服务理念时期,海尔率先注重服务质量。这一时期,海尔以最显著的品牌个性使其产品在质量、服务水平层面上表现出与其他品牌的差异化发展,因此成为企业赢得竞争优势的关键一环。

对于消费者来说,品牌的价值主要体现在他们对品牌的认同上。现代市场经济是信用经济。海尔凭借其高质量、人性化、"真诚到永远"的服务赢得了广大消费者的尊重和忠诚,持续为品牌造势,最终成功晋升知名品牌并走出国门,形成难以估算的品牌价值特性。

人们提起海尔时,能够自然地联想到其服务好、值得信赖。在同等质量的情况下,消费者愿意多花几百元购买海尔的品牌价值,他们购买的其实就是海尔始终如一的"真诚"。

此外,海尔品牌的独特性还体现在它独特的成长历程上。在历经名牌战略阶段、品牌多元化战略阶段和品牌国际化战略阶段之后,海尔品牌凝聚了高质量的产品、人性化的服务、对市场的迅速反应能力和强大的市场整合能力等一系列竞争资源并推动资源的相互协调与融合,形成了海尔如今的品牌优势。

另外,海尔先进的理念和技术水平拉开了海尔品牌与其他家电品牌的差距。在服务差异越来越小的时代,海尔更注重创新。海尔的创新既是战略的、观念的,又是技术的,同时也是组织和市场的。这一切创新都使海尔逐步形成了自己的核心技术优势,让消费者看到其对产品质量和技术的不断超越精神,进一步加强了消费者的信赖。

最后,海尔的品牌战略还有一个特性,就是它的文化性。品牌依附于特定的文化,独特的海尔文化是海尔品牌具有核心竞争力的本质和源泉。它是海尔品牌的内涵和本质,渗透进海尔经营管理的每一个环节,使消费者在消费海尔的产品时也在体验海尔的企业文化,形成文化共鸣。

9.1.4 网络域名品牌概念和策略

域名是网络品牌的重要组成部分。域名作为企业标志的"虚拟商标"的作用日益明显。有效发掘域名的商业价值,在网络虚拟市场环境下进行品牌的管理与建设,是提高企业市场竞争力的重要手段。

1. 域名的概念

域名是互联网上识别和定位计算机的层次结构式的字符标识,与该计算机的互联网 IP 地址相对应。域名为互联网的使用者提供了一种易于记忆的方法。例如,网易的域名是 www.163.com,其中"www"表明该域名对应万维网服务,"163"是域名的识别部分,".com"是顶级域名。

域名是网络品牌的重要组成部分,不仅具有商标的一般功能,还为访问者提供了在网上进行信息交换和交易的虚拟地址。

域名与商标属性方面的不同导致域名与商标不完全一致,具体表现在以下四个方面:

① 域名注册的民间性、注册程序的简单化和注册的"先申请,先注册"原则,导致大量知名商标以域名形式被抢注。

② 域名命名方式的规范性和技术的局限性使域名暂时还不可能与商标拥有相同的构成形式。

③ 域名具有唯一性,即绝对专有性。这一属性使网上不可能有两个完全相同的域名出现;而商标则不同,它完全可以因为产品类型的不同而被不同的主体所拥有。

④ 域名具有全球性,而商标只有地域性。全球性使得本来合理共存的同一商标所有人在域名领域不能共存,导致某些商标权人无法将自己拥有的商标注册为域名。

2. 域名的商业价值

随着互联网的发展,域名的商业价值越来越受到企业的重视。域名的商业价值首先取决于它所传递的信息以及带来商机的能力,其次取决于域名的广告价值。

在网络营销还未成为企业产品和服务主要营销方式的情况下,很多企业并没有认识到域名的商业价值,但随着网络营销活动的开展,越来越多的企业开始关注域名,一些企业甚至不惜花费重金从域名抢注者手中购回被抢注的域名。

3. 域名品牌策略

(1) 企业域名品牌的命名策略

一个优秀的域名品牌有赖于域名识别部分的精心设计。对只关注网络营销的企业来讲,域名品牌设计显得尤为重要。

域名要有一定的内涵和寓意。域名要能够反映企业所提供产品或服务的特性,例如去哪儿网的 qunar.com,以及智联招聘网的 zhaopin.com 等,让人一看便知其经营活动和范围。同时,域名还要能够反映企业的经营理念,寓意深远。

域名应该简明易记、便于输入。一个好的域名应当简短而顺口,便于记忆,最好让人看一眼就能记住,而且读起来发音清晰,不会导致拼写错误,例如,qq.com、163.com、taobao.com、amazon.com 等。再如,四通集团的域名是 stone-group.com,在向别人介绍自己的网址时,其总是要说明在"stone"和"group"之间有一个连字符,这就显得有点麻烦。域名是否简明易记、便于输入,是判断域名好坏的重要因素。

域名要与企业名称、商标或产品名称相关。从塑造企业线上线下统一形象和网站推广的角度来讲,域名与企业名称、商标或产品名称相关,既有利于顾客在线上线下不同的营销环境中准确识别企业及其产品或服务,也有利于网络营销与传统营销的整合,使线下宣传与线上推广相互促进。

目前,大多数企业在注册域名时,都考虑与企业名称、商标的相关性,通常采用以下四种方式,见表9.4。

表9.4 企业注册域名分类及举例

域名分类	举例
以企业名称的汉语拼音作为域名	新飞电器的域名是 xinfei.com
以企业的英文名称作为域名	中国移动的域名是 chinamobile.com
以企业名称的缩写作为域名,一种是汉语拼音的缩写,另一种是英文缩写	泸州老窖集团的域名是 lzlj.com;联想的域名是 lenovo.com.cn
以中英文结合或数字与字符结合的形式注册域名	前程无忧网的域名是数字加英文的 51job.com

一般来讲,域名命名应有特色,并与网站的服务内容相一致,从而对网站推广起到极大的促进作用。

(2)企业域名品牌的保护策略

① 域名要及时注册:根据现行法律法规,域名与企业名称、产品名称及商标名称并非必须一致。一个域名只能由一家企业注册,该企业也并不一定要拥有与该域名相同或相似的企业、商标或产品名称。实际上,顾客常常根据自己知晓的企业及其产品或商标名称搜索其网站,如果企业及其产品或商标的名称被他人抢先注册,企业的合法权益就可能会遭受侵犯,企业积累的无形资产就可能会因此而流失。域名注册遵循"先申请,先拥有"的原则,企业设计好域名后,应立即申请注册,以防止被别人抢注。

② 申请注册网站名称:网站名称是企业为自己的网站所起的名字,例如搜狐网等。网站名称一般作为网站徽标的一部分,放置在网页最显著的位置上。网站名称应及时到当地工商管理部门注册登记,以免自己的合法权益受到侵害。例如,网站名称为"中国商品网"的却是域名为 www.cscst.com 和 www.goods-china.com 的两个不同的网站。

③ 多域名策略:域名后缀为".com"或者".net"的域名分属不同所有人所有时,很容易造成混淆。多域名可以避免竞争者因为域名拼写错误等而获得利益。例如搜狗搜索引擎网站(www.sogou.com)和搜狗网(www.sougou.com)的域名就容易混淆。

(3)域名品牌管理策略

域名品牌管理主要是针对域名所对应的站点的管理。顾客访问网站的目的是获取网站的相关信息及服务,站点的页面内容才是域名品牌的真正内涵。企业为吸引顾客,就必须加强站点管理,不断丰富和更新页面信息及内容。具体的管理策略有以下五种:

① 一致性策略。域名作为企业网络品牌资源的重要组成部分,应与企业的传统品牌和形象保持一致,页面内容应与企业经营和服务相一致,在为顾客提供相关信息和知识的同时,强化企业的品牌定位和形象。

② 国际化策略。互联网的迅速发展消除了各个国家和地区之间的时空距离,而社会经济的国际化趋势促进了产品和服务国际化标准的形成及推广。国际化浪潮已经席卷全球,并在社会经济的各个方面产生巨大影响。网站国际化策略就是要适应国际化趋势,满足不同国家和地区的顾客需求。

③ 丰富性策略。企业开展网络营销的目的是通过向顾客传播企业文化和形象定位,促进顾客对企业的了解和认识,推广企业的产品和服务。企业的信息、产品和服务是网站的核心内容,但不应是全部内容。为吸引顾客、延长顾客的浏览时间,企业应当丰富网站内容,让顾客能够通过企业网站了解其他相关信息和行业知识,提高访问频率。

④ 知识性和趣味性策略。网络的互动性使顾客有条件参与企业产品开发和各类游戏活动,学习一些相关知识,了解有关的法律法规等。网页内容的知识性与趣味性的有机结合,无疑对顾客具有很强的吸引力,能延长顾客的浏览时间,提高访问频率。

⑤ 时效性策略。随着社会经济的快速发展,顾客越来越关心环境、健康和发展等社会热点问题,关心企业在新产品开发或服务方面的动向。这就要求企业及时更新网站内容,确保信息的新颖性和时效性,吸引顾客经常访问企业的网站。

中国营销好故事

中国人急剧提高的品牌认知度与忠诚度

2016年6月,国务院发布的《关于发挥品牌引领作用推动供需结构升级的意见》(国办发〔2016〕44号)中明确提出"培养自主品牌情感,树立消费信心;倡导自主品牌消费,引导境外消费回流"。由此可见,如何改善本土品牌歧视与偏见,重新培养消费者对国货的自信与偏好,激发消费者对本土品牌的情感与消费意识是具有重要现实意义的。

在国家政策的指引下,本土品牌的竞争力获得提升,"国货"逐渐成为一个热词。与2009年相比,2019年中国品牌的关注度由38%增长到70%。"中国李宁登上纽约时装周""中国手机全球市场占有率过半""《哪吒》获电影票房冠军"等各个领域的中国品牌故事登上2018—2019年的热门话题榜。

本土品牌的崛起在快消品、服装等市场中效果凸显。在很长一段时间内,外资品牌因为健康高效的品质、高端时尚的形象、先进的消费理念、差异化的营销策略成为中国市场的主导。然而,贝恩公司与凯度消费者指数联合发布的《2017年中国购物者报告》显示,外资品牌份额在70%的类目上出现下滑。2016年,本土品牌实现8.4%的增长,远超外资品牌的1.5%。

尼尔森发布的《2019年第二季度中国消费趋势指数报告》显示，2019年第二季度中国消费趋势指数为115点，与上一季度持平，68%的中国消费者偏好国产品牌，即使有62%的消费者会购买国外品牌，国产品牌仍是其首选。

资料来源：董虹，《外资巨头衰落，本土快消品牌强势崛起》，搜狐网，2017年7月10日。

9.2 数字时代的品牌IP化

IP是种符号概念。在拓宽传媒旗下的品牌推广营销平台"U传播"看来，品牌IP化指品牌跳出了商标的藩篱，被赋予了如IP一样的某种符号化的认知，用定位的专业术语来说，就是占领用户心智。比如，当我们想发新闻稿的时候会联想到"U传播"，在消费者心目中，"U传播"就是"新闻稿发布"的心智符号；再如，我们平常遇到不懂的东西会习惯性地想到"百度一下"，这时，"百度"就是"上网搜索"的心智符号，这就是IP价值。

9.2.1 什么是品牌IP化

对于品牌来说，IP化为打造品牌提供了一种新的工具或者方法，当品牌为自身塑造鲜明的人格，通过内容与用户持续进行有价值的互动，并赢得诸多用户的喜爱和追捧时，品牌就变成了IP。不是所有品牌都是IP，但品牌可以打造成为IP，因此IP是品牌进化的高级阶段。

任何内容、任何事物皆可成为IP，比如一个价值观、一个人格，它的终极目标是追求价值和文化的认同，可以跨形态、跨时代、跨行业。品牌则始终依托于某一个具体的产品或服务，并在此基础上阐释自己的理念、自己的故事、自己的内涵，努力争取消费者的情感共鸣和认同，其终极目标就是要转化为销量。从这一点看，品牌可以理解为是IP的一个组成因素。

品牌打造的思考原点是产品如何更优、更差异化地抓住消费者的痛点和满足其利益需求，这永远脱离不开产品的物理利益属性的诉求，即使不是传播中的主体信息，产品的物理利益属性和品牌的情感指向也必须吻合，否则就无法成功地塑造清晰的品牌形象。但是打造IP时需要拟人化（人设、三观、形象、时代背景等），这是品牌建设的"着力点"。

自2015年起，中国IP进入爆发期。因为如今的品牌面临着越来越大的挑战：日益碎片化的媒体环境，多元化的消费场景，独立而割裂的单次营销活动效果往往不尽如人意，非原创性手法在市场上很难具有穿透力，也很难创造出好的传播效果。同时，中国消费主权时代已经来临，消费者更容易凭个人对信息和内容的偏好做出消费选择，所以品牌方必须以内容的形式吸引消费者。

随着流量的成本越来越高，IP成为争取流量的手段。在IP时代，品牌占据了一个IP就相当于占据了一个永久的消费入口，它可以持续地为品牌提供流量，在线上线下流量都非常稀缺和昂贵的时代背景下，IP对于品牌的意义不言而喻。

9.2.2 如何实现品牌IP化

综合目前比较有代表性的观点，品牌IP化之路有以下几个关键因素：

定位，意味着战略和方向，其本质是建立差异化竞争，即通过差异化让企业与众不同，赢得关注。定位是建立品牌IP的起点，也为后续环节持续发力提供了方向指导。定位准确与否将从根本上决定IP的命运，好的定位是IP成功的一半。

对品牌IP进行定位是一项系统工程，既要对品牌基因有恰当的承袭，又要对目标用户群体具有深刻的了解，对于时代趋势和流行文化也要有敏锐的洞察，同时又能准确研判竞争对手，在此基础上找准空白和差异点，实现战略定位。

人格，可以说是品牌IP的内核，也是IP内容创造与互动的源泉。人格打造最关键的一点是自带感染力、话题和势能。这种势能是潜藏其中但一经激发就会瞬间引爆的力量。人格有多大的感染力，IP就能"长"多大。没有人格感染力的IP，即使后续砸下大笔的费用去推广运营，也无济于事。

形象，是品牌IP人格的视觉化演绎。因为形象让IP人格更加可视化和生动化，更容易被受众接受。从心智认知的角度，视觉形象或符号更容易激发情感共鸣。因为有趣的灵魂，加上有魅力的外表，才是真正完美的IP人格。

但最终能否成为IP关键还在于运营，其核心是内容创造和用户互动。围绕IP人格和形象创造内容后，必须要构筑与粉丝互动共创的交流平台，从而产生内容共创的双向联动并提高体验温度。如果只有单向的倾诉，是无法让粉丝卷入其中的。卷入的好处不仅是内容的共创，而且会使粉丝产生更强的参与感、立场感，这对粉丝的忠诚度和黏性都有极大的益处。通过持续的IP运营，粉丝得到持续积累和裂变,品牌资产实现持续增值,最终将演变为超级 IP。

品牌 IP 运作成功后,可以考虑跨界合作、衍生周边产品和服务,让 IP 价值最大化。商业衍生是 IP 运营中最重要的话题,但是一般都会被忽略,尤其在当今的中国市场上,大部分 IP 都是刚刚诞生,还没有成熟到 IP 衍生的程度,所以目前的中国市场也缺乏相对成熟的 IP 商业衍生的成功案例。但是在全球范围内,IP 的商业衍生是 IP 持久运营下去最主要的收入来源,尤其是地产衍生体验式的主题公园(如迪士尼、环球影城等)。

无论怎样,品牌 IP 化都是一种方法论,最终还是要为品牌服务,为消费者服务。只有坚定这个信念,才不会本末倒置,因为 IP 化的发展也需要在品牌战略规划的背景下进行,过分透支品牌 IP 资产,反而会削弱 IP 的影响力,得不偿失。

 本章要点

1. 熟悉品牌和网络品牌的概念。
2. 理解品牌战略的意义。
3. 品牌 IP 化的含义及其实现。

分析思考园地

1. 品牌战略对企业营销有哪些现实意义?
2. 品牌 IP 运作的关键因素有哪些?利用网络信息,找一两个品牌 IP 运作成功的经典案例,并熟悉这些案例。

篇后研习

一

树人湖笔有限公司是集笔、墨、纸、砚等所有文房四宝类产品研发、设计、生产加工、销售于一体的国内最大的文房四宝类产品生产加工企业。

树人湖笔公司拥有第16类(办公用品)商标(见表9.5),因有在先注册的"树人商标"阻碍,一直未得到该类部分主营商品的商标授权,按现有形式分析,这种状况还将延续较长时间,且不被授权的可能性很大。长期对一个未授权且极有可能不被授权的品牌做宣传、推广,不符合商业运作规律且投资回报率方面将严重失衡,同时也存在知识产权风险。故对于该公司来讲,文房四宝类产品启用新品牌经营势在必行,且在新品牌启用前应站在战略的高度,做好长远的规划。

表 9.5 树人湖笔公司现有该类别商标情况

商标	申请的商品/服务组别	公司商标其他类别情况	核心产品
仁爱英语	1610,1614,1619	该商标核心为"仁爱"	
仁爱文具	1610,1611,1614,1619	该商标核心为"仁爱"	毛笔、书写工具、水写布、书画毡
图形	1601, 1602, 1603, 1605, 1606, 1607, 1609,1611,1612,1614,1619	纯图形	
仁爱教育	1606	该商标核心为"仁爱"	印刷出版物
仁爱宣笔	1610,1611,1614,1619	该商标核心为"仁爱"	毛笔
华邮	1602, 1610, 1612, 1613, 1614, 1616, 1618,1619	只有第16类	纸、墨、砚、毛笔、水写布、书画毡

（续表）

商标	申请的商品/服务组别	公司商标其他类别情况	核心产品
树仁宣笔	1602,1611,1612,1614,1619	该商标以"树仁"为核心	毛笔
树人	1601,1603,1618,1621	该商标以"树人"为核心	纸
树人纸业	1601	该商标以"树人"为核心	纸
树仁	1602,1611,1612,1614,1619	该商标以"树仁"为核心	墨汁、砚台、墨锭
树仁，SHUREN	1602,1611,1612,1614,1619	该商标以"树仁"为核心	墨汁、砚台、墨锭
树仁文笔	1602,1611,1612,1614,1619	该商标以"树仁"为核心	毛笔书写工具、砚、台、墨汁、书画毡、水写布、宣纸
树仁毛笔	1602,1611,1612,1614,1619	该商标以"树仁"为核心	毛笔
宣笔	1614	毛笔、书写工具	毛笔、书写工具
树人宣笔	1601,1603,1605,1612,1614	该商标以"树人"为核心	纸
千古	1602,1611,1612,1614	只有第16类	毛笔、书写工具、砚、墨、书画毡、水写布
树仁湖笔	1602,1611,1612,1614,1619	该商标以"树仁"为核心	纸
树人纸业	1601,1602,1603,1605,1614,1617	该商标以"树人"为核心	毛笔、书写工具、砚、墨、书画毡、水写布
秦始皇	1606, 1603, 1605, 1611, 1614, 1621, 1612,1601,1613	全类已申请，大部分已授权	毛笔、书写工具、砚、墨、书画毡、水写布、纸
蒙恬	1601,1602,1603,1604,1609,1614	只有第16类	毛笔、书写工具、砚、墨、书画毡、水写布、纸

公司所经营的文房四宝类产品以学生书法和课堂书法为主,通常在文具店、书店销售,且"仁爱文具"商标中"文具"属通用名词,其核心仍是"仁爱"二字,公司以仁爱为核心词的商标资源丰富,囊括了除第5类、10类、14类、25类、31类、35类、36类、38类、42类、44类之外的其他所有类别(这些类别均有图形注册)。因此,以公司现有的资源进行分析,文房四宝类产品宜选用"仁爱文具"商标。

思考题:

1. 根据资料所提供的信息,从市场营销的角度,尝试为该公司设计出合适的产品组合。

2. "以公司现有的资源进行分析,文房四宝类产品宜选用'仁爱文具'商标",针对这一观点,谈谈你的看法。

3. 结合网络资源,研究市场上类似的品牌产品,就该公司品牌塑造提出你的设想。

二

康泰克曾经是感冒药市场上的绝对领导者,然而,2000年,相关研究结果表明PPA(苯丙醇胺)对人体有危害作用。因此,11月政府规定:暂停一切含有PPA的非处方药品销售。顷刻之间,康泰克受到口诛笔伐,市场地位一落千丈。经此变故,康泰克损失近7亿元,更关键的是品牌声誉受到了沉重打击。而与此同时,针对康泰克遗留的市场争夺战即刻打响。面对如此多的变故,康泰克展开危机公关的同时,进行了新药的研制和生产,推出了不含PPA的新康泰克,品牌重新定位于"不含PPA的速效感冒药"。尽管过去的巅峰已成往事,但康泰克毕竟重新赢得了消费者的信任。

思考题:

请根据上面的文字叙述收集与此相关的背景资料,回答如下问题:在康泰克沉沦期间,有哪些感冒药进行了市场争夺?它们采取了什么策略?竞争结果如何?如果你是康泰克公司的负责人,你会采取什么更好的措施?

第 5 篇

网络营销中的渠道建设

开篇综述

"终端制胜,渠道为王。"菲利普·科特勒认为,营销渠道是指某种货物或劳务从生产者向消费者移动时,取得这种货物或劳务所有权或者帮助转移其所有权的所有企业或个人。简单地说,营销渠道就是商品或服务从生产者向消费者转移的具体通道或路径。网络营销渠道就是商品或服务基于网络平台从生产者向消费者转移的具体通道或路径。

近年来,由于市场竞争日益激烈,越来越多的企业认识到,构建有效的营销渠道对于企业获得竞争优势具有重要意义。良好的营销渠道设计与安排,为企业在市场上寻求差异化奠定了坚实的基础。有效的渠道策略可以让消费者或企业客户在他们需要的时候及合适的地点、以他们乐于接受的方式购买其需要的商品或服务,从而克服生产者与消费者之间的差异,解决其矛盾。

第 10 章　网络营销渠道

10.1　网络营销渠道概述

10.1.1　网络营销渠道概念

与传统营销渠道相比,网络营销渠道在作用、结构和费用等方面均有所不同。网络营销渠道的作用是多方面的。在传统营销渠道中,渠道中间商具有举足轻重的地位,这是因为中间商凭借其地理位置、陈列空间和规模经营等优势,在制造商进入目标市场方面能够充分体现渠道效率。基于这一原因,中间商在其与制造商的商业博弈中占据相对优势;因此,超市或商场这样的中间商向制造类企业收取的进场费、促销费、上架费等不胜枚举。但是,互联网的发展使得传统营销渠道中间商的上述优势被互联网的虚拟性、直接性与无限性所取代。由于网络营销不受地域和时间的限制,因此企业可以不必借助批发商和零售商的营销努力即可实现产品销售,只要网上的客户有需求,企业就可依其需求供货;不仅如此,对网络营销来说,还可以实现"少环节"销售,甚至不必设置大规模的产品展示空间和中转仓库,从而降低渠道运行费用和交易费用。网络营销使得传统营销渠道发生深刻变革,并呈现出较强的替代效应。

知识点延伸

从经济系统的观点来看,营销渠道的主要职能在于将自然界中的各种资源转换成人类所需要的物品,并通过各种方法使人们认识并使用这些物品。一种产品从生产到使用,涉及两个独立的群体,即生产者和消费者。而营销渠道就是为了拉近两者之间的距离,并对物品转移过程中所必须完成的工作加以组

织。营销渠道的主要职能有如下几种:

收集信息,即收集制订计划和进行交换时所必需的信息。

促销,即对消费者或中间商进行关于产品销售的说服性沟通。

接洽,即寻找具有购买欲望的客户,并与其进行有效沟通。

配合,即通过制造、评分、装配、包装等活动,使所供应的产品符合购买者的需要。

洽谈,即为了转移所供应产品的所有权而就其价格及有关条件达成最后的协议。

实体分销,即商品的运输和存储。

融资,即对营销渠道工作所付出的成本通过借贷和支用的方式予以补偿。

承担,即承担营销渠道中可能出现的全部风险。

营销渠道中最主要的流程包括实体流程(又称物流)、所有权流程、付款流程(又称支付流程)、信息流程及促销流程。

10.1.2 网络营销渠道优势

网络营销渠道通过渠道的创新性变革,可以充分发挥渠道的快速反应能力,促进客户关系管理,提高渠道运行的效率,具体包括以下四个方面:

1. 网络营销渠道的经济性

网络营销渠道能够大幅减少流通渠道环节,从而有效降低成本。同时,网络营销渠道在一定程度上通过顾客的按需定制订单进行生产,可以有效降低企业库存。通过最大限度地控制库存,实现物流的高效运转,提升存货周转率。

2. 网络营销渠道的信息化

通过互联网及信息技术,网络营销渠道将制造商、批发商、零售商、物流商等作为渠道主体,以信息技术为纽带,重新组织与优化价值链,实现资源的充分整合,通过信息的即时传递有效减少商品流转时间,从而减少库存,提高商业效率。

3. 网络营销渠道的交互性

互联网的一个重要特性就是互动性,网络营销渠道发挥互动性,买卖双方从过去的单向信息沟通或者间接信息沟通向时下的双向直接信息沟通转变,增强了生产者与消费者的直接联系,使得围绕产品与服务的信息实现了充分的互动沟通。

4. 网络营销渠道的便捷性

网络营销渠道可以提供方便快捷的服务。企业建立网络平台,顾客可以通过互联网直接在线订货和付款,然后就可以坐等送货上门,满足了顾客的生活需要。此外,通过为顾客提供售后服务和技术支持,既方便了顾客,又能以最低的成本为其服务。

中国营销好故事

海尔的渠道营销

在同质化越来越严重的今天,当市场竞争越来越集中在几家大企业之间时,靠打价格战获得发展的经销商的生存空间将越来越小,传统的搬箱子型经销商将会逐渐被淘汰出市场,为此海尔专门对渠道进行了规划。

为了实现自身与渠道的双赢,海尔实施了个性化营销,根据不同渠道的特点进行专业化分工。海尔为自己的"双动力"洗衣机的渠道代理商规划出了五个发展方向,见表10.1。

表10.1 渠道代理商规划方向

渠道成员	界定
物流商	具有物流运作能力的代理商可以成为海尔在各个区域的物流配送商
渠道运营商	拥有自己的销售网络,具有区域的渠道运营能力
服务提供商	具有技术服务能力及服务网络
资源增值商	具有资源整合及增值能力
零售商	具有强大的最终用户销售能力

海尔针对不同的代理商制定不同的代理政策,提供不同的促销支持。其渠道管理非常严格,为了防止窜货砸价问题的出现,每个地区只设一家核心代理商,作为物流平台和服务中心,分区域控制,每个地区的货物有不同的专卖标志和不同的促销方式,免去了窜货之忧。海尔规定了成为核心连锁加盟代理的条

件,同时还实施了14项渠道建设的举措。

对于销售地区来说,渠道商选择的判定标准就是渠道商所在地区的经济发展水平,例如:

一类城市(北京、上海、广州)首批进货量不少于30万台,全年任务量不少于800万台。

二类城市(南京、武汉、杭州)首批进货量不少于20万台,全年任务量不少于500万台。

三类城市(郑州、天津、长沙)首批进货量不少于10万台,全年任务量不少于300万台。

硬性要求:核心代理商必须使产品进入当地大型商场。

渠道商的管理

海尔对渠道商进行了有效的管理,具体措施如表10.2所示。

表 10.2　海尔渠道商管理措施

管理措施	内容
提高市场反应速度和信息的真实性	坚持服务零距离、信息零距离的原则,继续提升服务水平和服务能力,确保对用户个性化需求的反应速度和信息的真实性
建立东、西、南、北四个生产基地	减少产品运输时间,使各地供货周期缩短到7天以内
从分公司制转为大区制	海尔总部向品牌商方面转化,大区和办事处向市场策划、市场和管理、培训三大职能转化,提高海尔在各个区域市场的竞争能力及行业开拓能力
通过与集团的内部资源整合,提升物流、资金流的运作速度及能力	在青岛、广州、上海、香港建立四个物流中心,进一步加快采购速度,降低采购成本,从而进一步降低产品成本

海尔对于渠道管理的理解非常到位,许多人认为渠道管理就是对渠道本身的管理,殊不知,渠道管理本身还应当包括企业可以为渠道做的事情,而这在管理当中其实是根本性的问题。

为了调动渠道商的积极性,海尔利用自身的网络和资源,把市场运作成本降到最低,这样就给渠道商留出了较大的利润空间,从根本上调动了他们的积极性。

对于渠道管理来说,最根本的是按照合同严格执行,而许多企业因为渠道商的重要性,往往对于违反合同的事情装作不知,这样其实对市场的危害更大。海尔则严格执行合同,规范市场秩序,审慎制定竞争规则,遵循"谁开发,谁受益"的原则,切实维护渠道商的利益,建立良好的市场秩序,使不正当竞争者退出市场。

海尔在给予各类渠道商尊重的同时,并没有放弃从政策上支持核心渠道商。海尔重点建立了一批新的核心渠道商队伍。为了支持渠道商,海尔还建立了一个完善的培训体系和信息沟通平台。对于小的渠道商,海尔则根据市场前景及其上升空间,建立了一支流动性专业团队,专门帮扶他们,提升其渠道销售能力。这样,将萧条、落后的产品销售市场逐渐发展成兴旺的销售市场。

10.1.3 网络营销渠道功能

传统营销渠道成员执行的核心功能主要包括信息、促销、联络、匹配、谈判、物流、仓储、融资与风险承担等。网络营销渠道中,上述功能不仅依然存在,而且在数字经济背景下随着专业化分工的不断深入而增强。同时,部分新兴的网络渠道中间商开始执行物流、支付、软件甚至咨询、培训、美工等新渠道服务功能。例如,淘宝商城提供的信息与促销功能、亚马逊中国提供的匹配及物流功能、阿里金融提供的融资功能等。在这些功能中,最主要的网络渠道功能包括物流、支付、信息等。

1. 物流功能

物流功能的关键是建立完善的配送系统。对于开展网络零售的企业而言,主要通过两种途径执行物流功能:一种是依靠自身力量建设物流系统,引入物流运作观念与方法,依托完整的物流信息系统,实现从货物的管理、分发到跟踪;另一种是通过第三方物流公司执行物流功能。

基于互联网技术的现代物流系统一般具有下述特点:

① 顾客直接驱动。对于专业性企业而言,物流系统中的物流启动和运转都是围绕着服务顾客而进行的。物流的启动是顾客的送货订单,顾客的需求是及时送货上门。所以,现在的物流系统都采用现代化的信息系统技术来保证物流过程中信息的畅通,提高物流效率。

② 即时跟踪。许多顾客都关注商品物流进度,想要了解货物现处何地,以

及何时送达。因此,现在的物流系统通过互联网技术,允许顾客直接通过互联网输入货物(或物流)编号查询货物流转进程。

③ 全面服务性。随着产品的复杂和使用的专业性,物流服务在内涵上需要进行扩展。以前货物递送只到门口,现在要延展到桌面。特别是对于电子产品,很多顾客都需要安装。此外,还有代收款服务。

2. 支付功能

网络支付是指电子交易的当事人,包括消费者(客户)、商家和金融机构,使用安全的电子支付手段,通过网络进行的货币支付或资金流转。网上支付系统包括四个主要部分:

① 电子钱包(e-WALLET),负责客户端数据处理,包括客户开户信息、货币信息以及购买交易的历史记录。

② 电子通道(e-POS),这里主要指从客户端电子钱包到收款银行网关之间的交易部分,包括商家业务操作处理(负责商家与客户的交流及订购信息的发送)、银行业务操作处理(负责把交易信息直接发送给银行)、来往信息的保密等。

③ 电子银行(e-BANK),这里的电子银行不是完全意义上的电子银行,而是在网上交易过程中完成银行业务的银行网关,包括接受转账卡、信用卡、电子现金、微电子支付等支付方式,目的是保护银行内部主机系统,实现银行内部统计管理功能。

④ 认证机构(certificate authority,CA),负责对网上商家、客户、收款银行和发卡银行进行身份证明,以保证交易的合法性。在网上商店中进行网络购物时,消费者面对的是虚拟商店,对产品的了解只能通过网上介绍完成,交易时消费者需要将个人重要信息,如信用卡卡号、密码和个人身份信息通过网络进行传送。由于互联网的开放性,网上信息存在被非法截取和非法利用的可能性,具有一定的安全隐患。同时,消费者在进行网络购物时将个人身份信息传送给商家,个人隐私可能被商家掌握,这些隐私信息有时会被商家非法利用,因此网上交易还存在个人隐私被侵犯的风险。

延伸阅读

随着电子商务的发展,各大电子商务网站所支持的支付方式也有所不同,大致可以划分为两大类:网上支付、线上联系线下支付。

(1) 网上支付

网上支付又可以分为银行卡在线支付和通过第三方支付平台支付。

① 银行卡在线支付。基于银行卡支付的第三方电子支付系统,通过整合银行的支付接口,使用户可直接把资金从银行卡中转账到网站账户中。该系统支持全国主流银行在线支付。

② 第三方支付平台支付。第三方支付平台包括支付宝、快钱、财付通等。以支付宝为例,买家首先需要注册一个支付宝账户,然后利用开通的网上银行给支付宝账户充值,接着用支付宝账户在网站上购物并使用网上支付方式先将货款付给支付宝公司,支付宝公司在收到买家支付的信息后会通知卖家发货,并在收到买家确认收货的信息后,最终给卖家付款。

(2) 线上联系线下支付

这种方式又可以分为邮局汇款、银行转账、货到付款、礼品卡等。

① 邮局汇款。这是一种比较传统的支付方式,在电子商务诞生之前是最常用的交易支付方式。

② 银行转账。属于电子商务与传统支付相结合的一种方式。

③ 货到付款。大型电子商务网站有实力支持这一支付方式。货到付款主要涉及网民的诚信问题,而且其发展受到物流发展体系的制约,目前为止只在较发达的城市可以实现。货到付款又分为两类:一类是货到时使用现金支付,另一类是货到时使用移动POS机(销售点终端机)刷卡支付。

④ 礼品卡。各大电子商务网站都提供礼品卡支付,如当当礼品卡等。

3. 信息功能

网络营销渠道为买卖双方搭建了一个信息的平台,平台信息的透明度和丰富性大大降低了买卖双方的交易风险与交易成本。基于网络营销渠道,买卖双方在较大程度上可以直接有效地沟通,以促成卖方提供的商品和服务向买方转移。

网络营销渠道的作用主要包括:第一,网络营销渠道可以发挥"信息海洋"的作用,为消费者提供海量的产品和服务场所。第二,网络营销渠道可以通过网络平台提供的检索筛选服务实现信息的推荐,在相对较小、较准确的信息范围内实现较高的交易效率;帮助消费者在众多大同小异的产品中快速找到合适的产品。第三,网络营销渠道提供的平台技术与工具可以帮助经销商进行高效、个性化的网络营销服务。例如,针对消费者数据进行客户关系管理,有针对性地开展准确而高效的营销活动。第四,网络营销渠道可以帮助经销商提高其市场调研水平。因为网络营销渠道掌握着完整丰富的消费数据,能够提供真实海量的市场信息,而这些正是经销商进行市场调研所需要的信息。

10.2 网络营销渠道主体及决策

10.2.1 网络营销渠道主体

伴随着再中介化的崛起,以网络中介为代表的各种类型的网络营销渠道主体不断发展演化,具有各自的特点并发挥不同的作用。主要的网络营销渠道类型有以下七种:

1. 信息中介

信息中介是指收集与组织大量数据,并作为介于信息需求与信息提供主体之间发挥作用的网络主体。在网络环境下,信息中介的主要功能是收集来自消费者或市场的数据与信息,并对这些数据与信息进行分析、整理及提炼,最后出售给相关的信息需求企业。购买信息的企业则可以根据信息中介提供的信息对客户实施有针对性的目标营销。例如,专业网络广告公司 Double Click 就是典型的信息中介,其主要业务模式之一是凭借自身在数据服务、网络媒体等方面的专业优势,通过收集和提炼来自网民的准确数据协助广告商提高在线广告效益。

2. 网络代理商

任何企业,包括生产者、商人、代理商、经纪商、信托商等在内,只要采用恰当的经营方式,努力改善经营管理,都能节约时间和劳动力,节省流通费用,只不过在提高劳动效率方面,专业化的商业代理与自销相比会更节省销售费用。当然,在网络流通环境下,取得这种代理身份的条件是很苛刻的,必须具备一定的运营水平与能力才能代理客户进行交易,按照委托人发出的指令(例如买方对品种、规格、数量、交割时间、交割方式和价格等方面的要求)对外独立开展经纪(买卖)活动。这种能以代理身份出现的经纪商,在长期、多次为某一客户提供服务,客户对其非常信任时,就会被客户委托为其长期、稳定的经营活动代表,他们之间的经纪关系也就转变为代理关系了。

代理商和经纪商是有区别的,关键在于代理商所接受的是特定的、长期稳定的而不是面向社会众多的、临时多变的委托者或其他服务对象。代理商只是委托者的代表,而不是中间介绍者,或者独立地与对应者发生关系的当事人。从委托者的角度看代理商的条件,比起经纪商、信托商要严格得多,不是任何组织想要当代理商就可以轻易做到的。经纪商的佣金较低,在委托和受托关系中是廉价佣金的获得者,而代理商的佣金则要高得多。

网络代理商不拥有商品或服务的所有权,不承担货物转移风险,其主要是基于网络平台为商品流通过程服务,并从服务中获得服务费与佣金作为商业收益。根据定义,网络代理商可分为卖方代理模式的代理商与买方代理模式的代理商。其中,卖方代理模式的代理商是最为常见的网络代理商。卖方代理模式的代理商作为卖方公司代表的同时,受限于销售卖方公司的专有产品或服务。

知识点延伸

随着网络零售的兴起,提供"一站式"服务的电子商务服务商得以快速发展。以中国网络零售领域为例,越来越多的"淘拍档"——淘宝服务商——开始以电子商务外包的方式为传统企业的网络店铺进行"代托管"。买方代理模式的代理商作为买方公司的代表,主要是帮助买方以较高的性价比采购商品,特别是当多个买方联合起来共同采购时,这种优势就体现得更加明显。例如,由福特、通用和戴姆斯勒共同建立的网站通过在线采购使得定价更为透明,引发的价格竞争也更为激烈,从而为买方争取的性价比也最为理想。

---

3. 网络经纪商

近几年,由于供需双方对在线交易方式和业务模式的逐步认可,网络经纪业的发展较为迅速,并已成为网络中介中最为成功的形式之一。网络经纪商主要是指买卖双方之间的中介,它并不代表任何一方的利益,对买卖双方的活动不做商业介入,不承担经济后果,而只是创造一个买卖双方从事交易的网络平台。相较于网络代理商,网络经纪商具有三个特点:首先,网络经纪商的佣金较低,属于廉价佣金获得者,但其具有的平台属性所带来的客户规模优势可以充分弥补廉价佣金的劣势;其次,网络经纪商不是为单一或少数的委托者做代理,而是为众多的委托者服务;最后,网络经纪商的服务对象缺乏一定的稳定性与长期性,服务对象与服务时间的变动率较高。

知识点延伸

根据网络商业模式,网络经纪商主要分为三种。第一,从事B2B电子商务的网络经纪商。这类网络经纪商的典型代表是阿里巴巴中国站与国际站。阿里巴巴一般采用网络经纪模式,即通过虚拟的网络平台将买卖双方的供求信息聚集在一起,并协调其供求关系。阿里巴巴的目标市场主要集中于国际市场的中国出口商品供应商和国内市场的诚信通会员企业。目前,阿里巴巴已成为全球贸易领域内异常活跃的B2B网络经纪商。第二,从事B2C电子商务的网络经纪商。中国的在线旅行服务公司艺龙、携程等均属于这一类型,作为众多宾馆酒店、航空公司的卖方经纪商,这些公司利用在线平台为旅游者提供宾馆酒店、机票的在线订购服务,一方面作为网上旅游代理商,凭借其全天候的服务能力、整合的信息、较高的性价比等在线优势吸引旅游者订购,另一方面从在线交易中获得来自宾馆酒店、航空公司的佣金。第三,从事C2C电子商务的网络经纪商。这类网络经纪商的典型代表是易趣网与淘宝集市。作为网络经纪商,易趣网将消费者作为买卖双方集中起来,并以交易服务费作为其主要收入来源。易趣网已经成为众多消费者经常光顾的低成本、高成效的电子商务市场,包括IT产品、服饰等众多商品都可以在网上交易。

在中国,企业与消费者之间存在着相当数量的B2C与C2C电子商务网络经纪商,其中的典型代表为淘宝、京东、当当与亚马逊中国。

4. 网络零售商

网络零售商的常见形式是企业与最终消费者实现交易的B2C业务模式,这种模式每次交易量小、交易次数多,而且购买者非常分散。网络零售商所创造的网上购物模式可以让人们在最合适的时间找到自己最想要的商品。

5. 网络批发商

网络批发商的常见形式是企业与企业实现交易的B2B业务模式。相较于网络零售商每次交易量小、交易次数多的交易模式,这种交易模式每次交易量很大、交易次数较少,并且购买方比较集中。一方面,由于企业信用一般较好,因此通过网上结算实现付款比较简单;另一方面,由于量大次数少,因此配送可以专门进行,既可以保证速度,也可以保证质量,减少中间环节所造成的损失。

6. 网络营销辅助商

互联网背景下,网络营销辅助商或者由过去的辅助商转型升级构成,或者基于互联网由新兴的辅助商构成,突出表现在网络营销辅助商的职能发生了改变,比如提供货物运输配送服务的专业配送公司、提供货款网络金融服务的网络银行,以及提供网络营销技术与产品的网络营销服务商。

7. 网络营销平台

作为开展网络营销活动的载体,网络营销平台是指由人、技术、程序和规则等相互作用而形成的能够执行在线交易、沟通或社交等功能的平台系统。例如,作为典型的网络营销平台的新浪微博,其营销方式注重价值的传递、内容的互动、布局的系统、定位的准确。从企业的视角出发,微博营销以微博作为营销平台,每一个受众(粉丝)都是潜在的营销对象,企业利用微博传播品牌、商品与服务的信息,以树立良好的企业形象并实现可观的销售业绩。

10.2.2 网络营销渠道决策

一家企业要引入或者发展网络营销渠道,一方面需要评判是否用网络营销渠道取代传统营销渠道,例如,网络品牌麦包包所属的企业,基于网络与信息技术的发展,将创建和发展网络品牌作为企业的战略决策,完全放弃其原有的线下渠道,转变为线上渠道;另一方面,企业如果无法用网络营销渠道取代传统营销渠道,那么接下来就需要考虑线上与线下能否相互结合,如果能够相互结合,那么就需要考虑以线上为主、线下为辅还是以线下为主、线上为辅。

1. 网络营销渠道分销原则

企业实施网络营销渠道分销(也称网络分销渠道)决策时,一般需要遵循以下三个原则:

(1) 畅通高效的原则

畅通高效是网络分销渠道决策的首要原则。任何正确的网络分销渠道决策都应满足物畅其流、经济高效的要求。商品的流通时间、流通速度、流通费用是衡量分销效率的重要标志。畅通的网络分销渠道应以消费者需求为导向,将产品尽快、尽早地通过最短的路线,以尽可能优惠的价格送达消费者方便购买的地点。畅通高效的网络分销渠道模式,不仅要让消费者在适当的时间、地点以合理的价格买到其满意的商品,而且应努力提高企业的分销效率,争取降低分销费用,以尽可能低的分销成本获得最大的经济效益,取得竞争的时间和价格优势。

（2）适度覆盖的原则

企业在选择网络分销渠道时,还应考虑是否有较高的市场占有率足以覆盖目标市场。因此,不能一味强调降低分销成本,否则可能会导致销量下降、市场覆盖率不足的后果。成本的降低应是规模效应和速度效应的结果。在选择分销渠道模式时,也应避免扩张过度、分布范围过宽过广,造成沟通和服务困难,导致无法控制和管理目标市场。

（3）稳定可控的原则

企业的网络分销渠道模式一经确定,便需要花费相当大的人力、物力、财力去建立和巩固,整个过程往往是复杂而缓慢的。所以,企业一般不会轻易更换渠道成员,更不会随意转换渠道模式。只有保持渠道的相对稳定,才能进一步提高渠道的效益。由于影响分销渠道的因素总在不断变化,一些原来固有的分销渠道难免会出现某些不合理的情况,因此,就需要分销渠道具有一定的调整功能,以适应市场的新情况、新变化,保持渠道的适应性和生命力。调整时应综合考虑各因素之间的协调,使渠道始终都在可控范围内保持基本稳定的状态。

2. 网络营销渠道分销策略

企业在进行网络营销渠道建设时,需要考虑其分销策略,可供选择的分销策略主要有以下三种:

（1）密集型分销

密集型分销的出发点是企业将其产品投入尽可能多的货架,使得消费者无论何时何地都可以发现产品并实现产品的购买。在密集型分销中,凡是符合生产商最低信用标准的渠道成员都可以参与其产品或服务的分销。密集型分销意味着渠道成员之间的激烈竞争和很高的产品市场覆盖率。密集型分销最适用于便利品。密集型分销可以最大限度地便利消费者从而推动销售的提升。企业采用这种策略有利于广泛占领市场,便利购买,及时销售产品。而其不足之处在于,在密集型分销中生产商对于经销商的培训、服务支持、交易沟通等的成本增加。同时,经销商之间的密集型分销加剧了他们之间的竞争,使其对生产商的忠诚度降低,相互之间的价格竞争更为激烈。

(2)排他性分销和独家分销

排他性分销是指生产商极其有限地选择分销商分销其产品,而选中的分销商只能销售这一家生产商的产品,不能销售其他生产商的产品。生产商在一定地区、一定时间只选择一家中间商销售自己的产品,这就是独家分销。独家分销的特点是竞争程度低。一般情况下,只有当企业想要与中间商建立长久而密切的关系时才会采用独家分销这种形式。因为它比其他任何形式的分销都更需要企业与经销商之间的联系与合作,其成功是相互依存的。它比较适用于服务要求较高的专业产品。

独家分销的优势在于避免了与其他竞争对手作战的风险,还可以使经销商无所顾忌地增加销售开支和人员以扩大自己的业务范围,而不必担心生产商会有其他选择。而且,采用这种策略,生产商能在中间商的销售价格、促销活动、信用和各种服务方面有较强的控制力,从事独家分销的生产商还期望通过这种形式获得经销商强有力的销售支持。

独家分销的不足之处主要在于,由于缺乏竞争,经销商的力量会有所减弱,而且对顾客来说也不方便。独家分销会使经销商认为他们可以支配顾客,因为他们在市场上占据了垄断性位置;对于顾客来说,独家分销可能使他们在购买地点的选择上感到不方便。

(3)选择性分销

选择性分销介于密集型分销和排他性分销之间。企业通过选择性分销,可以与其所选择的渠道成员发展良好的工作关系。选择性分销常见于电器、家居、服装等行业。生产企业在特定的市场选择一部分中间商来推销本企业的产品。采用这种策略,生产企业不必花太多的精力联系为数众多的中间商,而且可以很方便地与中间商建立良好的合作关系,还可以获得适当的市场覆盖率。与密集型分销策略相比,采用这种策略可以使企业具有较强的控制力,成本也较低。

知识点延伸

在实际操作中,如何设计网络营销渠道呢?一般来说,在设计网络营销渠道时要考虑如下五个因素:

1. 商品

这里所说的商品因素包括:商品的价格、体积与重量,是否具有时尚性,技术性和售后服务如何,商品数量,产品市场生命周期,新产品,等等。

一般情况下,销售的商品单品价格越低、销量越大,营销渠道就越多,路线就越长;反之,路线就越短,渠道就越少。对于体积过大或者过重的商品,营销渠道宜短不宜长,一般都采用直接渠道或短渠道。

2. 市场

市场因素包括顾客的消费习惯、潜在顾客的状况、商品销售的地域性、商品的季节性、竞争性商品、销量的大小、商品的用途、商品的定位等。

3. 竞争者

在设计营销渠道模式时也要对竞争者的营销方式进行调查,在考虑竞争者时一般有两种方式,即避开竞争者和与竞争者采用相同的营销模式。

4. 生产厂商(企业)

这主要指生产厂商(企业)本身的以下情况:第一,生产厂商(企业)的产品组合情况。第二,生产厂商(企业)能否控制分销渠道。如果生产厂商(企业)为了实现其战略目标,在策略上需要控制市场零售价格,则在分销渠道的设计上最好采用直接渠道、短渠道,这样可以控制分销渠道,并加强销售力量。

5. 环境

营销渠道设计所要考虑的环境因素包括社会文化环境、经济环境、竞争环境等。

本章要点

1. 网络营销渠道的基本概念。

2. 渠道在网络营销中的地位和作用。

3. 理解渠道决策的要素和意义。

分析思考园地

1. 在渠道建设中,利用网络优势提高渠道运行效率的做法有哪些?

2. 网络营销渠道的类型有哪些?举例说明企业该如何综合利用这些类型。

3. 企业实施网络分销渠道决策时要遵循的原则有哪些?

第 11 章　数字时代的渠道变革

11.1　新零售对传统零售的影响

我们听说、慢慢熟悉和接受了新零售这个概念,但是新零售与传统零售到底有什么样的区别?按说新的应该就是好的,那么它新在哪儿、好在哪儿?带给作为消费者的我们哪些新的价值?对渠道有什么样的影响?

11.1.1　传统零售

1. 零售的发展过程

"零售"这个词最早出自法语"retailler",意思是"切碎"(cut up)。这样一翻译马上就很容易理解零售的含义,其实就是大批量买进小批量卖出的一种活动。具体看零售的定义,即是向最终消费者(个人或社会集团)出售消费品及相关服务,以供其最终消费之用的全部活动。

零售是一个非常古老的行业,我国商朝时期就已经出现了零售的萌芽。经济学家达成共识,自 19 世纪中期开始,零售业先后爆发了以百货商店、连锁商店、超级市场的出现为标志的三次零售革命。这三次零售革命都率先在西方国家出现,并且对世界的零售格局产生了较大影响。

第一次零售革命:百货商店。世界上第一家百货商店出现在 1852 年,打破了"前店后厂"的小作坊运作模式。百货商店带来了两个方面的变化:支持大批量生产,降低了商品的价格。百货商店像博物馆一样陈列商品,使顾客可以获得直观的感受。由于兼顾了成本和体验等要素,百货商店成为一种经典的业态,并一直延续到今天。

第二次零售革命:连锁商店。连锁商店建立起了统一和规模化运作的标准体系,提高了门店的运营效率,降低了成本。与此同时,由于连锁商店分布范围更广,可以更加靠近消费者,因此购物变得非常便捷。

第三次零售革命:超级市场。1930年,超级市场开始发展并逐渐成形。超级市场开创了开架销售和自取模式,创造了一种全新的体验。此外,超级市场还引入了现代化IT系统(收银系统、订货系统、核算系统等),进一步加快了商品的流通速度,提高了周转效率。

改革开放后,我国零售业在较短的时间内就完成了西方国家近百年零售业的发展历程。比如,我国于20世纪80年代中期引入超级市场业态,1991年上海内外联综合商社创办"联华超市",标志着我国零售业进入了一个新的发展时期。80年代末90年代初零售业引入连锁发展模式,当时主要应用于超级市场,后来也逐渐扩展到其他零售业态。这也说明我国相当于几乎同步跨越了第二次和第三次零售革命。

2. 零售的巨大变革

而由信息技术变革所催生,以电子商务和移动电子商务为表现形式的第四次零售革命的影响力远远大于前三次零售革命。互联网技术的应用导致传统零售行进艰难,网络零售高速增长,加上大数据形成的优势难以抵挡,零售从总体上来说打破了地域界限,呈现出全球化趋势。

知识点延伸

第四次零售革命的序幕开启于20世纪90年代左右,那时电子商务开始普及。由于不受物理空间的限制,商品的选择范围急剧扩大,消费者拥有了更多的选择。电子商务颠覆了原来传统的多级分销体系,降低了分销成本,使商品价格进一步下降。

在我国,第四次零售革命应该从21世纪初期开始,电子商务如雨后春笋般迅猛发展,而与此同时实体零售的业绩受到了极大的冲击。近年来,由于网络零售的发展,"电商"与"店商"的博弈导致两线融合的全渠道零售的发展,新模式、新业态、新技术快速复制与应用,零售业呈现出整体复苏与新的繁荣景象。新零售正是在第四次零售革命的基础上应运而生的。

值得注意的是,零售行业产生重大变革的推动力来自新技术,但是零售的本质并没有改变,仍是成本、效率和体验。所有的变革都是围绕这三点的优化和升级进行的。变革重在零售的基础设施改造,其五大基础设施分别为流量、物流、支付、物业和技术。

3. 零售的本质

从百货商店、连锁商店、超级市场,到电子商务,零售的发展一直在围绕成本、效率和体验做文章。每一次新业态的出现,都至少在某一方面有所创新。而经得起时间考验的业态往往能够同时满足成本、效率和体验升级的要求。所以说零售的本质并没有改变。零售未来可能会演化出更多新的业态,超出今天的想象。但无论它怎么发展,一定还是会紧紧围绕成本、效率和体验。

零售之所以会产生变革,是源于消费的变化:客户需求、消费场景、商品产出变得多元和分散。零售企业需要一整套覆盖信息、商品和资金流的全新支撑体系,也即零售基础设施。零售的发展其实是整个零售系统的进化,也就是信息、商品和资金流动效率的提升。在信息、商品和资金流动效率提升的背后,是一套越来越社会化、专业化的服务系统。因此,零售无论新与旧,其本质都是围绕"人、货、场"做成本、效率和体验的升级,但是其创造价值和实现价值的方式一定会有所改变。

11.1.2 新零售

1. 新零售的出现

新零售到底是什么?这可能是当下很多零售商和品牌商最关心的话题。2016年10月13日,阿里巴巴集团董事局主席马云在云栖大会上的演讲让大家记住了"新五通一平"(五通:新零售、新制造、新金融、新技术和新资源,一平:一个公平竞争的创业环境)。马云提到,纯电商时代很快会结束,未来十年、二十年,只有新零售这一说,线上线下和物流必须结合在一起,才能诞生真正的新零售。2017年3月,阿里研究院发布《C时代 新零售——阿里研究院新零售研究报告》,给出了新零售的"阿里"定义——以消费者体验为中心的数据驱动的泛零售形态。

事实上,新零售的含义不能只局限于阿里巴巴所称的新零售,如今,很多企业都有数据驱动的能力,因此出现了越来越多的新零售企业。

知识点延伸

商界和学界对新零售做出了各种解读:

小米对"新零售"的定义是,用互联网思维做线上线下融合的零售新业态,本质就是提升效率,释放老百姓的消费需求。

京东认为,我们处在一个变革的时代,第四次零售革命的实质是无界零售,终极目标是在"知人、知货、知场"的基础上重构零售的成本、效率和体验。

2016年11月11日,《国务院办公厅关于推动实体零售创新转型的意见》(国办发〔2016〕78号)明确了推动我国实体零售创新转型的指导思想和基本原则。中国电子商务研究中心对新零售做出了诠释:新零售,是以互联网为依托,通过运用大数据、云计算、物联网、人工智能等技术手段,基于线上+线下+物流,将数据打通,其核心是以消费者为中心的会员、支付、库存、服务等数据的全面共享,从而实现线上线下深层次融合,对商品的生产、流通、展示、销售、售后等全过程进行升级,进而重塑业态结构与生态圈。因此也被称为"第四次零售革命"。

2. 新零售的特点

归纳总结一下,新零售应该是以互联网为平台基础,通过大数据、人工智能、机器学习等技术手段,重新定义商品的生产、流通与销售过程,并在各环节对线上服务、线下体验以及现代物流进行深度融合的零售新模式。简单来讲就是对零售商业的三个要素即人、货、场进行重构。我们不难理解零售行业人、货、场三者之间的依存关系,它们也是零售最为核心的组成要素。过渡到零售的新模式,其实它们本质上并没有变化,但是相关关系却发生了巨变。从传统上以货为中心的零售思维,到以人为中心的新零售思维,背后是基于大数据技术对消费者的深入洞察,因此需要以更加精益、更加精准、更加柔性的方式提升对人、货、场的管理,从而营造更好的消费者零售体验。

新零售是信息流、资金流和物流的万千组合;新零售是流量、转化率、客单价和复购率更高效率的体现;新零售是设计、制造、供应链、B2B2C整个环节的不断创新;新零售就是更高效率的零售。

在这场零售战争之中,占尽平台优势、把握数据、组建物流基础设施的电商巨头无疑是游戏规则的制定者。一旦它们进入线下，便可以依靠互联网，从用户身份到购买行为，完全地实现数字化，进而掌握所有的用户数据。这些数据能让它们更准确地知道用户是谁，长什么样子，喜欢什么，可能会购买什么，等等。最终基于大数据，它们能精准地向用户推送其喜欢的商品。互联网企业能给实体零售带来更加高效的渠道系统、全平台的流量分发，以及价值越来越大的用户数据管理。如果传统的线下实体门店不与线上结合，则永远是盲人摸象，不知道自己的客户是谁，不知道客户在哪里，也无法将商品信息准确地传达给潜在客户，抓住生意机会，结果不仅会面临更大的冲击，甚至会遭受灭顶之灾。

中国营销好故事

中国新零售的发展

故事1　阿里巴巴的盒马鲜生

盒马鲜生首家门店于2016年年初在上海开业。2016年3月，盒马鲜生获得阿里巴巴数千万美元的A轮投资，被看作其新零售的试验田。盒马鲜生是"生鲜食品超市+餐饮+电商App+外卖App+物流配送"的综合体，其门店是超市和美食广场的结合，并且采购、销售、配送、仓储全链条自营。用户看中商品后可以现场或用App下单，商品通过传输带传送到前台，用户用支付宝完成支付后，可以选择自行带回家或让盒马鲜生的配送人员送货上门。用户在采购某些商品后甚至可以请盒马鲜生现场加工，然后带走或者堂食。而快速配送则是盒马鲜生最大的特点之一：门店附近3公里范围内，30分钟送货上门。可以说，盒马鲜生是阿里巴巴由线下向线上导流的成功范例。

2018年9月，盒马鲜生首次对外披露了其运营业绩，成熟门店（开业1.5年）单店日均销售额达80万元，坪效已超过5万元，是传统超市的近四倍。由于盒马鲜生至今还处于跑马圈地阶段，资金投入大，因此我们能得到的运营业绩也仅仅是销售额而已。同时，运营生鲜商品也着实考验团队的实际管理能力。2018—2019年质量问题频发（"清谷田园"系列饮品用的是腐烂变质的落地苹果；盒马鲜生的员工更换胡萝卜外包装的日期标签），一次次让公众对盒马鲜生的产品质量产生怀疑，也使得盒马鲜生不得不在攻城略地的过程中被迫放慢脚步,在高速扩张与稳定根基中做好平衡。以"淘宝"为例,阿里巴巴一直求规模,就算质量管理一直被诟病也在所不惜,希望阿里巴巴的盒马鲜生不会再重蹈覆辙,否则,消费者便不会再信任阿里系的管理了。

做生鲜不是最终目的,生鲜只是一个入口和切入点。2018年9月19日,阿里巴巴基于盒马鲜生发布了新零售解决方案"ReXOS",包括门店、App、仓储物流、餐饮管理等软硬件解决方案。不仅如此,盒马鲜生之外,阿里巴巴仍在不断孵化新的"动物"(产业形态)。这不仅涉及技术,而且与供应链和对产品的理解等相关。也许这也就解释了阿里巴巴亲自下场自营盒马鲜生的原因。

故事2 天猫新零售

2018年,阿里巴巴成立了天猫新零售平台事业部(Tmall New Retail Platform BU),并定位于秉承"引领商业全域转型"的使命,致力于提升天猫商家的经营效率,提速商家的业务增长。天猫新零售平台事业部向商家提供了全域数字化运营的产品,包括"品牌数据银行",帮助商家建立人群数据运营的能力;同时,重点通过打造"智慧门店""智慧快闪"等全渠道新零售产品及整体新零售行业解决方案,建立商家线上线下业务融合的数字化能力,加速完成新零售模式的转型。其中,"品牌数据银行"主要是针对品牌商,帮助其进行线上线下的数据打通和融合,完善消费者数据资产。除了数据银行,为了实现多渠道的营销活动,还需要辅助天猫新零售"客户运营平台"的功能。"智慧门店"主要是帮助店面完善客流统计、智能导购、智能收银以及进行会员运营和互动营销。

阿里巴巴与星巴克在上海宣布达成新零售全面战略合作,打造一种消费生活新体验方式——星巴克新零售智慧门店。星巴克新零售智慧门店颠覆了传统的线上线下的概念,纵向突破零售生活的时间、空间限制,与消费者建立起全时段的情感连接;消费者将不再受限于任何地域空间概念,从第一空间到第四空间,无论在家、工作或学习场所、星巴克门店还是线上,都可以随时随地满足网购、手机端下单交付、"用星说"社交礼品及客服咨询等各项需求,享受一店式个性化的升级星巴克体验。

依托天猫新零售首次专为星巴克打造的智慧门店解决方案,星巴克新零售智慧门店与星巴克星享俱乐部会员系统打通。这就意味着,消费者既可以在淘宝、天猫、支付宝、饿了么、盒马鲜生、口碑等阿里巴巴新零售生态里,也可以在星巴克自有App上下单,在享受跨平台一站式服务的同时,获得"千人千面"的个性化定制体验。在不久的将来,星巴克新零售智慧门店还将为每位会员个性化定制专属星巴克体验,最终实现"千人千店"的新零售体验。

多渠道、跨平台、全空间融合的星巴克新零售智慧门店,也将为星巴克新零售业务在中国市场的拓展打下良好基础。这也是全球最知名零售品牌之一与阿里巴巴新零售深度合作的最佳范例。

故事3 腾讯和京东的新零售建设

2017年10月,京东宣布与腾讯共同推出面向线下品牌商的线上线下融合的无界零售解决方案。该方案以腾讯的社交、内容体系和京东的交易体系为依托,以需求个性化、场景多元化、价值参与化为三大核心,为品牌商打造线上线下一体化、服务深度定制化、场景交易高融合的零售解决方案。对线上社交平台,线下门店,社交媒体的营销、交易数据和场景等进行同步融合,提升行业效率与用户体验,打造无界零售。

京东创始人刘强东提出了"无界零售"的概念,认为这一场零售的变革,改变的是实现成本、效率及体验的方式,或者说改变的是零售的基础设施。2015年,京东以43亿元入股永辉超市;2016年,京东领投天天果园D轮,与沃尔玛开展战略合作;2017年,京东发布5年内百万便利店改造计划,与中石化合作宣布改造3万家智能加油站和2.5万家易捷便利店,推出无人零售计划(无人便利店、无人超市),以及开设对标盒马鲜生的7FRESH。

腾讯副总裁林璟骅在"2018中国零售数字化创新大会"上阐述了腾讯智慧零售的理念与核心主张,那就是在以零售商为主导的前提下,提高全链路运营效率,优化客户体验,发现新的商机。

京东新零售线上线下一体化智能零售系统得以有效运转,主要归功于京东自身强大的物流仓配体系与自营商品电商仓。2016年4月,京东以2亿美元收购众包物流平台"达达"47%的股权。同年11月,京东宣布开放物流服务体系,打造仓配一体化供应链服务、快递和物流云。目前,京东已拥有中小件、大件、冷链、B2B、跨境和众包(达达)六大物流网络,在全国范围内拥有256个大型仓库、6 906个配送站和自提点,以及七个大型智能化物流中心——"亚洲一号"。

当然,腾讯的新零售布局不仅限于和京东的深度合作,通过京东和永辉两大抓手,腾讯不但自动拥有了线上和线下销售平台,并且通过这些平台布局了中百集团、红旗连锁、步步高等国内商超品牌,还和沃尔玛、家乐福等国际商超巨头有了更深入的合作。但腾讯的做法也很清晰,"我们不是做零售,甚至不做商业,只是做连接",腾讯创始人马化腾如是说。腾讯的优势是 C 端(消费者、个人用户)的 10.4 亿用户,其足以让这只企鹅站在食物链的顶端,通过微信以及微信支付,也足以挟用户以令商家,前途无量。

11.1.3 数字时代的零售之变

我国的零售业巨头们纷纷试水新零售,可以看出不管是线下还是线上,新零售对零售业都具有重大的意义。电商平台开展线下业务,渠道下沉,做大平台规模,进行战略升级;实体零售企业向线上发展,积极进行互联网转型,不断加快数字化、信息化进程。新零售对整个零售行业的影响可以从两个层面进行分析:

1. 用户层面

① 消费习惯。以前,消费是在线下进行的,必须去超市、商场购物。现在的消费模式更多的是碎片化的,随时随地,只要有网络、有智能设备就能购物。消费习惯发生了翻天覆地的变化,现在更多的人愿意在线上渠道随时随地购物。

② 消费时段。过去在线下实体店购物,只有在店铺开业开门的时间段才能进行。而现在不管白天黑夜,只要有网络,都能购物,"618""双十一"期间,有数百万消费者都在凌晨档抢购。

③ 消费场景。过去的消费场景比较单一,只能在店铺内看着产品或者样品进行选购。而现在随着新零售概念的提出,消费场景更加多元化、碎片化。消费者在阅读、看视频、听歌时,通过点击链接就能购买书籍、视频中涉及的产品。消费者还可以体验 O2O 模式消费场景,线下体验线上订购或者线上订购线下提货等。

④ 消费体验。随着互联网科技的发展,现在对产品的体验和了解已经不必再亲自进行,只需要通过浏览图片、人机互动体验就可以实现。举个例子,天猫在城西银泰开设了"新零售体验馆",顾客不需要亲自使用产品,只需要通过虚拟试衣机以及化妆间等科技产品,就可以感受到产品用在自己身上的效果。

⑤ 消费决策。过去消费者了解产品的渠道比较单一：一是通过身边亲戚朋友的口碑宣传,二是通过商家的广告宣传。而现在消费者购物时,首先了解的是商家的信誉度以及其他用户的评价。现在的消费者不再仅仅局限于身边小范围、片面的信息,而是通过参考大数据来进行消费决策。

⑥ 消费渠道。过去单纯的线上线下联合只不过是扩展了消费渠道,并没有提升顾客的消费体验。想要让顾客感受到新零售的优势,就需要全渠道网络的融合。中国电子商务研究中心将新零售总结为"线上+线下+物流,其核心是以消费者为中心的会员、支付、库存、服务等方面数据的全面打通",大数据云平台与线上线下商店的联合将为顾客带来跨渠道消费的无缝式对接,但这需要一定的技术支持。

⑦ 支付手段。随着支付宝、财付通等金融支付平台的出现,消费者的支付手段更加多样,不再局限于现金、银行卡。现在消费者出门购物只需要一部智能手机就能轻松地实现支付。随着新零售的发展,支付手段会更加多样,指纹识别、面部识别、文身识别等识别技术都可能成为未来的支付手段之一。

2. 商业层面

① 商品呈现。过去商品的呈现方式为产品展示,甚至样品展示。而现在通过各种"黑科技"的应用,商品的呈现形式变得多样化。图片加文字、网红加直播视频、VR技术加人工直播技术、线上加线下融合宣传,能够让消费者更好地了解商品。举个例子,苏宁云商线下门店的每一个电器上都有一个二维码,消费者扫描二维码之后,电器会自动进行"自我介绍",让消费者更好地了解产品的功能和特点。

② 商业品类。线下商场由于地理空间的限制,在不同的位置、不同的楼层、不同的地段只能摆放有限的商品,尤其是一些大件家具等大体积的商品,很难在商场中进行展示。而现在由于线上平台摆脱了整个地理空间的限制,所有的商品,不管大小、形态,都能放入线上的店铺中,大大丰富了商品的品类。

③ 商业流通。以前商品从厂家发出,经由省代理、市代理,再到县代理,最后到门店,流通渠道繁杂,运转周期较长。而现在,有了平台的辅助,商品可以直接从厂家运送到消费者手中,渠道大大缩短了,商品流通效率变得越来越高。

④ 商业供应链。过去都是厂家根据自己往年的经验制订生产和销售计划。但由于市场需求的变化,时常会发生产品囤积或者供不应求的情况。随着

大数据的引进,厂家通过对往年数据的分析可以很好地预测市场的变化,更准确地制订当年的生产和销售计划。利用大数据,生产商也可以对用户需求的改变进行预测,开发出能满足其需求的产品。同时,商场、超市等线下卖场也能利用大数据,更好地采购、备货,降低成本。

⑤ 商业业态。过去我国零售业的商业业态主要是批发市场、专业市场、专卖店、商超百货、便利店。随着网络零售业的兴起,商业业态在一定程度上得到了丰富。现在,随着新零售概念的提出,线上线下逐渐开始融合,现在的零售不仅仅是商品的售卖了,线下实体门店开展线上业务,线上平台也逐渐延伸到线下,这个商业格局肯定会随之发生一定的变化,电商将慢慢成为配角。与此同时,流量入口也发生了变化。之前消费者购买实物只能在商场、百货店等场所,实物需求是商业流量入口之一,但是,随着实物消费向线上转移,更多的人在线下进行餐饮、影视、娱乐、教育、体育等生活服务活动,流量入口从实物需求转变为生活服务需求。

⑥ 商业模式。过去,零售业商业模式千篇一律。线下商场通过租金,在地产上赚取利润,还有部分商品会收取佣金。而电商的盈利模式则截然不同,主要靠精细化的运营赚取差价,致使整个项目实现盈利。随着新零售的进入,商业模式得到了一定程度的升级。像现在常见的打造自有品牌、线上线下渠道融合、打造O2O模式,以及近年来流行的跨境购物,都是商业模式升级的几大表现。对于传统零售商的机遇,本书认为,线下购物最大的优势是即买即得,线上购物带来了一站式购物体验,而新零售则能将线上线下的优势整合到一起。

知识点延伸

以用户为中心是当今零售的主要特征,在技术的驱动下,以智能化、协同化、可塑化为基础,依托供应链、线上线下深度结合,重新构建人、货、场,来满足不同用户的需求。新零售场景下,在传统渠道的基础上,依托移动互联网的发展,各种创新渠道也应运而生。全场景、全数据、全渠道、全时段、全品类的新零售模式得以实现。依据不同的功能,新零售场景下的创新渠道可分为微商管理系统入驻型、内容型、短视频型、线上线下相结合型、O2O型、社交型。在不同模块下,不同的场景能够为消费者带来不同的体验。

11.2 营销的数字化转型和融合

中国早在 2016 年就率先进入了数字经济时代,引领着世界经济的走向。如今,随着以云计算、大数据、物联网等为代表的信息技术的发展,企业通过新技术对各部门、业务和功能进行全链条的转型升级,这也使企业营销战略数字化转型成为必然。

11.2.1 企业营销战略数字化转型的必然性

为什么企业营销战略数字化转型存在必然性?主要原因在于:

1. 用户市场从线下到线上

传统意义上,营销的起点是市场调研和市场细分,即根据潜在客户的人口、心理、地理、性别和其他不同的行为特征等,将市场划分为同质的群体。市场细分后通常进行目标市场选择,即挑选品牌心目中契合的、有吸引力的一个或者多个用户群体。细分和选择都是品牌战略中心的根本部分,使得资源配置更为高效,并有助于营销人员为不同的客户群体提供不同的产品和服务。然而,细分和选择也证明了这种客户与企业之间的关系是垂直的。细分和选择是不征求客户意见的,表面上看,是通过一系列调研得到结果,实质上,这种细分结果是来自营销人员单方面的决定。用户是决定市场细分群体的变量,其参与仅局限于市场调研时的信息输入。在数字经济中,用户同各个垂直社区的其他用户形成社会互联。如今,社区就是新的市场群体,而不同于其他群体的是,社区是用户在自我定义下形成的。用户的社区不会受到垃圾信息和无关广告营销的干扰。品牌想要与社区的用户有效交流,就必须提出请求并获得许可。传统意义上,品牌是名字、标志和标语等一系列的组合,也是企业品牌活动中产生的价值的载体。由于企业活动的方方面面都与品牌有着密不可分的关系,品牌就成了企业战略的平台。在数字经济中,用户可以衡量甚至审视企业所做出的品牌定位承诺。由于社交媒体兴起所产生的透明性,品牌无法再做出虚假且无法证实的承诺。品牌可以随意地自我定位,但前提是必须具有服务社区的意识,让品牌定位优先于企业定位。

2. 实现客户路径完整性

企业进行数字营销,并不意味着要用数字营销来取代传统的营销手段,相反,两者互为补充,尤其在客户路径上,互相弥补不足与短板,发挥共生作用。由于每个行业原型所对应的客户路径不同,因此要达到完美的客户路径,必须对照不同的方式进行修补,从而缩短每条路径上存在的问题和犹疑时间,加速客户的购买决策,并收到更好的反馈,从而发挥营销的作用。在营销的早期阶段,企业和客户互动时,在如何建立知名度、如何引发潜在客户的兴趣等方面,传统营销依然起到重要作用。随着交互的日益深入,用户对企业与产品的了解、对企业的需求日益加深,数字营销的重要性也慢慢凸显并逐渐占据重要地位。数字营销最重要也最关键的作用,就是引发购买并获得用户的认可。同时,由于数字营销的结果可测相比传统营销更容易实现,因此其关注重点会放在产出部分。而传统营销的关键作用则在于引发客户交互。因此,传统营销和数字营销结合与交替进行的本质,就是提升用户的参与度以及获得用户的认可。

11.2.2 线上线下、跨端融合

如今,在数据智能的推动下,经济体多端跨场景的全域营销主要凸显在两大方面:从线上到线下,推动全渠道的数字化改造;从整合到融合,实现跨端的消费者运营。

我们以阿里巴巴为例。阿里巴巴的业务场景,不仅有淘宝、天猫,还通过天猫超市、淘鲜达、零售通、本地生活、支付宝等生态布局,实现线上零售场景以及线下超市、便利店、品牌自有门店、餐饮等多场景的渠道数字化,实现消费者资产的沉淀。消费者资产范围从线上拓展到多个线下核心场景,更加立体、多维和精细化。这既是全域营销基础建设的进步,也意味着品牌的触点、渠道等与消费者资产息息相关的业务全面实现数字化。

数字化已经为企业的线上生意带来了迅猛的发展,但对很多企业来说,其大份额的生意占比还在线下,同时却又不得不面对线下增长乏力的现实:根据尼尔森公司的相关报告,以大快消行业为例,其新品贡献了46%的生意增长,但线下新品存活的概率只有2%左右。

全域营销的一大核心能力是通过"全洞察、全渠道、全触点、全链路"的数据智能实现线下营销的数字化,把线上线下放在同一个世界里产生协同共振。

从线上到线下的全域营销,意味着全渠道、全触点的营销数字化正全面实现。企业可以基于全域洞察的能力,制定线下的分销策略、促销策略、媒体策

略、派样策略等全链路推广方案,实现线下消费者的规模个性化触达、高投资回报率转化和资产沉淀。消费者成了真正的核心,线上和线下可以发挥不同的优势,共同服务好每一位消费者;与此同时,消费者对企业产品的认知、兴趣、购买、忠诚环节也在其最为便利的环境中完成了。

进入数字经济时代,企业经历数字化的沉淀后,打通了线上和线下商超的商品、库存及权益,让服务履约更加顺畅,实现从线上到线下的商品通、库存通、权益通和服务通,通过实现全渠道数字化营销,帮助品牌全渠道生意增长,让品牌商家们做生意更顺、更简单。这些数字化沉淀可以对企业各业务场景中沉淀的数字化消费者资产进行统一管理,实现跨端用户洞察、跨端会员融合、跨端生意诊断,赋能品牌制定多端一体化营销策略,实现全域消费者运营提效。企业各业务场景中沉淀的数字化能力,都可以被开发出来,实现1+1>2的效果。

无论是线上线下全渠道还是跨端融合,全域营销最终指向的都是帮助品牌完成全域的获客和运营,这不仅将带动全新的平台新客增长,把线下消费者变成自己的客户,还意味着品类新客的增长,通过深度运营,把原本不买某类产品的消费者也成功转化成自己的忠诚客户,最终实现生意增长。值得一提的是,网络企业通过全域营销,所有与消费者相关的部门都可以联动和投入数字化运营的链条中来,共享数字化红利。

11.2.3 营销渠道发展趋势的改变

营销不再分线上线下,而是按照场景,利用互联网、大数据技术,线上线下深度融合,实现会员通、商品通、服务通,为用户提供全时段、全场景的交互体验。

渠道功能不再是简单的产品分销、资金、物流支持,而是会更多地转向为最终用户提供服务和与之互动。比如很多家电和3C类企业,早期只关注给渠道的"压货",而忽视了对零售终端的服务、对用户购买需求的创造,其结果就是大量的库存堆积在渠道,最终形成退货或者逾期付款等不良结果。而今天的渠道已经将重心放在如何帮助客户实现"售罄"、如何帮助经销商做好对消费者的服务和与之互动上,逐步减少包装、降价促销等的投入,真正帮助产品实现增值。

企业的渠道管理会更多地采用客户关系管理(CRM)、企业资源计划(ERP)系统,结合大数据,最终端到端打通产品供应到终端消费的全部价值链,从而大大提升营销效率。

营销渠道的变化必然导致和上游供应商合作关系的变化,双方的合作会更加紧密,会促使渠道的分销效率更高、客户的服务价值更大。

11.3 直播带货

随着技术瓶颈的不断突破,直播的门槛大幅降低,直播开始向各行各业渗透。电商、医疗、教育等都开始寻求通过直播的方式进行新一轮商业模式变革。自 2020 年开始,受新冠肺炎疫情影响,"直播""电商""带货"格外火爆,并且这三组词相互组合,构成了这一领域的整个江湖。淘宝将其组合称为"电商直播",由淘宝直播团队担纲,作为底层能力,向阿里巴巴体系内所有平台进行输出。淘宝直播认为,这是技术引发的电商的升级,相对于图文电商,直播和视频让电商展示更立体,也更容易促进交易,这是阿里巴巴"内容化""社区化"战略的又一注脚。因此,其在通过各种方法,推动淘宝平台上的店主将"直播"运用起来。此外,电商直播让更适合平日里需要"导购"介入的品类得以"电商化",因此基于"电商升级"的逻辑,珠宝、汽车、服装等品类通过淘宝直播,实现了交易量的迅速增长。

11.3.1 直播带货

直播带货,是指通过一些互联网平台,使用直播技术进行商品线上展示、咨询答疑、导购销售的新型服务方式,具体形式可由店铺自己开设直播间,或由职业主播进行推介。2020 年,突如其来的新冠肺炎疫情让企业项目招引、洽谈、落地等工作受到了不同程度的影响,不少企业在做好疫情防控工作的同时,纷纷开启"线上模式":开展网上"不见面""线连线""屏对屏"招商和项目推介,加码直播带货成为新潮流,线上全员营销变得更为常见。

抖音和快手作为当前行业最为可观的两大流量池,被认为是"直播电商"的代表。因为其属于粉丝经济,遵循流量变现逻辑,即通过各种各样的短视频内容,获得巨大流量,私域也好,算法分发也罢,这些流量都需要变现,于是在平台上加上在线销售功能或将流量导入淘宝等电商网站——流量可以通过商品差价或广告收入获得回报。"电商直播"是以"淘宝直播"为代表的,通过直播技术,将线下零售搬到线上的一种电商技术,归根结底是线下零售的"电商化",其核心本质依然是电商。所以理想的情况是各个店铺的店主成为直播的播主,因为他们天然对供应链有所把握,对商品特点非常了解,是各个领域的专业卖家。直播使其获得更大的流量,同时更立体的展示方式接近于线下的导购行为,让不适合"开架式自由选购"的商品(例如珠宝玉石)以及导购能起到更好作用的商品(例如服装鞋帽)产生更好的销售效果。

直播电商则是网红与粉丝之间的一种新的关系,以及一种流量变现的新载体。原本的网红靠玩游戏、唱歌跳舞等获得粉丝打赏,如今可以通过直播平台的电商功能,以粉丝的人气获得更大力度的商品折扣,在一定范围内实现"团购"的良性循环,实现更为高效的流量变现。

不难看出,淘宝店主、流量网红与零售企业或大型零售集团之间存在天然的差别。而通过直播的方式销售商品,随着这种方式的普及,价格的惊爆、直观的感受、秒杀抢购的刺激等新鲜元素逐渐褪色,"售货"回归到本质的供应链与零售逻辑中。个人网红和淘宝店主要想做大,都需要增强自己的能力,发展成为机构或企业,需要有大量后台人员负责选品、商务洽谈、直播拍摄、化妆、宝贝页维护沟通、订单处理等。

电商直播历经几年的发展,从初始只有淘宝直播和蘑菇街两个平台参与,到现在发展成各平台的标配,直播类型从单纯的网红直播变为明星CEO、演艺界人士、政府官员直播等多元化的种类,带货品种也从美妆、服饰类丰富到如今的各类商品,甚至包括车、房、火箭等。2020年,直播电商成为风口,为了规范和引导直播电商健康发展,国家出台了相关政策,提高了行业的规范化程度。

中国营销好故事

央视主持人的直播带货

"权来康康,撒开了买!"——这是央视主持人康辉、朱广权、撒贝宁、尼格买提第一次组合直播带货的口号。

2020年5月1日20:00,显然是直播电商时代一个新的里程碑。央视新闻和国美零售合作,四大央视主持人通过央视新闻客户端、抖音、国美美店微信小程序、拼多多、京东等平台,在线直播带货。3个小时的时间里,成交额超过5.2亿元,观看人数过千万。

作为传媒"国家队",央视让平日里主持《新闻联播》《今日说法》《星光大道》等王牌节目的"国嘴"级主持人,在镜头前面对千万网友推荐以电器为主的各种商品,而且风格极为放松、生活化,这种"冲击力"一时震动全网。

作为此次"直播大事件"的"另一半",国美零售也一改以往相对低调的发展状态,直接"C位出道",甚至有媒体认为,不要说电商进入下半场,连正在风口的直播电商,都因为这次央视新闻与国美零售的五一直播而直接进入下半场——让真正专业且顶级的媒体与零售商来告诉你如何做直播电商。

2020年8月7日,国美零售发布盈利警告公告。公告称:报告期内,新冠肺炎疫情的暴发对中国许多行业造成干扰,其中尤以家电零售业更为敏感,上半年社会零售总额及家电市场零售额同比下滑明显。本集团的电器业务也受到影响,在疫情严重的第一季度,电器销售收入同比下滑约60%,而第二季度借助在线直播等方式获得快速回升,同比下滑大幅缩窄至约16%。

区别于淘宝直播所主张的"电商直播"、抖音和快手所主张的"直播电商",对于国美零售而言,更喜欢将自己的直播称为"直播带货"。但无论"直播""电商""带货"这些字眼如何组合,消费者的需求变化是牵引力,背后的供应链是推动力。大型零售集团是供应链领域的专业选手,当前跟随消费者需求的最新场景与最新趋势,直播是一个新的场景甚至新的销售渠道,对于国美零售而言,加入直播带货大军,既是一种顺势而为,也是一种迫不得已。2020年暴发的新冠肺炎疫情让国美零售不得已迈开脚步,而这次创新对国美零售而言却有了意外的大收获。

11.3.2 线下渠道与直播带货

直播带货"风起云涌",引发了市场对传统营销模式的担忧。那么,直播会否颠覆既有营销模式呢?

事实上,虽然直播带货后续趋于常态化,但仍将长期与传统销售模式共存。对于企业来说,更重要的是要透过现象看清商业的本质,打造产品品质、差异化品牌才是重点。

传统营销渠道,如线下门店、线上旗舰店是对品牌的天然背书,也是用户体验、聚客的重要方式,是不可替代的。未来对于品牌塑造和企业发展而言,线上线下打通融合的全渠道模式会越来越流行。

在实践中,我们也可以看到直播带货的典型场景,其能够直接获得销量,更重要的是能够提升复购率,在线下主流渠道进行收割。

传统营销模式虽然不可替代,但被冲击却在所难免。过去几年,家电线下经销商,尤其是三、四线城市的经销商关门的很多,这就是新型营销模式带来的结果。未来,企业会倾向于把线下门店打造成体验店模式,实现线下体验、线上消费。在这种模式下,线下门店较多的重资产企业转型难度较大。

直播打破了传统的产供销链式结构,是对利益链条的重新分割。传统营销方式需要经过品牌商、渠道通路的多轮溢价才能触达消费者,而直播让品牌与工厂垂直触达消费者,对于多数品牌尤其是标品而言,传统营销渠道的价格将受到巨大挑战,利润空间进一步承压。直播电商带来渠道、营销、购买行为高度合一,营销不再是附着在生产后端的一个单独环节,而是有机融合在直播的全流程之中。未来的电商直播会是一个"内容+社交+电商+物流+多种第三方服务"的复杂生态体系,体系中的很多细分点位都可能衍生出自己的盈利模式。

11.3.3 网红经济下的渠道变革

互联网直播相较于传统的信息传播方式,在形式、内容、商业化上进行了深刻的变革。形式上,信息的传递从文字、图片、声音向视频发展,这种打破时间、空间限制的模式从根本上改变了信息的传输方式,直播的便捷性、互动性、社交性得到了极大的增强,成为一种更有力的传播途径;内容上,网络直播从秀场渗透到生活的方方面面,直播+电商给予了消费者全方位了解商品的机会,直播+旅游打破了空间的限制,直播+教育使得优质的教育资源得以共享,"直播+"正全方位地改变着人们的生活;在商业化上,网络直播改变了生产与消费的连接方式,内容生产者不需要经过中间的媒体渠道就可以直达消费者,消费者的反馈也能实时传递给生产者,C2B的营销新模式正在冲击着整个产业链,同时,依托便捷的互联网支付,用户的打赏和购买行为都可以迅速完成,也能帮助直播平台形成稳定的现金流。

2018年以来,网红经济迅猛发展,各类网红层出不穷,直播电商等新业态高速崛起,产业链商业模式日渐清晰,"内容即营销,流量即渠道"的逻辑更是重塑了传统商业。网红经济发展的背后是人口、技术、产业等的共同推动,并且其正在给流量、渠道、营销、商业模式等带来深远影响……

网红经济是伴随网红的产生而发展起来的,是网红在获得受众的关注后,自身或者团队利用知名度进行一定方式的变现,进而获得经济利益的商业模式。而网红的核心要素是影响力,不论是意见领袖还是关键意见消费者都只是网红的一种载体或表现形式而已。随着网红经济的快速崛起,行业内新机会不断涌现,传统的"人、货、场"迎来重构,网红经济的市场规模也早已突破千亿元级别。

随着网红产业链条与生态的发展,网红经济在流量重构与渠道变迁方面产生了深远影响。

(1) 流量重构

① 用户注意力向短视频、直播等迁移,短视频、直播等内容消费占据越来越多用户注意力时长。当前移动社交(含即时通信、微博社交、社区交友等)、泛娱乐(含短视频、在线视频、手机游戏、移动音乐、数字阅读等)分别占据移动互联网总使用时长的1/3,占据了绝大部分的用户注意力。其中,短视频行业持续吸引用户注意力,2020年3月短视频用户使用总时长同比增长80%;综合电商受直播电商的带动,2020年3月用户使用总时长同比增长36.7%。

② 碎片化场景带动流量分层,私域流量兴起。随着移动互联网流量红利衰减,消费场景日趋碎片化,用户注意力日趋分散,企业获客成本高企,用户的转化效率也随之大打折扣。在此背景下,私域流量兴起,其本质是对品牌流量的社群化管理。私域流量的获取过程通常为:将公域流量经一定引导,逐渐沉淀至品牌方,以品牌微信公众号、小程序、订阅号、微信群等为载体,进行运营转化。与公域流量相比,私域流量的特点是:转化率高、客单价高、复购率高、裂变意愿强,进而能有效提升运营效率。

(2) 渠道变迁

① 网红经济正在缩短消费决策链条,其间,直播电商崛起。随着意见领袖带货、社交电商等新模式的崛起,渠道与营销之间的边界正变得越来越模糊,消费者的购买决策链条不断缩短。这一趋势对传统的渠道与营销割裂的线下实体销售形成了较大冲击,对营销链条较短的线上渠道更加利好,而意见领袖带货、社交电商等作为网红经济的重要表现形式,因其社交互动性强、转化率高等优势,正快速崛起。

② 零售开始从"人找货"向"货找人"变迁,渠道竞争格局迎来重塑。在网红经济时代,以意见领袖、直播等为代表的新渠道特征是:销售逻辑从"人找货"向"货找人"演变,从消费者主动搜索需要什么商品,到告诉消费者应该买

什么商品过渡。"货找人"时代的开启,是流量日益分散化的产物,也推动了渠道端竞争格局的重塑,消费者运营能力成为未来渠道发展的关键。直播电商凭借"所见即所得"的互动、即时属性正成为一种新渠道模式并快速崛起。

此外,在网红经济时代,零售渠道环节实现了从产地(或品牌)到消费者的直接对接,在一定程度上改变了传统的层层分销体系,缩短了渠道链条,提升了产业链效率。比如,近年来农产品直播发展迅速,一方面省去了农产品流通的中间环节,另一方面也帮助消费者更便捷地深入产品源头,了解生产细节,提升信任度,降低加价率。同时,网红经济还催生了商品C2M(顾客对工厂)模式的快速发展,网红基于直播等收集的消费需求信息,可以帮助厂商及时了解终端需求变化,精准研发设计商品,按需生产,有效提升整个产业链的效率。

随着网红经济的发展,传统零售和新式电商不断融合、进化,通过缩短链条、提升效率、重构生态等途径开启对新零售行业的深度变革。

本章要点

1. 理解零售和新零售的概念及其区别。
2. 了解数字时代给营销带来的变化。
3. 掌握直播带货的基本过程和意义。
4. 了解数字时代给渠道带来的变化。

分析思考园地

1. 为什么说直播带货是营销新趋势?
2. 在数字化背景下,优质的营销渠道有哪些特点?
3. 在数字时代渠道管理的复杂性体现在哪几个方面?

第 12 章　互联网环境下的渠道管理

12.1　数字化打破渠道边界

我国已经进入以技术为驱动的智能营销时代,一些新的营销渠道也快速兴起,比如,短视频持续争夺用户时长,加速渗透生活全场景;新社交平台逆势火爆,正在开启社交流量的新入口;线上私域电商成为标配,私域渠道受到越来越多的青睐;直播电商全面上位,覆盖近 4 亿网购用户,直指万亿级市场等。这些红利渠道中都蕴含着巨大的机遇。

12.1.1　新零售打破渠道边界

在电商迅猛发展的今天,线下实体店的生存空间越来越小。线下门店不仅缺乏对供应链的把控和对消费者需求的满足,租金上涨和客流减少也是其难以生存下去的原因之一。同时,新的业态、新的竞争者、新的技术要求、消费者需求的快速变化,也给零售业带来了极大的挑战。

经过多年的积累与沉淀,如今互联网电商中能够获取利润的空间早已不大,比较能获利的产品都已经被覆盖,每个平台都想方设法地以更低的价格、更好的服务来赢得更多的用户,在内容同质化严重的今天,线上电商的困境也越发明显。

随着互联网流量红利的消失,流量成本越来越高,电商零售的经营成本逐年上升,电商转型成为必然。

纯电商的时代很快就会结束,未来,将没有电子商务,而只有新零售。

相对于传统的电商平台,精选速购为消费者提供了网站端、移动端、实体店、智能仓储四位一体的综合化服务,为商家节约成本、方便快捷地开拓广袤的消费市场奠定了坚实的基础。

比如,为了给消费者提供更好的消费体验,满足其对品质与体验的需求,电商平台"精选速购"以产品与服务为核心,为商家提供一站式服务。商家无须囤货,商城一件代发,物流快捷便利,让商家省时、省心、省力。

未来新零售的发展必将在产品与服务之间给予消费者莫大的便利。新零售依靠线上向线下输血,完成线上和线下的融合,多渠道地获取流量,同时通过线上数据与线下数据的结合,更加精准地完成用户画像,推动商家的后续发展产生多元化的转变。随着新零售逐渐替代纯电商,在重回线下的过程中,"精选速购"依靠长期积累的线上渠道优势、管理优势、口碑优势,在新零售时期的发展值得期待。

12.1.2　数字化下的全渠道变化

在新冠肺炎疫情暴发之前,零售业还处在单渠道、多渠道、全渠道融合发展阶段,而疫情的到来则推动零售业朝着全渠道的方向发展,即企业为了满足消费者任何时间、任何地点、任何方式购买的需求,采取全渠道融合的方式销售商品或服务,提高效率,降低成本,为消费者提供无差别的购买体验。打破渠道的边界,才能实现渠道的价值,新零售就是要在渠道的任何一个节点上都能实现与消费者的零距离接触,所以未来零售实体一定是全渠道式的发展。

知识点延伸

渠道经历了三个明显的阶段:线下渠道为王阶段、电商平台称霸阶段和线上线下渠道融合阶段。

十几年前,企业比较注重自建线下门店,或者设立分销和代理网点。在家电零售领域,有国美、苏宁等连锁巨头,以网点多、覆盖全的优势称霸一时。那是线下渠道为王的时代,线下渠道承担着商品销售的绝大部分任务。

后来,伴随着淘宝、天猫和京东的崛起,用户纷纷转向线上的电商平台,这时企业纷纷追随用户的脚步,设立了天猫旗舰店、京东旗舰店等。每年"双十一"期间都是各大电商平台最忙的日子,也是企业挤破头冲线上销售业绩的时候。这个阶段是电商平台称霸的阶段,电商平台是这个时期的主角,它们对传统实体零售业产生了不小的冲击。与此同时,电商平台的崛起也激活了快递物流和外卖服务行业,美团、饿了么在此期间也获得了快速发展。

第三个阶段,电商平台纷纷自建线下门店,阿里巴巴搞了盒马鲜生,京东搞了7FRESH、奶茶店和京东小店,甚至物流巨头顺丰也开了顺丰优选实体店,这些巨头纷纷回归线下,改头换面开始做起了新零售的生意。

我们当前正处在线上渠道与线下渠道的融合阶段,也就是我们所提到的全渠道时代。

但是,对于曾经仅有线下门店的企业而言,线上如何运营、如何引流、如何打通线下线上会员的权益、维护线上会员等都是问题。

有的企业通过自创官方App购物平台转型全渠道,如大润发创立飞牛、步步高创立云猴,但是由于耗费的人力、物力、财力负荷过高,还是以数亿元的亏损而告终。有的企业则希望通过入驻美团、淘鲜达等第三方电商平台实现有效转型。虽然实现了商品在线化的多渠道发展,但是"高过路费"也使零售商几乎无利可图。不难看出,传统零售企业都想搭上全渠道转型发展的快车,但是由于缺乏技术、运营等的专业支持,在转型升级上束手无策。即使有雄厚的资金支持,想要在短时间内搭建起自己的平台,快速步入全渠道发展之路,也显得尤为困难。

那么,如何找到一条更适合转型的有效之路,突破发展瓶颈呢?是数字化让全渠道成为现实,平台通过五个方面的数字化,帮助企业实现全渠道销售新增长。具体的做法如下:

1. 商品数字化

企业通过为实体店定制开发专属App,将门店所有商品全部搬到线上,通过零售中台(路路通)以及数据中台(数数通)对接门店全部商品销售信息,管理者实时在线可获知畅销商品的销售情况,科学管理商品库存,优化商品结构,助力实体店坪效倍增。

2. 员工数字化

实体店实现门店专职员工的全部数字化,店内员工可通过"数智导购App"24小时在线服务:解答消费者疑惑、建立专属标签、精准推荐商品、定向派券营销,以增强导购与消费者之间的黏性。

3. 消费者数字化

通过用户端 App 将消费者引流到线上,实现消费者全部在线,通过数据中台对消费者进行人群、年龄、喜好等多种维度的大数据分析,方便实体店根据群体属性进行精准营销,为消费者提供到家、到店两种购物方式,全方位、全渠道满足消费者多样化的购物需求,让消费者更加忠于实体店。

4. 交易数字化

将消费者、商品都引流到线上平台,将线下交易搬到线上,门店可实时观察交易流程、交易状况,借助技术赋能,充分发挥智能化、远程化和便利化优势,提高实体店服务效率,更好地为消费者提供便捷的购物体验。

5. 管理数字化

通过数智门店 App,让实体店管理者可以对会员、订单、导购、门店、销售、商品、库存等数据进行实时监控,实现清晰与便捷的管理,并对所有维度的数据进行全面且科学的分析,让管理者在数据驱动下实现精细化的智慧运营,对内提高效率,对外提升体验、扩大品牌效应。

平台通过对技术、运营、数据、社区四个方面进行赋能,助力企业进行商品、员工、消费者、交易、管理数字化,实现全渠道新增长!

12.1.3 销售渠道和传播渠道的融合

全渠道融合的另一个特征就是媒体和渠道的融合。媒体与渠道有所不同,媒体的功能侧重于营销宣传和品牌形象宣传,但在加载了商品销售等功能后,它就有了渠道的属性。有时候媒体就是渠道,渠道也是媒体,两者之间的界限比较模糊。全媒体时代,很多媒体都具备带货功能,比如,微信视频号上面附有微信小店等购物链接,这时它就具有渠道的属性了。还有,企业现在可以在头部直播平台上开店卖货,直播平台就成为企业线上销售的新渠道了。

知识点延伸

在营销管理的概念中,销售渠道是指促使产品或服务顺利地被使用或消费的一整套相互依存的组织,包括从制造商到消费者过程中的代理商、分销商、经销商等,它们负责将企业创造出来的价值传递给消费者;传播渠道则是将有关企业的品牌、产品和服务的信息传播给消费者的各种传播工具,包括电视、广播、报纸、杂志、户外等传统媒体,以及基于互联网传播技术形成的诸如智能电视、手机、微信、微博等新媒体,它们负责配合销售渠道,将企业创造出来的价值信息传播给消费者,从而促进产品的销售。在传统的销售场景中,制造商通常将自己的产品委托交付给代理商、分销商、经销商等一系列的中间商,通过他们开拓不同地域的市场,最终以百货商店、专卖店、零售店等形式落地,吸引消费者进店消费,从而完成价值传递。

随着数字技术的发展,营销方式逐渐多样化、数字化,销售渠道与传播渠道各自均发生了一系列的变化,同时两者也呈现出融合的发展趋势。具体表现在以下几个方面:

1. 销售渠道向线上转移,线下零售在强调服务的同时与线上融合

从销售渠道来看,在数字营销时代,电子商务和移动终端技术的发展让销售渠道整体开始向线上和移动端转移。企业在发展实体店的同时纷纷开设自己的线上购物平台,肯德基、耐克等大型品牌方研发了自己的专属 App,更多的中小型商家依托微信、淘宝等第三方平台构建自身的网络业务,让消费者可以在平台一键下单,完成购买。

同时,随着现代物流、智能数据等技术的发展,电子商务又衍生出各种形态,包括到家、外卖、新零售等。在外卖的助力下,"啤酒+小龙虾"成为 2018 年夏季世界杯足球赛期间的夜宵标配;盒马鲜生作为阿里巴巴新零售的典型样本,打出了"传统商超+外卖+盒马 App"的组合牌,线上为主、线下为辅,实体店承担了展示、仓储、分拣配送的功能,通过吸引顾客到店体验建立消费者认知,培养美誉度,再把消费者引流到线上下单,承诺"五公里内半小时送达",使其用户黏性逐渐增强。而线下零售则更加强调服务、体验和便捷性,形成了许多基于本地化的社区型商业、无人店以及"咖啡+""书店+"等模式,提升了消费者的购物体验。在数字技术的推动下,便利店纷纷引进消费者自助结账机器,如京东尝试开设无人店,消费者可通过人脸识别进店消费。此外,线下零售依托场景优势,着力打造优质的购物氛围和体验,从而吸引顾客进店。星巴克定期举办咖啡沙龙,西西弗等新概念书店以"书店+咖啡店""书店+手帐"等模式营造慢节奏的氛围,延长了消费者的在店时间,提高了购买转化率。此外,互联网技术的发展也让线下零售开始通过线上的方式提供预约、停车、领券服务。

如今,线下门店纷纷推出电子会员卡,通常绑定手机号、微信号等即可完成注册。用户可以在门店页面领取优惠券,查看各类促销信息,使得商家信息可以直接有效地触达消费者。

2. 传播渠道互动化、多元化、社交化

从传播渠道来看,在数字营销时代,媒体的数量和种类呈现蓬勃发展的态势,以数字电视、智能手机等为代表的互动性传播媒介出现,用户的注意力逐渐成为稀缺资源。因此,传播渠道打破了传统媒体线性、单一、封闭的传播模式,开始向互动、多元和社交的方式转变。

基于此,一方面,企业通过新媒体能够以更丰富的形式传播信息,同时与消费者进行互动。2017年,网易云音乐与农夫山泉联合推出印有热门音乐评论的"乐瓶",消费者打开网易云App进行AR扫码,手机便可自动跳转到沉浸式星空界面,方便其浏览更多精选乐评。此番跨界营销极大地提升了品牌的知名度和美誉度,可见,VR、AR等技术的赋能使得品牌方能够更加有力地传播品牌信息,增强目标消费群体的卷入度,实现品牌认同。

另一方面,消费者获得了更多的主动权,可以主动选择他们需要的信息,分享他们感兴趣的内容,并发表自己的看法。正因为如此,口碑营销、内容营销等概念近年来被业界热捧。互联网的出现极大地降低了消费者沟通、分享信息的门槛,使其可以轻松搜索到其感兴趣的商品信息,一定程度上打破了买卖双方存在的信息壁垒。此外,微信、小红书、微博等社交平台成为消费者分享购物心得、表明个人态度的主阵地,于很多消费者而言,搜索买家评价成为其下单前的必备功课。口碑营销和内容营销正是利用消费者乐于分享的特质,使社交媒体成为产品和品牌的重要媒体,为品牌发声,实现品牌信息的多级传播。也正因为如此,互联网诞生了许多意见领袖、关键意见消费者等传播角色,对消费者施加影响。无论是通过淘宝直播走红的头部网红主播,还是微博上层出不穷的各类大V,他们都是凭借自身在某类垂直领域的影响力,以直播、拍vlog(视频网络日志)等方式测评产品,用自身的专业性和影响力进行背书,影响粉丝群体的态度,推动购买,最终实现流量变现。

3. 销售渠道和传播渠道出现融合趋势

在数字营销时代,销售渠道和传播渠道的界限越来越模糊,两者开始合二为一,出现电商平台内容化和内容平台电商化的趋势。例如,淘宝开启直播、抖音开设抖店等,都是将销售渠道与传播渠道融合的表现。

知识点延伸

以淘宝为代表的电商平台,开始积极布局打造自身的内容社交平台,吸引大量网红主播入驻淘宝直播,粉丝在"微淘"界面可看到其关注的店铺发布的动态,同时可以进入店铺的淘宝粉丝群,领取优惠券福利,与其他买家进行交流互动。电商平台的内容化增强了用户黏性,在浏览、观看过程中培养购物需求(俗称"种草"),最终推动下单购买。而以抖音为代表的短视频内容制作平台,在前期迅速扩张引流后,开始琢磨如何更快更好地变现。如今,一方面,抖音与淘宝联通,用户可在抖音平台一键跳转到淘宝实现"边看边买",短视频在传递信息的同时即可完成销售转化;另一方面,抖音开设抖店,将线上流量引到线下门店推动消费,越发模糊了传播渠道和销售渠道的界限。

12.2 渠道整合

渠道整合有利于降低成本,提高效益。因为在同一销售过程中,由不同渠道来承担销售过程中的不同职能,可使企业获得更多的利润,不但可以降低整个销售成本,而且使区域销售代理有更多的时间寻求更多、更大的商业机会。

12.2.1 渠道资源整合的概念和意义

什么是渠道资源整合?它是指"以关系利益人为核心",重组客户关系资源网络,综合协调地利用各种途径,以统一的目标获取既定资源,实现与关系利益人的双赢,并且最大化地获取客户资源。整合就是将各个集合的个体融合为一个统一的整体,这里所指的资源可以是人、信息等。渠道资源整合的核心思想是"以关系利益人为核心",简单来讲就是如何"利用"以至于创造出共同的价值,最终实现双赢。

渠道的重要作用之一是为企业提供推力,制造影响力,核心问题就是如何最大化获取精准客户,资源整合的方式恰恰解决的就是该问题。资源整合的方式由于主要与关系利益人的资源相关,因此资源需与项目形态相结合,以客户群体为项目主力人群方有价值。所以资源整合并非仅仅依托于资源本身,更多还是以项目需求为基准进行资源匹配和资源获取。

销售渠道是销售体系的命脉,在整个销售体系中的位置至关重要。销售渠道的成功运营,必将为产品的整体销售工作奠定坚实的基础;反之,则会为销售工作制造出一道又一道的障碍。因此,如何整合销售渠道,就成了销售体系中的重要环节。

12.2.2 渠道资源整合的分类

渠道在进行资源整合时,需认真分析人、资源、价值三方的关系,明确自己所需要的资源,了解关系利益人所需要的资源,寻找关系利益人所需要的资源,最终获取自己所需要的资源,所以就产生了渠道资源整合的核心思路:以对方为中心。渠道资源整合思维和常规渠道拓客思维由于核心思路不同,产生的结果也将不同。

1. 营销渠道间整合

营销渠道间整合设计并不是基于企业整体市场进行的,它的分析基础是企业的各细分市场,也就是说,设计是以各具体的细分市场为基础进行的。在某一选定的细分市场上,首先要分析目标客户购买准则,并与企业不同营销渠道的绩效相比较,选出所有与目标客户购买准则相适应的渠道;然后再在这些渠道中进行产品-渠道适应性分析,找出能够满足要求的渠道;最后还要对保留下来的渠道进行经济性评估,只有满足企业经济标准的渠道才能最终保留下来。

(1) 渠道适应性分析的具体步骤

① 分析客户购买准则。企业营销渠道建设必须从客户入手,充分考虑客户的购买行为,以使企业营销渠道功能与目标客户购买准则相吻合。不同的客户常常具有不同的购买准则,如购买办公用品的小公司一般倾向于获得快速的服务和低廉的价格,而大客户则可能更重视伙伴关系。同时,不同的营销渠道也具有不同的符合目标客户购买准则的能力,如面对面推销可以提供各方面的现场技术支持和针对使用者的培训,但成本往往较高。因此,企业要想获得渠道战略优势,就必须使其所选择的营销渠道符合目标客户购买准则。

② 产品-渠道适应性分析。产品-渠道适应性是营销渠道选择中要考虑的

一个主要因素。实现较好的产品-渠道适应性的一种方法是将产品的复杂性和渠道的接触性匹配起来。需要大量服务、培训和支持的复杂产品所需的是能够使买卖双方相互充分接触的渠道。反之,简单的产品用低接触性的渠道销售会更有效率。营销渠道接触性的差别在于其与顾客的相互作用、提供的服务及支持。高接触性渠道如面对面推销的运行费用高昂,但能产生更大的价值,可以在销售过程中提供更多的服务。低接触性渠道如网络营销运行成本低,但在销售过程中可以提供的服务较少。值得注意的是,企业产品通常不会只适用于单一的渠道,而是常常适用于某一类型的渠道。

③ 渠道经济性评估。与目标客户购买准则和产品-渠道适应性分析一样,营销渠道的营利能力也是渠道选择的关键考虑因素,也即需要对渠道进行经济性评估。

(2) 渠道选择的结果

经过以上三步渠道选择过程,渠道选择会出现以下三种情况:

① 没有营销渠道保留下来。这表明在该细分市场上,企业或者无能力满足目标客户需求,或者虽有能力满足目标客户需求但企业无利润可言,故企业应放弃此细分市场。

② 仅有一种营销渠道保留下来。在这种情况下,企业正好应用此营销渠道来满足该细分市场目标客户的需求。从企业整体市场的角度看,这便是选择型渠道战略。

③ 有多种营销渠道保留下来。企业此时必须对该细分市场进行进一步的分析,充分考虑目标客户和企业两方面的因素,以便决定企业选择哪种渠道战略来满足该细分市场目标客户的需求。应用营销渠道间整合战略通常能为企业带来更高的销售额,但各营销渠道之间为争夺顾客而相互竞争,产生冲突是不可避免的。营销渠道间整合可能产生的渠道间冲突有三类:各间接营销渠道间冲突;各直接营销渠道间冲突;直接营销渠道与间接营销渠道间冲突。企业应根据实际情况加以控制。

2. 营销渠道内整合

企业完全可以将各营销渠道与销售任务相组合,由不同的营销渠道完成不同的销售任务,以实现产品销售成本的最小化,最大限度地满足顾客需求。如企业可以应用直邮营销或电话营销、网络营销来寻找潜在顾客并进行顾客确认,然后将潜在顾客转移给面对面推销渠道或间接营销渠道去实现销售,售后服务主要由中间商提供,企业销售人员进行顾客管理。这样,昂贵的人员推销主要用于销售和顾客管理工作。采用这种方式,企业能明显降低产品销售成本,也能更有效地满足顾客需求。

可以看出,营销渠道内整合设计的思想十分简单。它以销售任务为基础,将各销售任务分配给在较低成本下能较好完成该任务的营销渠道,这一方面能大幅降低销售成本,另一方面也能更有效地满足顾客需求。因此,企业营销渠道内整合设计的中心与关键便在于分析出那些在较低成本下能较好完成销售任务的营销渠道。

企业营销渠道内整合能最小化产品销售成本和渠道冲突,更有效地满足顾客需求。企业实施营销渠道内整合主要以营销渠道-销售任务匹配表为参考,考虑企业实际情况,进行营销渠道-销售任务匹配,最终实现营销渠道内整合优化。

12.3 实施新零售改造

零售=流量×转化率×客单价×复购率,其中任何一个指标提高,就能获得更高的效率。流量提高了,成本并没有提高,就是更好的零售。所有零售无外乎这四件事情,在不提高成本的情况下,提高流量,提高转化率,提高客单价,提高复购率。

新零售实现的标志之一是,不管是线上还是线下,不管哪个销售通道,都能做到"消费者的可识别、可触达、可运营"。比如,重新改造苹果lifestyle渠道的零售门店和体验,重塑其价值体系,根本上是要"将零售数字化",核心是需要进行顾客会员化管理,并且以其为中心,完成营销、体验、支付、库存、服务、物流等方面数据的全面打通,从而实现成本、效率和利润的优化。

12.3.1 大数据——零售数字化

我们都知道零售企业的数字化升级是必然趋势,但实际的情况是数字化的改造大部分都是割裂的状态。比如,每个经销商都有基础的ERP系统;后来逐渐开始建立CRM系统,有了微信公众号以后逐渐迁移到微信公众号会员管理平台;伴随钉钉和微信企业号的影响开始意识到可以建立企业内部管理的OA(办公自动化)系统。可惜的是,ERP、CRM和OA系统各自的开发程度不高,应用阶段不同,且几乎没有相互关联。

因此,渠道经销商的当务之急是对零售业务链条进行一体化思考,基于三个系统做深入开发,达成信息对接,实现"人、货、场"的信息融合。

1. CRM系统改造

由于ERP管理与后面要讲的全渠道改造和供应链管理更为相关,因此这里不做赘述,而是突出CRM数据化的重要性,以及强调与微信公众号会员管理系统的信息对接和开发。在CRM的层面,腾讯坐拥游戏和社交网络市场,拥有先天优势。旗下的超级应用微信在支付和线下服务领域的增长,使得该公司全面进军传统意义上阿里巴巴的地盘:零售。渠道商几乎都是通过腾讯的微信公众号来实现客户关系管理的。现在大部分经销商已经申请了微信服务号,但微信端只负责提供基础数据,如果想要进一步拿到客户的深度画像以及客户分析数据,都是需要付费购买的。同时,还有大量的软件公司基于微信会员系统做深度开发,提供营销解决方案,这也是经销商需要关注的。最好的方式是结合ERP系统,完成CRM系统的对接,达成会员体系的重构以及会员价值的挖掘。

现在我们用微信的能力来解读一下绫致时尚集团的案例:用户进入门店时,直接去镜子或屏幕前刷脸(人脸识别),通过小程序成为会员(ID),开启微信免密支付(微信支付)。当然,在这个基础上还可以做更多的延伸,比如,在用户刷脸的过程中,通过微信数据引擎结合品牌CRM数据和商品库,向其展示个性化库存量单位(SKU)推荐结果。在整个过程中,用户都能通过社交关系链将产品、服务甚至企业品牌推广出去。当然,为了鼓励用户,还可以通过红包、立减金完成社交裂变。

可以看到,微信对已有能力、规划能力和第三方能力进行了多维度的提升,从到店、逛店、交易到离店提供全场景的数字化覆盖。通过这种方式,把微信的产品能力和第三方的能力植入整个体系中,让"人、货、场"三个维度更高效率地组合起来。如果说高度借力顾客对微信的使用习惯,利用产品工具矩阵,帮助商家实现线上与线下的体验触达,并把用户触点全流程覆盖称为"产品赋能"的话,那么微信还将分别提供流量赋能和数据赋能。腾讯关于零售业有着十分强大的赋能基础,简直覆盖了全部的用户与场景,其背后则是巨大的可供发掘的数据资源,再加上腾讯先进、完善的技术系统,给零售业者带来了新商机。在开启微信小程序零售功能之前,一些品牌和企业只靠微信群等社交功能就能够开发销售途径与场景。不仅微信小程序提高了企业用户的数字化能力,腾讯云、腾讯优图也为企业提供了云设施与人工智能才能。而凭借微信支付这一交易的实现基础,腾讯与不少企业都开启了底层的数据联动和深层的业务协作。但与阿里巴巴相比,腾讯并没有零售基因,因此这些联动和协作更需要企业自己来主导。

2. OA 系统改造

OA 主要处理人、实物、执行等管理层面的相关内容。大部分中小型企业还处于纸上办公的阶段,受到钉钉或者微信企业端的影响,才开始用办公自动化的方式进行内部管理,其功能和作用甚至包括人力资源管理与财务管理的范畴。为了便于进行零售数字化改造,必须重视基于移动端口的管理,实现便捷的文件协作以及高效的沟通和运营。

经销商能着力完善和打通信息流,通过完善 ERP+重构 CRM(微信公众号会员管理体系)+建设 OA 的方式实现零售数字化。

12.3.2 完善服务+

马云说:"以后的零售不是思考学会怎么卖东西,而是学会怎么服务好你的客户。"比如,苹果的零售就已经在用户服务上做了很多尝试。

此前,苹果的渠道已经努力在原来单纯以销售为中心的门店基础上增加了两个重要的服务模块:一是"我的专属苹果教练"(My Coach),提供定制化的有关如何使用苹果产品的各种课程,但由于引流的需要,是必须到店接受的服务体验;二是苹果授权售后服务提供商(Apple Service Provider, ASP),提供苹果产品软、硬件以及配件的相关售后护理和维修,也是必须到店完成的。最大的问题是,这些服务都未能与经销商的大数据进行融合,也就是说,哪怕这是一个会员,他预约并参加了哪些课程,预约和维修了哪些苹果产品,都无法得到信息的关联、追踪和分析。因此,首要工作就是对之前完成的服务项目进行信息化处理。这些功能同样可以通过微信公众号连接起来。一个客户登录经销商微信公众号,可以非常便捷地查询到自己的购买记录、已经享受和可享受的服务内容,也可以在线预约服务。针对售后的部分,还可以提供线上的售后问题诊断、解答、预约、维修过程跟踪、维修设备接收提醒和接收方式选择等种种服务。

其次,打造"服务云",通过利用移动互联网、人工智能、AR 以及 VR 技术,使得客户的需求可以随时随地得到满足,解决现在店面人流不足就无法实现转化的问题,即使客户不到店也能体验在线导购、在线一对一私教课程、在线小视频课程、在线维修等多种多样的服务项目,同时也可以完成在线购买并配送,以实现销售转化。

12.3.3 交互式营销

经销商原来的营销方式是单向的,且非常单一:直接在微信公众号端口发送消息,推出促销活动,客户在后台可以通过接受产品券或者各式优惠券的方式到线上店面参与该活动。经销商现在需要做的不仅仅是直接发起简单老式的促销活动,还要提供各种新鲜和丰富的活动内容,让客户选择性地参与,从而提高其关注度和黏性。其中包括:

1. 社群活动

苹果生态链中的 App 提供了开展不同社群活动的多种可能,经销商可以联合软件开发商,为会员打造使用场景,明确其使用价值、奖励方法,并开展定向活动,让会员们完成 App 下载、在其软件中注册、组队、参与活动、分享等一系列动作。这样做,一方面建立了会员与硬件和软件产品之间的联系,有品牌营销的价值;另一方面,通过多种方法调动会员的积极性,因为其兴趣是多种多样的。开展社群活动的必要因素包括:第一,必须有比较权威的活动发起人才能拉动众多会员的参与;第二,必须有激励和奖励机制才能推动活动的进程;第三,此类型的活动一定要有便捷的分享方式和传播渠道,以产生较为广泛的影响力。

2. 学习分享

基于之前建立的服务项目,会员可以通过完成各项学习课程和购买服务而获得积分,通过将其分享到其他传播媒介再获得积分,通过分享实现老客户带新客户又可以获得积分,等等。最后,这些积分都将计入会员积分池,用于兑换产品或者服务。

中国营销好故事

优衣库：线上线下最好的融合

我们相信，新零售还可以有更多的应用场景，特别是在传统零售领域。其中最为成功的应该要属优衣库。当实体店普遍不景气的时候，优衣库却逆势扩张，每年大概以30%的速度增开门店，现在优衣库在中国的门店已经大大超过了HM、Zara和Gap。不仅如此，优衣库还通过线上线下渠道相结合的推广方式，使其网站为大家所用，同时也引导消费者去优衣库门店现场试衣，感受其产品和服务，这还带动了其他商品的销售，让消费者习惯线下门店消费，产生更多的体验。

早在2008年，优衣库就率先在中国品牌服装零售业中推出网购，成立天猫旗舰店。每年的"双十一"绝对是优衣库展现强劲实力的时刻。自2016年开始，"双十一"期间，优衣库采用"线上线下同价"和"线上商品，门店取货"两种新零售模式。2016年"双十一"，优衣库2分53秒破亿元销售额，在不到10小时线上销售告罄后，其官方公告显示，"顾客如有需求，请前往优衣库实体门店选购精选优惠商品"。既然线上线下优惠力度一样，线下价格并未提高，消费者也就更愿意在即试即取的线下购买。优衣库提供24小时内门店速提服务，全国有400多家门店参与。线上购买的消费者在收到优衣库备货完成的通知后，即可至所选门店提货，不用担心快递爆仓久久等不到货。同时，优衣库还为线下消费者提供个性化服务。例如，消费者可以根据试穿体验，更换产品的尺寸、颜色等，还可以免费修改裤长。"双十一"期间，这一举动使优衣库门店前大排长龙。

优衣库中国区电商主管之前接受采访时曾透露，从优衣库的销售数据看，门店开得越多的地方，线上销量会越大。因为消费者到门店后，可以亲身体验优衣库的产品与服务，对品牌的认可度会更高。零售中实体店的两个重要价值被充分展现：一是快速建立消费者对品牌的认知，二是实现低成本的流量。因此，优衣库实现了线上线下最好的融合。

不仅如此，优衣库还特别关注节假日，结合热点对消费者进行社交互动营销。2018年1月19日，优衣库发布消息，称将通过O2O智能新零售加码新年营销，主要会以线上人工智能、门店AR技术，O2O门店自提，A地下单、B地取货,以及上线 2018 新年红运系列和 2018 春夏系列等方式,使春节添衣更便捷、更人性化。1 月 18 日起,消费者用手机即可参与优衣库人工智能"笑颜焕新衣"活动,扫描个人/全家笑脸照,便能收获适合不同笑颜风格的主力商品穿搭推荐,更能根据人工智能精准识别的笑脸数量,领取同等数量的支付宝 10 元笑颜代金券。

而自 2018 年 2 月 2 日起,优衣库携手支付宝推出融合 AR 技术与购物体验的店铺 AR 智能红包活动。消费者在门店购物的同时,还能与亲友开启红包"寻宝之旅",用支付宝"扫一扫"对准店内的"优衣库春节红包标识",不仅能收获演艺明星井柏然拜年惊喜动画,还能解锁现金红包(金额随机),同时领取支付宝 10 元笑颜代金券。"我们希望透过人工智能和 AR 技术,实现实体、虚拟的结合,在过年前来一波预热,让大家可以提早把备年货和传递爱这件事做起来。"优衣库大中华区首席市场官吴品慧在接受《联商网》采访时表示。

同时,优衣库将"双十一""双十二"期间运用的"O2O 门店自提,A 地下单,B 地取货"方式沿用到了此次春节期间的营销活动当中。他们试图通过这种方法,解决消费者春运出行大包小包的困扰。春节期间,优衣库借助全国 500 多家门店,开通 365 天"网店下单,全国门店最快 24 小时内取货"的 O2O 门店自提服务。而像"免费改、轻松换"等"双十一"期间推出的售后增值服务,也在此次春节活动中延续,满足消费者修改裤长、同类商品调换颜色和尺寸,以及当场试穿等个性化的需求,解决其春节期间的诸多购物困扰。

2018 年 10 月 11 日,优衣库母公司迅销集团发布了 2018 财年财报。2018 财年,集团实现 2.13 万亿日元的收益总额,同比增长 14.5%;实现净利润 1 548 亿日元,较上一财年大幅增长 29.9%。集团取得如此亮眼的成绩主要得益于大中华区优衣库的销售业绩贡献。财报显示,以中国为首的大中华市场已经成为优衣库海外市场(除日本市场以外的所有市场)的主要推动力。迅销集团旗下拥有优衣库、GU、Theory 等品牌,其中,优衣库为其主要收入来源。2018 财年,在优衣库 1.76 万亿日元的收入中,日本市场占据 48.9%,海外市场占据 51.1%。其中,海外市场又以大中华市场为主,占据 25% 的市场份额。

本章要点

1. 理解渠道边界被数字化打破。
2. 理解销售渠道和传播渠道的融合。
3. 了解渠道资源整合的分类及其意义。

分析思考园地

1. 随着数字技术的运用,渠道边界的打破体现在哪些方面?
2. 渠道资源整合的切入点在哪?

篇后研习

一

2002年4月,松下电器与TCL集团签订协议,双方就松下电器产品在中国的销售以及技术提供等方面展开全面合作:TCL将利用自己强大的渠道和终端网点为松下电器销售它在中国生产的电视机、空调等家电,松下电器则向TCL提供数码电视机等产品的最新技术以及主干零部件,并在产品开发方面与TCL展开合作。紧接着,TCL又与飞利浦展开了合作。同年8月22日,TCL宣布与飞利浦进行渠道合作。双方协议商定TCL独家代理飞利浦在广西、贵州、江西、安徽、山西五省区的彩电销售。至此,TCL已经为其销售公司找到了两位大客户,与之共用渠道和终端,实现了自建终端的根本性转变。

思考题:

1. 根据上面的材料,从渠道创新和整合的角度谈谈你的认识。
2. 如今,松下电器与TCL集团这样的渠道合作还会产生良好的效果吗?从当下的视角对你的判断进行分析。

二

苹果公司在20世纪90年代进入中国市场,2000年开始建设渠道,至今经历了大概三个阶段:从初入教育市场,到建设零售渠道,再到发展多渠道战略。渠道的全盛时期大概是以iPhone 6的热销为代表,当时所有渠道零售门店门庭若市,消费者争相排队购买,经销商甚至可以通过加价出售获取高额利润。

而如今,电商销售以及运营商渠道占得大部分的销售份额,以传统商业中心为立足点的lifestyle渠道总量被稀释殆尽。对于每个营业点的人流和销量,每个授权经销商无不忧心忡忡,甚至在新品首发期间,也难以避免采用促销手段。而另一方,以阿里巴巴、京东等为代表的电商巨头却摇起新零售的大旗,吹起号角,擂响战鼓,借平台和资金优势大举进军传统零售业,决心来一场商业革命。

思考题:

1. 在网上收集资料,了解苹果公司在中国的发展历程,指出 lifestyle 渠道的现状和危机。

2. 从新零售关键性改造因素的角度,探讨苹果公司 lifestyle 渠道的改造。

第6篇

网络营销中的价格策略

开篇综述

价格策划是产品营销策划的关键,是一个以消费者需求的经济价值为基础,综合考虑各种影响因素,确定价格目标、方法和策略,制定和调整产品价格的过程。随着同质化竞争程度的加深、消费者需求的不断变化,以及产业和市场的逐渐成熟,理性的价格策划在市场诸要素中的地位日益凸显。要熟练运作价格策划,就需要掌握定价目标、定价方法、影响价格的因素、价格变动的合理时机和价格组合等。

产品价格的高低直接决定着企业的收益水平,也影响到产品在市场上的竞争力。随着网络市场竞争的加剧,网络定价也变得越来越复杂,受到诸多因素的影响和制约,所以,企业必须花大力气研究确定网络营销中的定价策略。

第 13 章　互联网与定价

价格是市场营销组合中唯一为企业提供收益的因素,同时也是企业参与市场竞争的重要手段之一。事实表明,定价是否恰当,会直接影响甚至改变消费者的购物原则,进而影响到企业产品的销量和利润额。因此,如何制定合适的价格,已经成为许多开展网络营销活动的企业竞相关注的焦点。

13.1　网络营销定价的特点

网络营销定价是指给网上营销的产品和服务制定价格。网络营销价格是指企业在网络营销过程中买卖双方成交的价格。网络营销价格的形成过程较为复杂,受到诸多因素的影响和制约,如传统营销因素和网络自身对价格的影响因素等。

开放快捷的因特网使企业、消费者和中间商对产品的价格信息都有比较充分的了解,因此网络营销定价与传统营销定价有很大的不同。网络营销定价的特点如下:

1. 低价位化

第一,因特网成为企业和消费者交换信息的渠道,一方面可以减少印刷费用与邮递成本,免交店面租金,节约水电费与人工成本,另一方面可以减少由于多次迂回交换所造成的损耗。第二,网络营销能使企业绕过许多中间环节和消费者直接接触,进而使企业产品开发和营销成本大大降低。第三,消费者可以通过开放互动的因特网掌握产品的各种价格信息,并对其进行充分的比较和选择,迫使开展网络营销的企业以尽可能低的价格出售产品,提高消费者的让渡价值。

2. 全球定价化

网络营销市场面对的是开放的和全球化的市场,世界各地的消费者可以直接通过网站进行交易,而不用考虑网站所属的国家或地区。企业的目标市场从过去受地理位置限制的局部市场拓展到范围广泛的全球性市场,这使得网络营销产品定价时必须考虑目标市场范围变化所带来的影响。企业不能以统一的市场策略来面对差异性极大的全球性市场,而是必须采用全球化和本地化相结合的原则来进行。

3. 价格水平趋于一致化

因特网市场是一个开放的、透明的市场,在这个市场中,消费者可以及时获得同类产品或相关产品的价格信息,对价格及产品进行充分的比较,迫使企业努力减少因国家、地区等因素的不同而产生的价格差异,进而使价格趋于一致。

4. 弹性化

方便快捷的因特网能够使消费者及时获取各种产品多个甚至全部厂家的价格信息,真正做到货比多家,这就决定了网络营销产品的价格弹性很大。因此,企业在制定网络营销产品价格时,应当科学量化每个环节的价格构成,制定出较为合理的定价策略。另外,随着消费者不断趋于理性,企业在网络营销定价时要综合考虑各种因素,如消费者的价值观和偏好等。

5. 顾客主导化

传统市场中,产品的价格是以生产成本为基准,再加上一定的利润率。在因特网市场中,消费者能及时获取产品及其价格的各种信息,通过综合这些信息决定是否接受企业报价并达成交易。所以,在定价时,企业必须考虑消费者的心理特点和价格预期,以消费者为中心,根据生产成本和消费者意识到的产品价值综合定价,以获得消费者的接受和认可,使其产生购买欲望,实现双赢。

13.2 网络对定价的影响

因特网的普及和网络营销的发展,使得进入消费者视野的同类商品或者替代品大幅增加,消费者获取信息的成本大为降低,减轻或消除了供求双方的价格信息不对称。产品的海量性使得消费者在做消费决策时更加注重价格因素,货比三家的心理预期增强,对购买行为的控制大幅提高,企业利用信息优势获取高价和诱导性定价技巧的难度也在增大。厂商攫取利润的难度加大,要想获得更多的利润必须转换与消费者进行价格博弈的策略。

1. 从需求方的视角看影响

狭义的价格是消费者为购买商品或服务所支付的货币。广义而言,消费者为得到商品或服务所付出的代价才是商品的真实价格。因此,广义的价格包含消费者为得到商品所付出的搜寻成本、时间和精神成本、交易行为的签约与执行成本等。我们把这些额外的费用统称为交易成本。显而易见,如果商品的交易成本太高,则即使商品的价格低,也未必能促进交易的发生。而高昂的交易成本或许是因为消费者的搜寻成本或发现价格的成本太高,或许是因为消费者没有足够的时间和精力,或许是因为消费者觉得交易行为签约与执行的成本太高而导致交易不安全。

首先,网络的兴起和相关技术的进步对交易成本的改变是革命性的,在很大程度上改变了消费者原先处于信息弱势地位和信息不对称的状况,大幅降低了商品的交易成本。以搜寻成本为例,消费者很容易在购物网站上得到相关商品的价格信息并进行比较,既能同时比较不同购物网站的价格,也能对线上和线下的价格进行比较。

其次,互联网的发展通过一站式购物和自助式服务节省了交易时间。传统购物中心所倡导的一站式购物更容易通过网络来实现。对自助式服务而言,一些公共服务产品包括数字产品(如影视音乐),用现有的技术条件已经完全可以实现消费者足不出户便可享受到相应的产品或服务。这对交易成本的节省也是非常显著的。

最后,互联网的发展有助于消费者之间的沟通与合作,并增强了消费者的议价能力和对消费全程的控制,从而有利于实现顾客主导定价。像一般的网络拍卖,由卖方给出底价,买方则根据这个价格往上出价,价最高者得。所以网络拍卖市场的出现使得价格的制定者由卖方移向买方。由顾客主导定价的产品并不意味着比企业主导定价的产品利润率低。

延伸阅读

根据 eBay 的统计分析,在网上拍卖定价产品,只有20%的产品拍卖价格低于卖者的价格预期,有50%的产品拍卖价格略高于卖者的价格预期,剩余30%的产品拍卖价格与卖者的价格预期相吻合,在所有拍卖成交产品中,有95%的产品价格令卖主比较满意。另外,在线下购物时代,单个消费者常常觉得势单力薄;而在互联网时代,消费者之间的交流更为频繁,也更容易形成合作,一些社区网站(如大众点评网)和团购网站的兴起增强了消费者群体的议价能力。

2. 从供给方的视角看影响

从企业内部来说,产品的生产成本呈下降趋势,而且下降得越来越快。在网络营销战略中,可以从降低营销和相关业务管理成本以及降低销售成本两个方面来分析网络营销对企业成本的控制和节约,从而最终影响到产品价格的制定。

(1) 降低采购成本

采购过程中之所以经常出现问题,是由于过多的人为因素和信息闭塞造成的。通过互联网可以减少人为因素和信息不畅通的问题,在很大程度上降低采购成本。

首先,利用互联网可以对采购信息进行整合和处理,统一从供应商那里订货,以获得最大的批量折扣。其次,通过互联网实现库存、订购管理的自动化和科学化,可最大限度地减少人为因素的干预,同时也能以较高效率进行采购,节省大量人力,避免人为因素造成不必要的损失。最后,通过互联网可以与供应商进行信息共享,帮助供应商按照企业生产的需要进行供应,同时又不影响生产,不增加库存产品。

(2) 降低库存

利用互联网将生产信息、库存信息和采购系统连接在一起,企业可以根据需要实时订购,最大限度地降低库存,实现"零库存"管理。这样做的好处是,一方面可以减少资金占用,降低仓储成本,另一方面可以避免价格波动对产品的影响。正确管理存货能为客户提供更好的服务,并为企业降低经营成本;加快库存核查频率能减少与存货相关的利息支出和存储成本。减少库存量意味着现有的加工能力可更有效地得到发挥,更高效率的生产可以减少或消除企业和设备的额外投资。

(3) 降低生产成本和菜单成本

利用互联网可以节省大量生产成本。首先,利用互联网可以实现远程虚拟生产,在全球范围内寻求最适宜的生产厂家生产产品。其次,利用互联网可以大大缩短生产周期,提高生产效率。与以前相比,使用互联网与供应商和客户建立联系,企业能够大大缩短用于收发订单、发票和运输通知单的时间。有些部门通过网络共享产品规格和图纸,以加快产品设计和开发的速度。互联网的发展和应用将进一步减少产品生产时间,其途径是通过扩大企业间网络连接的范围,或是通过与不同研究小组和企业进行项目合作。

另外,互联网的出现大幅降低了菜单成本。在传统市场上,菜单成本主要包括对货品重贴标签的材料成本、印刷成本和人工费用。较高的菜单成本会使价格比较稳定。因为每次价格变动所带来的利润都要超过价格变动所产生的费用才划算,所以传统商家也就不愿意进行小的价格变动。而互联网的出现大幅降低了菜单成本,从而使得网上商家改变价格的次数远大于传统商家,最终实现区别于传统固定价格的动态定价。

本章要点

1. 了解网络营销定价的特点。
2. 价格的网络影响因素。

分析思考园地

1. 从互联网的特点看,为什么网络商品的价格往往呈现一致化态势?
2. 从网络对定价影响力的角度,谈谈网络给实体经济带来的影响。

第 14 章 网络定价的方法和策略

定价策略始终是企业决策者的头等大事,也是营销策略中最活跃的因素,价格高低直接影响企业的利润,关系到产品和服务的销售业绩。顾客日益个性化的需求和信息获得的便利性迫使决策者站在战略的高度来制定价格,使价格既合理又富有竞争力。定价策略在实现企业整体目标的过程中具有战略性地位,必须配合市场营销组合的其他要求,以更好地实现企业战略目标。

14.1 网络营销中的定价策略

总体上来看,网络营销中的定价策略可以分为两种:一种是传统的固定定价策略,此种策略更多的是将传统的线下定价策略移植到线上,即针对所有顾客制定统一的价格。当然,这种固定定价策略并不排除折扣定价和价格促销的使用,网络零售商常用的低位定价、参照价格、捆绑销售就是典型的固定定价策略。另一种是考虑到线上消费者特征的动态定价策略,此种策略针对不同的顾客制定不同的价格,这其实是微观经济理论中价格歧视战略在网络营销中的应用,包括定制生产定价、使用定价、细分定价、拍卖定价和网络议价等。另外,免费策略也是一种巧妙的定价策略。目前,市场上常用的定价策略主要有以下几种:

1. 低位定价

借助互联网进行销售,比传统销售渠道的费用低廉。低位定价策略就是在制定价格时一定要比同类产品的价格低。采用这种网络营销定价策略是由于通过互联网,企业一方面可以节省大量的成本费用;另一方面希望扩大宣传、提高市场占有率并占领网络市场这一新兴市场。

另一种低位定价策略是折扣策略,它是在原价基础上进行打折来定价的。

这种定价方式可以让消费者直接了解产品的降价幅度以促进其购买。这类定价策略主要用于一些网上店铺，一般按照市面上的流行价格进行折扣定价。

当企业是为了拓展网上市场，但产品价格又不具有竞争优势时，可以采用网上促销定价策略。由于网上的消费者面很广而且具有很强的购买能力，因此许多企业为打开网上销售局面和推广新产品，采用临时促销定价策略。促销定价除了前面提到的折扣策略，比较常用的是有奖销售和附带赠品销售。

延伸阅读

使用网络销售中的低位定价策略时应注意三点：首先，在网上不宜销售那些消费者对价格敏感而企业又难以降价的产品；其次，在网上公布价格时要注意区分消费对象，针对不同的消费对象提供不同的价格信息发布渠道；最后，因为消费者可以在网上很容易地搜索到价格最低的同类产品，所以网上发布价格要注意比较同类站点公布的价格，否则，价格信息的公布会起到反作用。

2. 参照价格

参照价格是指在网络营销产品线中增添高价产品项目，在无形中提高消费者的参照价格，使得产品线上的其他产品显得便宜。例如，提供额外收费的技术支持作为"黄金版"的方法，只要没有太多的人选择黄金版，增加这种支持的成本就会很低。

3. 捆绑销售

捆绑销售的价值在于其"预期价值"。消费者对不同产品有不同的评价，它们之间的差异往往很大，使卖方无法对每种产品精确定价。而根据大数定律，捆绑销售可以有效地缩小消费者对于不同产品的评价差异，使其更接近于平均值。这样，卖方更容易准确地预知消费者的价值评判，制定更为有效的价格。更为重要的是，消费者对于捆绑组合的评价往往大于他们对其中单个产品的价值评价之和，因此捆绑销售可以显著提高卖方的利润，而且捆绑产品的数目越多，卖方的利润就越高。

4. 定制生产定价

按照消费者需求进行定制生产是网络时代满足消费者个性化需求的基本

形式。定制生产定价策略是企业在能实行定制生产的基础上,利用网络技术和辅助设计软件,帮助消费者选择配置或者自行设计能满足自身需求的个性化产品,同时消费者承担自己愿意付出的价格成本。

5. 使用定价

所谓使用定价,就是消费者通过互联网注册后可以直接使用某企业的产品,消费者只需根据使用次数付费,而不需要完全购买产品。这一方面减少了企业为完全出售产品而进行的大量不必要的生产和包装的浪费;另一方面可以吸引那些有顾虑的消费者使用产品,扩大市场份额。采用使用定价策略,一般要考虑产品是否适合通过互联网传输,是否可以实现远程调用。目前适合采用此定价策略的产品有软件、音乐、电影等。

6. 细分定价

细分定价是将整体市场分割为若干不同的子市场,然后采用不同的定价策略。例如,通常依据地理变量和消费者行为变量采用不同的定价策略。在地理细分定价过程中,企业由于能很方便地通过消费者的 IP 地址和顶级域名得知其所在的地区,因此能很方便地制定不同的价格。企业还可根据消费者的忠诚度制定不同的价格。并不是所有消费者都会为企业带来同样的价值,80/20 法则(80%的业务来自 20%的消费者)同样适用于网络营销,因此给予更高忠诚度或者能够给企业带来更高价值的消费者一定的价格优惠能进一步提高他们的忠诚度。

7. 拍卖定价和网络议价

网上拍卖是目前发展较快的领域,也是最市场化的一种方式。随着互联网市场的拓展,将有越来越多的产品通过互联网竞价拍卖。网上拍卖由消费者通过互联网轮流公开竞价,在规定时间内价高者赢得。国内一些网站,如淘宝的拍卖会也采用类似的策略。

在 C2C 领域,其定价策略更多的是一种网络议价,即销售者制定价格,然后购买者在线上与销售者之间讨价还价,最终成交。显而易见,消费者的信息掌握程度和讨价还价能力会直接影响成交价格。

8. 免费

免费策略是网络营销中常见的定价策略。《怪诞行为学》的作者丹·艾瑞理(Dan Ariely)认为,消费者对大多数交易都能感受到好处和坏处,不过当某产品或服务免费时,就会立刻忘记它的坏处。免费能让人的情感迅速升温,觉得免费的东西比实际上要值钱得多。

知识点延伸

具体而言,免费策略就是将企业的产品或服务以零价格形式提供给消费者使用。主要有四类:第一类是产品或服务完全免费,即产品或服务从购买、使用到售后所有环节均免费;第二类是对产品或服务实行限制性免费,即产品或服务可以被有限次地使用,超过一定期限和次数后就取消这种免费;第三类是对产品或服务实行部分免费,如一些著名研究机构的网站往往只公布文章的部分研究成果,如想获得全文则必须付款;第四类是对产品或服务实行捆绑式免费,即购买某产品或服务时赠送其他产品或服务。

网络营销定价是一把双刃剑,企业只有熟悉网络营销定价的过程及其影响因素,才可能制定出科学合理的网络营销价格,企业的竞争力和营利能力才能得到提升。

中国营销好故事

奇瑞汽车的定价策略

2006年11月28日,上海海通码头,工人们正在把一辆辆的汽车装进停泊在码头的"泰帝"号滚装轮上。20多天后,这一批次共200多辆奇瑞汽车将会在埃及亚历山大港和叙利亚的塔科腊港被卸下,交付给当地的奇瑞经销商。

这仅仅是"泰帝"轮每月例行一次的上海—地中海航班而已,由于货源充足,奇瑞升级为"泰帝"轮所属的华轮威尔航运公司的钻石级客户,在每个月的月初或者月底,从日本或者韩国装船而来的"泰帝"轮都会为奇瑞预留数百个车位。在"泰帝"轮上,奇瑞的QQ、风云和丰田或者现代轿车一起被运到万里之外的地中海。上海海通码头的统计数据显示,2006年奇瑞将约1.2万辆整车通过该码头出口到国际市场,而上年同期的数字仅为7 000辆左右。奇瑞出口汽车的数量增长非常迅速,是目前该码头最大的客户之一。

另一组统计数字来自奇瑞,从2001年向叙利亚出口10辆汽车开始,奇瑞海外市场销售实现第一个1万辆,用了3年零6个月;第二个1万辆,用了7个多月;第三个1万辆,用了6个月;第四个1万辆,用了3个月;第五个1万辆,用了1个多月。

奇瑞的底气何在?一个可以考察的数字是:在中国零部件行业,汽车金属件、汽车化工配件、电子产品都已达到国际标准,但其成本往往比国外同类产品便宜30%~50%。以车门上的一个塑料件为例,美国市场的采购价格是每个10美元,而国内配套厂商可以做到5~6美元。在研发经费方面,奇瑞每年投入销售收入的10%~15%。2005年奇瑞的研发投入是14.5亿元,占公司销售收入的13%左右。在国外,开发一个新车型大约需要10亿~20亿美元,如果按照这样的投入,奇瑞的这点钱估计连一个车轮胎都研发不了,但是奇瑞2005年一年却向市场投放了6款新车,此外还包括包含18款发动机的ACTECO发动机系列。正是基于这样的经营成本结构,奇瑞正在大力加强其国际化战略,在整车出口方面,奇瑞目前已经行销全球50多个国家,拥有69家经销商。此外,目前还有瑞士、荷兰、澳大利亚、巴西等22个国家的经销商有意代理奇瑞的产品。

全球的汽车市场几乎可以套用毛主席的"三个世界"理论加以划分。第三类国家多在中东非洲,这些国家大多没有像样的汽车工业,因此对汽车进口并不抵制。中国轿车的海外出口大多从这些国家开始,目前其仍是中国轿车海外出口最主要的市场。但是这些国家大多经济不发达,市场容量有限。第二类国家市场规模较大,但是多有本国的汽车工业,对进口汽车多有抵制,譬如马来西亚等。目前,奇瑞海外市场从第三类国家起步,但是第二类国家因为较发达的经济,市场份额正在迎头赶上。前者因为没有汽车工业,后者因为垄断保护,在两大类市场上,奇瑞均能实现较高的售价。比如在俄罗斯市场上,风云基本型的价格为11 000美元;风云豪华型的价格为12 500美元;带有防抱死刹车系统、电子制动力分配、两个安全气囊、CD、可调方向盘的奇瑞瑞虎SUV的价格为19 990美元。这些价格均远高于国内市场。

比国内市场高得多的价格使得奇瑞汽车即便是支付高昂的运费和关税,也要比在国内市场出售合算得多。根据上海海通码头的统计,从上海港出发,一辆QQ被运送到埃及亚历山大港的费用是520美元;运送到芬兰汉科港(主要面向俄罗斯市场)的费用是800美元;运送到南美哥伦比亚港口的费用是960美元。支付了运费和关税后,虽然奇瑞将中间的价格差大多让渡给了经销商,但还是保有 10%～20% 的利润。

由本案例可以看出：多方面的因素构成了包括奇瑞在内的中国本土汽车的成本优势，而这种成本优势正在转化为中国汽车在国际市场上的价格优势。

14.2 基本定价方法

企业对产品基本价格的确定方法主要有成本导向定价法、需求导向定价法和竞争导向定价法三种。根据这三种基本的定价导向，又产生了许多具体的定价方法，如成本加成定价法、目标利润定价法、感受价值定价法、差别定价法等。此外，企业还可运用灵活的定价技巧对其基本价格进行修改，这些定价技巧包括心理定价、组合定价、折扣定价等。

1. 成本导向定价法

成本导向定价法是基本的定价策略，是在产品成本上增加一个固定的加价（markup）。这个加价增加到企业的总平均成本或可变成本上；对于大多数消费品而言，这个加价增加到商品的平均成本上。平均成本包括可变成本（额外生产一件商品的增量成本）和适当的固定成本分摊。可变成本通常包括生产额外商品所必需的原材料和劳动力成本。

在具体定价的过程中，常用的成本导向定价法又可以细分为综合成本定价法、成本加成定价法、目标利润定价法和边际成本定价法四种。其中，成本加成定价法是最常用的定价方法，这种定价方法是按照单位产品的成本加上一定比例的利润所制定的市场销售价格。

成本导向定价法的关键优势在于其易于计算，操作简便，但这种方法忽视了需求和竞争对手的反应，因而很难制定最合理的价格。只有在所制定的价格确实能达到预期的销售水平时才可以采用成本导向定价法。

从本质上说，成本导向定价法是一种卖方定价导向，也是传统经济时代绝大多数企业所采用的定价方法，这种定价方法建立在产品市场需求足够大、同类产品竞争弱的基础之上。比如早期的消费电子、家用电器类产品往往供小于求，强大的市场需求掩盖了产品定价不当的问题，很多企业对以卖方为导向的成本导向定价法乐此不疲，导致产品价格往往严重偏离实际价值，而且因为忽视了竞争，产品创新不足，一味地吃老本。很多企业在进入新的商业环境以后，对互联网企业的价格冲击以及以客户为中心的产品营销策略准备不足,经营发展受到严重阻碍。

2. 需求导向定价法

需求导向定价法是指根据市场需求强度和消费者对产品价值的理解来制定产品价格。这种定价方法主要是考虑消费者可以接受的价格以及在这一价格水平上的需求数量而不是产品成本。需求导向定价法主要分为差别定价法、倒推定价法和感受价值定价法。其中,差别定价法是指根据地域的差别、消费者群体的差别和产品的差别以及消费时间的差别等引起的需求不同而制定不同的价格;倒推定价法是指企业根据市场上同类产品的价格估算本企业的销售价格,然后扣除中间商的利润和运费等,倒推出产品的出厂价格,之后和成本比较,最后制定市场产品价格;感受价值定价法主要是通过测定市场上消费者对产品价值的感受和需求强度,根据产品在买方心目中的价值来确定产品价格。

3. 竞争导向定价法

竞争导向定价法是指企业对竞争对手的价格保持密切关注,以对手的价格作为自己产品定价的主要依据,此时需求和成本对价格的影响反而比较小。企业制定的价格可能高于、等于也可能低于竞争者的价格。竞争导向定价法可以细分为随行就市定价法、密封投标定价法和正面竞争定价法三种。当需求弹性很难确定时,随行就市定价法由于能避免两败俱伤的价格因此更常见。而在工程项目投标中,企业会根据对竞争者报价的推测来定价以赢得标的合同。

伴随着市场上的品牌和产品越来越多,产品的功能性趋同,在没有明显差异的前提下,卖方主导价格的情况受到冲击,消费者可以对更多的同类产品进行比较和选择,竞争性价格开始出现。竞争性价格开始考虑对手的情况,即使产品成本本身没有变化,如果竞品价格变了,本品价格也要相应进行调整;同理,如果本品成本有变化,但是竞品的价格未动,则本品价格可能也不做调整。当然,每个企业的经营目标并不相同,有时候是为了抢夺市场份额,有时候是为了追赶竞争对手,竞争性价格往往是作为一种策略阶段性地采用。总体而言,竞争性价格会导致产品的毛利率明显降低,所以只适合阶段性采用,比如抢占市场占有率、实现行业垄断,或者开拓新的市场,长期作为企业的定价策略并不合适。

知识点延伸

当今社会，市场上的产品极大丰富。不同的产品甚至同质的产品都面临着消费者主观的价格比较。在这种价格比较过程之中产生的不同产品或服务在价格上的差异就是消费者价格公平感知。在价格感知的研究中，莉萨·博尔顿（Lisa Bolton）第一个定义了价格公平感，她从结果公平与过程公平两个角度，将价格公平感定义为消费者对其决策中面对的产品的定价及其过程是否合理、是否可以接受、是否公平三个维度的主观判断。而在这个定义中，消费者感知产品的价格公平是需要借助参考条件以及一些定价标准和定价过程标准进行判断的。

由于价格感知是消费者主观的判断，同时也受消费者心理因素、生活经验和记忆的影响，因此在价格公平感的研究中，我们还需要将消费者价格公平感知的以下几个特征考虑在内：

首先，相较于价格公平感，价格不公平感更能被消费者清晰地感知到。消费者在拥有客观标准以及进行客观比较时，可以清楚地了解到自己面临着价格不公平，但他们却无法清晰地感知到价格公平，同时价格公平的描述对消费者来说也是十分困难的。

其次，价格公平感可以通过消费者的比较得出。这里具体存在两种比较——内隐的自我比较以及外显的他人比较。一方面，消费者有可能在面对产品价格时，通过与其内心由印象、记忆等因素影响得出的特定价格进行对比，引发价格公平感。例如，消费者可以将自己面对的较高价格与自己印象中的较低价格进行对比，进而产生较弱的价格公平感。另一方面，消费者可能通过对比产品价格与其他参考价格，引发价格公平感。例如，消费者可以将自己面对的较高价格与他人面对的较低价格进行对比，进而产生较弱的价格公平感。

最后，由于消费者的价格公平感是一种主观的判断，因此往往是存在偏差的。可以说，价格公平感深受消费者心理因素的影响和调节。例如，在价格公平有利于消费者的时候，消费者会产生夸大价格公平的动机，而在价格公平不利于消费者的时候则恰恰相反。

14.3　产品价格定位

产品价格定位要根据产品的性质、消费者的需求来灵活进行。高价定位产品可获利,低价定位产品同样也有利可图。

产品的定价是营销策略中一个十分重要的问题。它关系到产品能否顺利进入市场、能否在市场上站稳脚跟,关系到企业能否实现利润最大化。然而,在企业的市场营销战略实践中,定价决策的地位一度被忽视。据《商业周刊》的调查,直到 20 世纪 80 年代中叶,高层营销经理才基本上认同定价决策是其主要职能之一。作为营销经理,应该经常研究定价策略,根据销售预测和市场占有率的大小,来决定并采取对企业有利的定价策略。

在价格定位之前,应首先了解竞争者同类产品的价格定位情况以及产品的生产成本。它的具体操作如下:

1. 价格定位的可行性分析

(1) 目标市场的消费者对产品价格的敏感程度如何?

(2) 预期的价格定位是什么?

(3) 产品成本的特点能否支持这种价格定位?

(4) 产品的其他特征,尤其是质量,能否与价格定位相匹配?

2. 选择高价定位方式

(1) 炫耀式的高价定位

产品是那些富豪用来显示其身份地位和经济实力的,高价格则是其标志。

① 产品的质量极高、声誉极好、象征意义突出,如宝马汽车;

② 产品的所有部件均质地优良;

③ 产品的外观装饰豪华、高贵;

④ 目标市场消费者不在乎价格的高低。

采用高价定位的关键在于提高消费者对产品的认知价值,这就意味着企业必须不断加强产品自身的诱惑力,增加产品的附加价值,更重要的是,要始终比竞争对手做得更好;否则,就有可能只获得短期的成功,却不能保证长期生存。

(2) 优质的高价定位

以产品的优质为基础,质地相符的定位。

① 消费者对产品的质量无法凭现有的信息判定,只能根据价格的高低得

出结论,如热水器;

② 消费者需要较长时间才能了解质量的优劣,如冰箱等耐用消费品;

③ 消费者对产品的质量非常重视,高价位能使其对产品质量产生信任感,如化妆品;

④ 价格要比其他竞争对手的价格更突出,质量也同样如此;

⑤ 能不断地创新,始终走在对手的前面。

高价定位必须以产品优质为后盾,而且产品的优质性必须突出,使消费者能够实实在在地感受到;否则,情况就会不妙。

在大陆推出"康师傅"方便面,并大获成功的台湾顶新集团,同时也在大陆推出过"顶好清"香油。尽管都是创新产品、高价定位,但后者并未获得成功。主要原因就在于"顶好清"香油与大陆产的小磨香油之类高级食用油的质量差别并不是很大,高价中所号称的"高质"与其他竞争者的质量差异不大,犯了定位不清的错误。"康师傅"的定位非常成功,为顶新集团带来了巨额财富,使台湾这家以食品制销为中心的企业集团获得了新生,为其奠定了辉煌的基础,而"顶好清"香油则销声匿迹了。

一般来说,消费者都认同"一分钱,一分货"的看法,因此,如果有真正优质的产品,高价策略是行得通的。

(3) 高水平服务的高价定位

高价位反映了产品附加服务的高水平,消费者对产品使用有安全感和依赖感,如 IBM 电脑。

(4) 高档次的高价定位

高价位显示了产品档次高、质量好的信息,同时也体现了消费者对它的心理认可,产品能给消费者带来自尊和优越感的心理满足,比如香港和记电讯公司。香港和记电讯公司的手提电话比很多竞争对手的价格都要高,但仍然为许多消费者所接受。其原因就在于用优质的服务来支持高价定位。该公司通过多种形式,不断向消费者传递自己能做到而其竞争对手做不到的信息。

3. 选择低价定位方式

(1) 应用低价定位必须满足的条件

① 产品的价格弹性大,即目标消费群体对价格的敏感度高,低价能使产品的市场占有率提高;

② 生产成本和销售成本要能随着销量的增大而不断降低;

③ 低价格要能够使现实的和潜在的竞争对手减少；

④ 即使价格低，也要适销对路。

（2）高质低价定位

提供优质产品和优质服务，价格却定在目标市场购买力中等水平范围内，以高质低价优势使消费者获得更多的利益，从而形成自己的独特形象。但必须注意以下两点：

① 绝对价格可能并不很低，低价是相对于提供的产品与服务质量较高而言的。

② 使消费者能意识到自己是用中等的费用获得高质量的满足。

（3）中质低价定位

产品质量和服务符合一般标准，价格却定在较低水平上，以低价格为优势，向消费者提供更多的利益。但同样也需注意以下三点：

① 目标消费者一般是既注重价格——对价格非常敏感，又注重质量——不希望产品质量过于低劣。这是消费者中的大多数。

② 产品质量要基本符合要求，价格则应尽量低廉。

③ 企业要拥有相对于竞争对手产品成本更低的优势。

低价要求企业不断降低成本，获取成本优势。这将使得企业管理人员更加注重对企业内部经营和管理的改善，而有可能对市场需求、消费者偏好和竞争对手行为等的变化有所忽略，因为人的精力是有限的。

另外，中质低价定位的一个重要意图就在于挤走竞争者，通过维持一个非常低的价格，把降价空间小的竞争者排挤出市场。但企业要想达到这个目的，就必须设立各种障碍，成功阻止其他企业进入或重返本行业；否则，企业要取得市场规模优势是有困难的。

4. 选择中价定位方式

应考虑的问题如下：

① 找出消费者认同的中价范围；

② 寻找同类产品的中价空白点；

③ 突出产品价格之外的其他特色。

5. 选择固定价格定位方式

进行固定价格定位要考虑以下因素：

① 判定市场上竞争者产品价格是否频繁变动。
② 自己产品的质量要比较稳定。
③ 产品已经具有一定的知名度。
④ 价格变动时要有足够的理由,并需要与消费者进行充分的沟通。
⑤ 让消费者相信价格的变动与质量无关。

总之,价格高低是一个相对的概念。不同消费能力、不同消费习惯的人,对同一个价位会有不同的评价。定位于高价还是低价,首先要针对目标市场消费者。价格是高还是低,主要以产品的质量为基础。质量好的产品,虽然绝对价格很高,消费者也不会觉得高;质量差的产品,即使绝对价格低,消费者也会感觉价格很高。因此,价格定位要考虑产品的质量水平,应该质价相符。高质低价的定位一般是行不通的。

知识点延伸

一家企业通过定价来追求的主要目标大致有八个方面的内容。

1. 追求利润最大化

企业追求一定时期内可以获得的最高利润就是追求利润最大化。利润来自价格与销售额,利润最大化并非意味着价格最高。在此目标下,经理人在决定价格时就要考虑以何种价格销售可以使利润达到最大化。当企业与产品在市场上享有较高声誉,在竞争中处于有利地位或处于绝对垄断地位时,追求利润最大化是可行的。但市场变化万千,产品日新月异,科技飞速发展,任何企业都不可能永远保持领先和垄断地位。在更多情况下,企业把追求利润最大化作为一个长期定价目标,同时选择一个适应特定环境的短期目标来制定价格。

2. 提高市场占有率

市场占有率是企业经营状况和产品竞争力状况的综合反映。较高的市场占有率可以保证企业产品的销路,便于企业掌握消费需求变化,形成企业长期控制市场和价格的能力,并为提高企业利润率提供可靠保证。事实上,紧随着高市场占有率的往往是高利润率。提高市场占有率比提高利润率的意义更为深远,正因为如此,提高市场占有率通常是企业普遍确定的定价目标。以低价打入市场,开拓销路,逐步占领市场是以提高市场占有率为定价目标时普遍采用的方法。

3. 实现预期的投资回报率

投资回报率反映企业的投资效益。企业对所投入的资金,都期望在预期时间内分批收回。为此,定价时一般在总成本费用之外加上一定比例的预期盈利。在产品成本费用不变的条件下,价格高低取决于企业确定投资回报率的大小。因此,在这种定价目标下,投资回报率的确定与价格水平直接相关。

4. 实现销售增长率

在其他条件不变的情况下,销售增长率的提高与市场份额的扩大是一致的。因此,追求一定的销售增长率也是企业的重要目标之一,特别是在新产品进入市场以后的一段时期内。但由于竞争激烈的市场经常变化,市场份额的大小更多地取决于企业与竞争对手的销售对比状况,而且,销售增长率的提高也不一定必然带来利润的增加。因此,企业应结合市场竞争状况,有选择地实现有利可图的销售增长率。企业还可以通过降低某种商品价格的做法来实现总销售额增长的目标。这是零售商店经常采用的做法。

5. 适应价格竞争

价格竞争是市场竞争的重要方面。因此,处在激烈市场竞争环境中的企业经常将适应价格竞争作为定价目标。实力雄厚的大企业利用价格竞争排挤竞争者,借以提高其市场占有率。如格兰仕就被人喻为"价格屠夫",其以极低的价格来阻止竞争者的进入。经济实力弱小的企业则追随竞争者价格或以此为基础做出抉择。在低价冲击下,一些企业被迫退避三舍,另辟蹊径开拓市场。

6. 保持营业

以企业能够继续营业为定价目标,通常是企业处于不利环境中实施的一种缓兵之计。当企业遭到原材料价格上涨、供应不足、新产品加速替代等方面的猛烈冲击时,产品就难以按正常价格出售。为避免倒闭,企业往往推行大幅度的打折促销方案,以保本价格甚至亏本价格出售产品以求收回资金,维持营业,并争取到研制新产品的时间,重新问鼎市场。

7. 稳定价格

良好的企业形象是无形的资产和财富,是企业成功运用市场营销组合赢得的消费者信赖,是长期积累的结果。有些行业的市场供求变化频繁,但行业中的大企业为了维护信誉,往往采取稳定价格的做法,不随波逐流,以给消费者企业财力雄厚、靠得住的感觉。

8. 估计成本

需求在很大程度上可以作为企业制定产品价格并确定最高价格的限度,而企业的成本是底线。经理人制定价格,应既包括企业所有生产、分销和推销产品的成本,又包括企业所做的努力和承担风险的一个公平的报酬。定价时,分析并估算自己的成本是很有必要的。

14.4 网络营销定价管理的程序

在网络营销中,价格的决策流程可以分成几个相互联系而又各具特点的阶段,确定在线产品价格的程序一般包括以下几个步骤:

1. 确定定价目标

定价目标是指企业通过制定产品价格所要达到的目的。它是企业选择定价方法和制定价格的依据。不同企业有不同的定价目标,即使是同一家企业,在不同时期也有不同的定价目标。因此,企业定价目标并不是单一的,而是一个多元的结合体,企业在不同的定价目标下制定出的商品价格也各不相同。在网络营销中,企业的定价目标主要有:以维持企业生存为定价目标,以获得当前利润最大化为定价目标,以追求市场占有率最大化为定价目标,以树立和改善网站形象为定价目标,以应对和防止竞争为定价目标。

2. 分析与测定市场需求

分析与测定市场需求是企业确定产品价格的一项重要工作。首先需要确定目标市场:究竟谁是我们的客户?谁是潜在的客户?可通过细分市场的方法来确定目标市场。然后对客户的需求进行分析(从客户的行为、心理、地理、消费方式、消费频率、价格弹性、潜在规模等方面分析其需求),需求分析的主要内容包括:市场需求总量,需求机构的测定,预计网络消费者可接受的价格,不同价格水平下人们可能购买的数量与需求价格弹性,等等。

3. 计算或估计产品成本

在线产品的原始成本将直接影响到产品的价格,是制定价格的最低经济界限。按在产品价格形成中的作用不同,产品成本可分为社会成本和企业成本。社会成本,是指所有生产或经营该产品的同类企业成本的平均值,或有代表性的典型企业、地区的成本。社会成本是网络营销产品定价的直接依据,在激烈竞争的市场环境下,社会成本对产品价格的形成在客观上起着决定性的作用,因此,应作为企业定价时的重要参考依据。企业成本是指企业在生产、经营过程中实际发生的成本。企业成本应尽量接近社会成本或低于社会成本。成本分析的内容包括:一是确定产品成本构成。可采用 ABC 成本分析法(作业成本分析法)或者价值链分析方法。二是评估产量、销量对成本的影响,例如是否存在规模效应。三是分析产品的成本优势。和竞争对手相比,成本优势在何处?四是分析经验曲线对生产成本的影响。经验曲线显示了在一定时期、一定范围内,平均成本随着生产经验的积累而以一定的比例下降。五是考虑企业对成本的控制能力。企业对研发能力、节省成本的能力、供应商的砍价能力等的控制程度有多大?

4. 分析竞争对手的定价策略

分析和了解竞争对手是企业制定战略及策略的基础。为此,企业营销人员必须了解和分析以下问题:自己的竞争对手是谁?他们的营销目标是什么?有何优势和劣势?采取何种定价策略?实施效果如何?对本企业的影响程度如何?……这样,企业才能有效地防御竞争对手的进攻,并选择适当的时机攻击竞争对手,赢得生存和发展的空间。

5. 选择定价方法

如前文所述,定价方法主要有成本导向定价法、需求导向定价法和竞争导向定价法等。值得注意的是,不同的定价方法各有其优势和适用条件。

6. 确定最终价格

需求与成本限定了价格弹性的延伸。在最高和最低界限之间,竞争、法律及伦理因素也将影响某一具体价格的制定。在产品正式进入市场之前,企业可能进行"试销售",以测试市场反应和根据消费者需求对产品做最后的改进,并征询消费者对价格的意见和建议。在一切准备就绪后,产品的最后售价就确定了。

7. 价格信息反馈

产品的售价应根据市场状态、竞争者价格、替代品状况进行适当的调整,因此,企业要经常收集价格的反馈信息,使产品价格与消费者的价格期望相一致,以维持产品的市场占有率。

知识点延伸

在产品经营过程中,适当的价格对于扩大产品销量起着重要作用。这是因为价格是影响市场需求和购买行为的重要因素。价格定得合理,就可以扩大产品销量,提高市场占有率,增加企业利润;反之,则会使产品滞销,增加库存,积压资金。所以,一款好产品不仅要有好的质量、好的推广方式,同时还要有一个适当的价格定位。尤其是在当今市场竞争激烈的情况下,价格定位更是重中之重。价格定高了,没有竞争优势;价格定低了,亏损的风险就产生了。究竟价格定在多少才合适,营销经理要根据实际情况采取灵活的价格定位策略。

产品的最高价格取决于其市场需求,最低价格取决于其成本费用。在最高价格和最低价格的幅度内,企业能把产品价格定多高,则取决于竞争对手同种产品的价格水平。所以,市场需求、成本费用、竞争产品价格对产品定价具有重要的影响。

本章要点

1. 了解网络定价的策略。
2. 了解基本定价的方法和决定价格的主要因素。
3. 掌握网络营销定价的实务。

分析思考园地

1. 从供求双方的视角,谈谈网络对定价策略的影响。
2. 为什么说网络的出现增加了动态定价策略的机会?
3. 请举例说明某公司或某网站是如何实施定价策略的。这种定价策略属于哪一类,其影响如何?

篇后研习

一

休布雷公司是美国生产和经营伏特加酒的专业公司,其生产的史密诺夫酒在伏特加酒市场享有较高的声誉,市场占有率达23%。20世纪60年代,另一家公司推出了一种新伏特加酒,其质量不比休布雷公司的史密诺夫酒差,每瓶的价格却比它低1美元。

面对对手的价格竞争,按照惯常的做法,休布雷公司有三种策略可以选择:降价1美元,以保住市场占有率;维持原价,通过增加广告费用和推销支出与竞争对手相抗衡;维持原价,听任自己的市场占有率下降。

由此可以看出,不论休布雷公司采取其中哪种策略,它似乎都输定了。然而,休布雷公司的市场营销人员经过深思熟虑之后,却策划了对方意想不到的第四种策略,即将史密诺夫酒的价格再提高1美元,同时推出了一种与竞争对手的新伏特加酒类似的瑞色加酒和另一种价格低一些的波波酒。其实这三种酒的品质和成本几乎相同。但实施这一定价策略却使休布雷公司扭转了不利局面:一方面提高了史密诺夫酒的地位,使竞争对手的新产品沦为一种普通的品牌;另一方面则不影响该公司的销售收入,而且由于销量大增,其利润也大增。

思考题:

说说休布雷公司是如何制定有效的产品价格的?

二

从推出9.9元"新飘柔",到2006年年底飘柔精华护理系列全线7.3折、潘婷护发精华素降价19%的促销广告在央视一套、各地方卫视、地方台等黄金时段狂轰滥炸,这一切都标志着宝洁公司全面陷入洗发、护发行业价格战的泥潭之中。

一直高昂着头、多年稳居行业销售冠军的"行业教父",为何发动如此声势浩大的价格战?

在中国市场上凭借多品牌策略和广告轰炸一直高歌猛进的宝洁公司,面对知名及不知名品牌的疯狂围攻和蚕食,步伐开始显得有些凝重:宝洁公司的品牌影响力在一级市场也遭受了严峻考验,中高端消费群体以惊人的速度向强势竞品和干扰性竞品分散流失;在二、三级市场更是力不从心,首尾难以兼顾。继宝洁公司的润妍洗发水黯然退出市场之后,2006年7月面世仅两年的激爽沐浴露也宣布全面退出中国市场。仔细算来,宝洁公司除了刚进入中国时推出的几个品牌,这几年陆续推出的新品牌都无一例外地遭受打击,不是无法达成预期目标,就是对市场冲击不够,或者干脆销声匿迹。这一系列的失败打破了宝洁"神话","行业教父"的地位名存实亡。

如果不能摆脱这种局面,重振雄风,必将在内部员工、合作伙伴、消费者等层面爆发信心危机,因此,宝洁公司势必背水一战。

思考题:

1. 利用网络资源,找一找当下利用价格优势取得市场竞争优势的案例,说一说价格战的危害。

2. 请进行实践调查,了解宝洁公司目前在中国市场上的产品价格,试通过市场价格比对分析宝洁公司的定价策略。

第7篇

数字时代网络营销的传播

开篇综述

一个传播过程包含五大要素：谁（who），说了什么（says what），通过什么渠道（in which channel），对谁说的（to whom），产生了什么效果（with what effect）。这就是经典的拉斯韦尔"5W"模式。

电视、电台、报纸、杂志等媒体的广告量都在下滑，相反，微信、微博、今日头条、一点资讯、视频、直播、网络游戏等网络媒体迅速崛起，我们告别了以央视广告为代表的"标王时代"，迎来了"内容为王"的传播时代；现在真的没有必要再花费巨资去搞大场面的营销活动，而是要把钱省下来，策划更加有趣有料的精品活动，然后通过各种自媒体在网络上进行"病毒式"的传播。总体而言，营销传播的目标就是要用最小的成本获取更大的关注。

第 15 章　网络营销传播的实现

15.1　互联网的整合营销传播

整合营销传播的开展是 20 世纪 90 年代市场营销界最为重要的发展。它以美国西北大学教授唐·舒尔茨（Don Schultz）及其合作者斯坦利·田纳本（Stanley Tannenbaum）、罗伯特·劳特朋（Robert Lauterborn）在 1992 年出版的全球第一部《整合营销传播》专著为标志。同时，整合营销传播理论作为一种实战性极强的操作性理论，也得到了企业界的广泛认同。

15.1.1　互联网的整合营销传播基本概念

根据美国广告公司协会（American Association of Advertising Agencies）对整合营销传播所下的定义，整合营销传播是一个营销传播计划概念，要求充分认识到制订整体计划时所使用的各种带来附加值的传播手段，如普通广告、直接反应广告、销售促进和公共关系，并将之结合，提供具有良好清晰度、连贯性的信息，使传播影响力最大化。由此可知，整合营销传播首先是将广告、促销、公关、直销、CI（企业视觉形象识别）、包装、新闻媒体等一切传播活动都涵盖到营销活动的范围之内；其次，也是更为重要之处在于，整合营销传播将与企业进行市场营销有关的所有传播活动以统一的传播资讯传达给消费者，突出整合营销传播的核心思想在于营销传播的一元化策略，即"用一个声音说话"。整合营销传播的最终表现就是基于品牌核心价值，通过全方位、多维度的跨媒体营销传播方案与工具，建立清晰的品牌形象，实现与竞争品牌的有效区隔。

网络空间维度与平台站点数量正在以日新月异的速度发生变化。由于网络平台站点的爆发式增长,在目前的营销传播环境下,网络空间的信息传播严重超载,受众的注意力大幅削减;同时,受众的在线行为日益呈现出明显的个性化与多样性,任何一种媒体有效涵盖的受众都变得越来越少。根据网络空间的深度衍化与网络受众变化轨迹的发展特点,基于互联网实施整合营销传播并对原有的着力于线下的整合营销传播理论进行线上平移已是大势所趋。在这一背景下,企业的营销传播行为必须与时俱进,树立基于网络的整合营销传播理念,充分利用网络在信息传播深度、速度、广度等方面的优势,全面塑造与传播统一清晰的品牌理念和品牌信息。此外,基于网络的整合营销传播还要注重与离线的整合营销传播相互统一。这也意味着,围绕企业品牌的全面整合营销传播包括:离线的整合营销传播,在线的整合营销传播,离线与在线相互统一的整合营销传播。

15.1.2 互联网的整合营销层次和方法

在网络营销活动中,如何做好整合营销传播呢?一般来说,实践中的整合营销传播,根据整合的深度不同,体现出不同的层次。在网络营销管理学中,人们将整合营销传播分为七个层次,见表15.1。

表 15.1 整合营销传播的七个层次以及对它的具体认识

层次	具体认识
认知的整合	这是实现整合营销传播的第一个层次,只要求营销人员认识或明了营销传播
形象的整合	第二个层次牵涉到确保信息与媒体一致性的决策。信息与媒体一致性一是指广告的文字与其他视觉要素之间达到的一致性,二是指在不同媒体上投放广告的一致性
功能的整合	第三个层次是把不同的营销传播方案编制出来,选出具有一定功能性的服务营销目标(如销售额与市场份额)方案,也就是对每个营销传播方案的优势和劣势都进行详尽的分析,筛选和整合符合特定营销目标的传播方案
协调的整合	第四个层次是人员推销功能与其他营销传播要素(广告、公关、促销和直销)等被直接整合到一起,这意味着各种手段都用来确保人际营销传播与非人际营销传播的高度一致,例如推销人员所说的内容必须与其他媒体上的广告内容协调一致

(续表)

层次	具体认识
基于消费者的整合	营销策略必须在了解消费者需求和欲望的基础上锁定目标消费者,在给予产品明确的定位以后才能开始营销策划,换句话说,营销策略的整合使得战略定位的信息直接传达给目标消费者
基于风险共担者的整合	这使营销人员认识到目标消费者不是本机构应该传播的唯一群体,其他共担风险的经营者也应该包含在整体的整合营销传播战略之内
关系管理的整合	这一层次被认为是整合营销传播的最高阶段。关系管理的整合就是要面向不同的关系单位进行有效的传播,企业必须发展有效的战略,这些战略不只是营销战略,还包括制造战略、工程战略、财务战略、人力资源战略以及会计战略等

现代管理学将整合营销传播分为客户接触管理、沟通策略及传播组合等几个层面。整合营销传播一方面把广告、促销、公关、直销、CI、包装、新闻媒体等一切传播活动都涵盖到营销活动的范围之内,另一方面则使企业能够将统一的传播资讯传达给消费者。所以,整合营销传播也被称为"用一个声音说话",即营销传播的一元化策略。在这样的前提下,整合营销传播的步骤大致是这样的:

1. 建立消费者资料库

这个步骤的起点是建立消费者和潜在消费者的资料库,资料库的内容至少应包括消费者态度的统计信息和以往的购买记录等。整合营销传播和传播营销沟通的最大不同在于,整合营销传播是将整个焦点置于消费者、潜在消费者身上,因为所有的厂商、营销组织,无论是在销量上还是在利润上的成果,最终都依赖于消费者的购买行为。

2. 研究消费者

这是第二个重要的步骤,就是要尽可能地将消费者及潜在消费者的行为方面的资料作为市场划分的依据,相信消费者的"行为"资讯比其他资料如"态度与意想"的测量结果更能清楚地显现其在未来将会采取什么行动,因为用过去的行为推论未来的行为更为直接有效。在整合营销传播中,可以将消费者分为三类:对该品牌的忠诚消费者,其他品牌的忠诚消费者,游离不定的消费者。很明显,这三类消费者有着各自不同的"品牌网络",而要想了解消费者的品牌网络,就必须借助于消费者行为资讯。

3. 接触管理

所谓接触管理,就是企业可以在某一时间、某一地点或某一场合与消费者进行沟通。这是20世纪90年代市场营销中一个非常重要的课题。在以往消费者自己会主动找寻产品信息的年代,企业"说什么"要比"什么时候与消费者接触"更重要。然而,现在的市场由于资讯超载、媒体繁多,干扰的"噪声"大大增加了。目前最重要的是企业"如何、何时与消费者接触",以及采用什么样的方式与消费者接触。

4. 发展传播沟通策略

这意味着在什么样的接触管理之下,该传播什么样的信息,而后,为整合营销传播计划制定明确的营销目标。对大多数的企业来说,营销目标必须非常正确,同时在本质上也必须是数字化的目标。例如对一个擅长竞争的品牌来说,营销目标就可能是以下三个方面:激发消费者试用该品牌产品;在消费者试用过后积极鼓励其继续使用并增加用量;促使其他品牌的忠诚消费者转换品牌并建立起对该品牌的忠诚度。

5. 创新营销工具

营销目标一旦确定之后,第五步就是决定要用什么营销工具来达成此目标。显而易见,如果我们将产品、价格、渠道都视为与消费者沟通的要素,则整合营销传播企划人将拥有更多样、广泛的营销工具来完成企划,其关键在于哪些工具、哪种组合最能协助企业达成传播目标。

6. 整合传播手段

最后一步就是选择有助于达成营销目标的传播手段。这里所用的传播手段可以无限宽广,除了广告、直销、公关及事件营销,事实上还包括产品包装、商品展示、店面促销活动等。只要是能协助达成营销及传播目标的方法,都是整合营销传播中的有力手段。

中国营销好故事

《王者荣耀》的品牌传播组合拳

《王者荣耀》这款游戏拥有上亿的用户和玩家,之所以在市场上能取得良好的口碑和较高的品牌知名度,很大程度上得益于营销团队打出的营销组合拳。

为了扩大品牌影响力,获得更强的市场竞争力,《王者荣耀》游戏营销团队借助多元的传播和曝光渠道,发起多样化、富有乐趣和创意的社交互动环节,以增强玩家和大众对《王者荣耀》存在感的认知。首先,营销团队从宣传海报上下功夫:以五人背影制造悬念,吸引感兴趣的人扫描二维码或者"绕到正面看一看"来揭晓谜底,从而诠释和突出《王者荣耀》"开黑"这一社交属性。接着,《王者荣耀》与必胜客进行合作,结合游戏中的人物、内容以及必胜客产品特色打造主题海报并推出联合促销活动,将游戏与现实连接起来。此外,《王者荣耀》还发布了一系列预告片,进一步设置悬念,并结合同款海报打造出电影感和高级感进行预热,又赚足了一波眼球。之后,借助《王者荣耀》电子竞技赛事中的知名战队和明星选手进行市场推广,引发网友围观。最后,发布完整的商业广告视频,非常独到而又鲜明地体现出了"无处不团,你也在玩"的活动主题和游戏品牌理念。

为了进一步稳固市场,《王者荣耀》营销团队还打出数字化文旅组合拳。2019年,《王者荣耀》营销团队与佛山的文创、电竞等领域合作,围绕武术文化,用数字化的、更加富有趣味性的手段向年轻人推广武术文化。

2020年,《王者荣耀》正式推出"国民记忆"文创主题,基于清明、端午、七夕、中秋等传统节日,先后与"山东潍坊风筝节""广州乞巧文化节"等全国各地非物质文化遗产、民俗文化展开合作,打造"荣耀中国节"系列文创主题,获得广泛关注。《王者荣耀》用数字化的方式不断进行创新探索,让传统文化在新生代潮流中焕发出新的活力,努力尝试未来更多文化共创项目的落地和扩容。

多种渠道、方式、形式的结合与统筹,让《王者荣耀》的品牌推广活动具有非常鲜明的层次感,环环相扣、充满创意与张扬风格的活动形式与形象,有效地吸引了年轻玩家的关注和参与,在全方位、多元化的传播中,不断让游戏特色和品牌形象深入人心。

资料来源:《腾讯〈王者荣耀〉携手佛山打出数字化文旅组合拳》,中国新闻网,2020年11月20日;《网络营销:整合营销传播中的经典案例回顾》,合一技术,http://www.86inc.com/news/yxzx/100000946.html(访问时间:2022年1月2日)。

15.2 网络广告

随着网络信息技术的高速发展,以互联网为传播媒介的网络广告已成为现代社会中最热门的广告形式,无论是广告公司还是营销企业都面临着改变营销传播方式的机遇和压力。与传统的四大媒体(报纸、杂志、电视、广播)广告和户外广告相比,网络广告具有得天独厚的优势,是实施现代营销战略的重要手段之一。

15.2.1 网络广告的概念和特点

1. 网络广告的概念

广告是通过一定的传播媒介向目标受众传达特定信息的活动。与电视广告、报纸广告一样,网络广告只是广告的一种形式,与其他广告形式的区别在于传播媒介不同。所以,网络广告是基于网络媒体的一种电子广告形式。

网络广告又称在线广告、互联网广告,是指以网络作为广告媒体,采用相关的多媒体技术设计制作,并通过网络进行传播的广告形式。网络广告的传播内容是通过数字技术进行艺术加工和处理的信息,广告主通过互联网传播广告信息,使广告受众认同和接受其产品、服务或观念等,并激发受众的兴趣和行为,以达到推销产品和服务的目的。

> **知识点延伸**
>
> 网络广告起源于美国。1994年10月14日,美国著名的Wired杂志推出了网络版Hotwired,并在其主页上刊载了AT&T等14个客户的旗帜广告。我国第一个商业性网络广告出现在1997年3月,传播网站是ChinaByte,广告表现形式为468像素×60像素的动画旗帜广告。英特尔和IBM是国内最早在互联网上投放广告的广告主。

2. 网络广告的特点

(1) 网络广告的优点

与其他广告形式相比,网络广告的优点主要表现在以下七个方面:

① 互动性和纵深性。网络广告信息传播是互动的,用户可以主动获取他们认为有用的信息,填写并提交在线表单信息。广告主也可以随时得到用户的反馈信息,并与用户进行在线交流。同时,用户根据需要,通过链接就能获取更详细的有关产品服务的信息。

② 实时性和快速性。互联网快速的信息传播功能使网络广告具备较强的实时性和快速性。在刊播网络广告时,广告主可以根据需要及时更改广告信息。网络广告制作周期比较短,形式简单的网络广告能在极短的时间内完成制作与发布。

③ 准确跟踪并衡量广告效果。借助于互联网,网络广告商通过监测广告的浏览量、点击率等指标,能够精确地统计广告的传播情况,判断广告效果,使广告主有条件及时跟踪和了解广告受众的反应,分析客户和潜在客户的需求。

④ 传播范围广。网络广告信息的传播不受时间和空间的限制,用户在任何时间、任何地点,只要登录相关页面,就能浏览广告信息,并与广告主进行有效沟通。

⑤ 可检索性。网络广告可以供用户主动检索。借助于搜索引擎,用户可以在网上检索自己需要的任何信息。

⑥ 针对性强。广告主一般选择特定的网站发布网络广告,而每个网站一般都有特定的访问者。广告主在投放网络广告时,能够针对目标受众做到有的放矢,并根据广告目标受众的特点、兴趣和品位设计广告信息、广告形式及广告效果。

⑦ 灵活多样的投放形式。多媒体是网络广告的一大特点,网络广告可以将文字、图像、声音、三维空间、虚拟视觉等有机地组合在一起,实现多种形式灵活投放,以增强广告的传播效果。

(2) 网络广告的缺点

互联网作为现代信息传播的主要媒介,尽管具有信息量大、时效性和交互性强等特点,但仍难以取代传统媒体。以互联网为媒体的网络广告也存在以下明显的不足:

① 网络广告相互干扰性强。在一个网页中同时显示多种形式的网络广告,广告信息之间的干扰性强。

② 网络广告的重复性差。与传统媒体那种通过不断重复广告信息,引起受众注意的广告发布方式相比,网络广告难以通过重复来增强传播效果。尽管

弹出式广告能引起受众的注意,但也极易引起他们的反感。他们在浏览网页时很少会点击弹出式广告,而是会习惯性地将其关闭。

③ 网络广告的可信度低。与报纸、电视、广播等传统媒体相比,网络的虚拟性大大降低了其作为媒体的可信度,也使网络广告成为可信度较低的广告形式。

④ 网络技术对网络广告的过滤。用户为了减少网络广告产生的干扰,可通过技术手段过滤网页中的广告。目前,一些主流的浏览器都有这种功能,用户通过相关设置即可达到过滤弹出式广告、浮动广告的目的。

知识点延伸

根据中国互联网络信息中心的调查,截至 2019 年 6 月,在使用搜索引擎时,有 94.1% 的用户意识到搜索结果中含有广告,仅有 5.9% 的用户没有意识到要搜索的结果中包含广告。目前搜索引擎广告在用户中已经有了较为普遍的认知度。

网络对其他媒体的融合使得用户的媒体消费习惯越来越集中于网络。这必然导致广告资源流向互联网,网络广告相对于其他媒体广告将在较长的时间内保持较快的增长速度。

15.2.2 网络广告的形式

最初的网络广告就是网页本身。随着网络信息技术的发展,网络广告的形式也越来越多。常见的网络广告形式有以下 10 种:

1. 旗帜广告

旗帜广告(banner ads)是以 GIF、JPG 等格式建立的图像文件,可以定位于网页中的不同位置,大多用来表现广告内容。

旗帜广告有多种表现形式和规格,其中最早出现且最常用的是 468 像素×60 像素的标准旗帜广告。根据旗帜广告规格的不同,可将其分为横幅广告、条幅广告、按钮广告、摩天大楼广告等。

2. 文本链接广告

文本链接广告(text link ads)是一种对访问者干扰较少但效果较好的网络

广告形式。文本链接广告位置的安排非常灵活,可以出现在页面的任何位置,可以竖排,也可以横排,每一行就是一则广告,单击每一行都可以进入相应的广告页面。

3. 电子邮件广告

电子邮件是人们经常使用的互联网工具之一。电子邮件广告(e-mail ads)针对性强,费用低,广告内容不受限制。

电子邮件广告一般采用文本格式或 HTML 格式。文本格式广告,通常是把一段文字广告信息放置在新闻邮件或经许可的电子邮件中,或设置一个 URL(统一资源定位系统),链接到广告主公司主页或者提供产品或服务的特定页面。HTML 格式的电子邮件广告可以插入图片,与网页上的旗帜广告基本相同。由于许多电子邮件系统的兼容性不强,因此访问者有时看不到完整的 HTML 格式的电子邮件广告。相比之下,文本格式的电子邮件广告因兼容性强,广告效果也比较好。

4. 赞助式广告

赞助式广告(sponsorship ads)不仅是网络广告的一种形式,也是广告传播的一种方式,可以是旗帜广告形式中的任何一种。常见的赞助式广告包括:内容赞助式广告,即通过广告与网页内容相结合,向访问者传播广告信息;节目/栏目赞助式广告,即结合特定专栏/节目发布相关广告信息,例如一些网站上常见的"旅游文化""软件天地""奥运专题"等;节日赞助广告,即结合特定节日刊播的广告,例如情人节广告等。

5. 插播式广告和弹出式广告

插播式广告(interstitial ads)是在两个网页内容显示切换的中间间隙显示的广告,也称过渡页广告。插播式广告有不同的尺寸和类型,有全屏的也有小窗口的,有静态的也有动态的,互动的程度也有所不同。访问者可以通过关闭窗口使广告不显示出来,但的出现却没有任何征兆。

弹出式广告(pop-up ads)是在已经显示内容的网页上出现的、具有独立广告内容的窗口,一般在网页内容下载完成后弹出广告窗口,直接影响访问者浏览网页内容,因而会引起受众的注意。

弹出式广告的另一种形式是隐藏式弹出广告(pop-under ads),即广告信息是隐藏在网页内容界面的,网页刚打开时不会立即弹出,当关闭网页窗口或对窗口进行操作（如移动、改变窗口大小、最小化）时，广告才会弹出。

插播式广告和弹出式广告共同的缺点是可能引起访问者的反感。为此，许多网站都限制了弹出式广告的规格（一般只有1/8屏幕的大小），以免影响访问者的正常浏览。

6. 在线互动游戏广告

在线互动游戏广告（interactive games ads）是一种新型的网络广告形式，被预先设计在网上的互动游戏中。在一段页面游戏开始、中间、结束的时候，广告可能随时出现，广告商还可以根据广告主的要求，定制与广告主产品相关的互动游戏广告。

随着移动互联网的普及，网络游戏作为一种新型的娱乐休闲方式受到越来越多网友的欢迎。娱乐性强的计算机游戏对于许多网友都具有很大的吸引力，因此，在线互动游戏广告极具市场前景。

7. 分类广告

分类广告（classified ads）是指广告商按照不同的内容划分标准，对广告信息以目录的形式进行分类，以供有明确目标和方向的访问者进行查询及阅读。由于分类广告带有明确的目的性，因此受到许多行业的欢迎。

8. 搜索引擎广告

搜索引擎广告（search engine ads）是指通过向搜索引擎服务提供商支付费用，使用户在进行相关主题关键词搜索时，在结果页面的显著位置上显示广告内容（一般为网站简介及网站链接）的一种广告方式，具体形式包括搜索引擎排名、搜索引擎赞助、内容关联广告等。

9. 撕页广告

撕页广告（tear page ads）是指在访问者打开网页的同时，广告自动伸展成大尺寸，经过2～3秒后自动还原至小尺寸图标，并缩至页面左上角或右上角，访问者通过单击鼠标可以反复浏览广告信息。撕页广告的内容丰富，视觉冲击力强。

10. 微电影广告

微电影广告（microfilm ads）是为了宣传某个特定的产品或品牌而拍摄的有情节的、时长一般在5～30分钟的、以电影为表现手法的广告。微电影广告的本质依旧是广告,具有商业性和目的性。"电影""广告"和"微"是这个概念构成的三个关键要素。首先,微电影广告必须具备完整的电影叙事结构;其次,微电影广告的终极目标是实现对产品或服务的宣传、对企业与品牌形象的塑造;最后,微电影广告的播放时间短,可以在计算机、手机和其他一切兼容无线移动功能的视频设备上播放,满足受众在移动状态和短时休闲状态的传播需求。

与电影植入式广告相比,微电影广告改变了广告在电影这个内容平台上只能隐性植入的从属地位,将二者置于重合的界限关系中,电影就是广告,广告就是电影。在微电影广告中,情节构思、叙述方式、人物关系、场景与音乐、演员造型等因素皆围绕品牌要实现的广告目标而展开,广告是本体,电影是载体。

知识点延伸

电影植入式广告是指将相关企业的品牌要素及其代表性的视觉符号策略性地植入电影的画面或情节中,使得该企业的产品或服务能在电影受众脑海中留下一定的品牌印象。与电视广告相比,电影植入式广告在与外界隔离的封闭影院中播放,电影受众更能全身心地投入,广告留下的印象更深刻。和影院映前广告相比,电影植入式广告的传播更讲求"润物细无声"。相对于电影贴片广告而言,电影植入式广告是植入电影内容之中的,无法被人为删除或替换,而制片方和发行方的贴片广告在实际放映时,往往会被影院方删除或替换为影院的映前广告。

植入的产品一般由广告主提供,电影公司的植入活动仅仅花费少量成本,而且部分植入式广告可以帮助制片方盘活沉没成本。电影拍摄中的服装、场景、台词编写等成本支出,相当于财务管理中的沉没成本,即不管是否植入广告,电影制片方都必须付出的成本。电影植入式广告将电影制片方的沉没成本转化为收入,起到了化存量为增量的融资效果,植入式广告的预付款通常在电影前期制作阶段就能支付给电影制片方,成为其重要的资金来源,因此电影植入式广告事实上已变成一种重要的融资模式。而国内将这一模式运用得炉火纯青的导演就是冯小刚。冯小刚 2013 年的贺岁片《私人订制》在进入发行渠道之前,就通过植入的数十个品牌广告回收了近 8 000 万元的制作成本。

1948年,美国学者哈罗德·拉斯韦尔(Harold Lasswell)在其《传播在社会中的结构与功能》一文中提出了"5W模式"。虽然对于广告传播策划来说,经典的拉斯韦尔"5W"模式是必不可少的基本功,然而,对于具体的市场操作来说,应该结合实际工作经验进行有效的综合提升,这样的有效提升前提是有准确的广告传播策划定位,见表15.2。

表15.2 广告传播策划的十个定位

内容	说明
传播者自身定位	广告要求能够体现出广告制作的企业是干什么的,让人一看(或稍加思索)就明白这是做什么的企业
目标定位	广告要达到什么目的,是为了提高企业的品牌知名度以促进销售,还是为了表达某种情感,获得消费者好感,以期获得长期购买支持
受众定位	广告要给什么类型的消费者看,是不是所有的消费者,比如,奢侈品广告不可能播放给大众看,否则,这样广告的效果就会非常差
内容定位	广告说了些什么:广告播出后应该让消费者明白你所表达的意思,要达到这一效果,就要求紧紧围绕目标定位进行内容的阐述。例如,为了提高知名度,最简单的广告内容就是阐述产品有多么好,可以带来什么利益
表现元素定位	广告的表现形式很多,即使是平面媒体和户外媒体,也需要颜色搭配和图案的选择,对于电视和网络媒体则需要把声音、颜色及图案都有效地组合起来。只有组合得当,广告才能获得成功。例如,如果时尚产品的颜色搭配显得非常粗俗,那么受众自然不会对该产品感兴趣
风格定位	广告风格可分为欢快的、说理沉闷的、时尚现代的、传统怀旧的、温馨的、冷峻而慢条斯理的、悬念重生的、惊险的等多种风格。企业可以考察目前广告风格哪种比较多而反其道行之,也可以根据企业产品、受众、广告内容自行确定某一风格或风格组合
诉求方式定位	诉求方式可以分为理性诉求、情感诉求、暗示诉求三类。理性诉求就是摆事实,讲道理。情感诉求就是利用消费者的某种情感需要而进行广告击破。暗示诉求就是向受众传达一种"如果你不用我的产品,就会失去最好的选择"的感觉。例如,已经被禁止的强调"国优、省优、部优"等广告

（续表）

内容	说明
广告时空定位	广告时空定位是指如果在广告中利用时空的转换或时空的魅力图景，会引起消费者的兴趣。例如，高山、森林、瀑布、飞翔的苍鹰等在广告中的使用，给人带来一种遐想，使人寄托一种情感，这样会有利于消费者产生联想，对广告的效果有很大的推动作用
广告渠道定位	广告渠道定位主要是指针对消费者选择什么样的媒体。例如，是中央级媒体还是地方级媒体，是日报还是周报，是综合类媒体还是新闻类媒体或专业类媒体等
代言人定位	代言人定位主要是指代言人是明星还是平民，是人类还是非人类，是漫画还是动物等

本章要点

1. 理解整合营销传播的含义。
2. 了解网络广告的特点和功能。

分析思考园地

1. 最高阶段的整合营销传播应该是什么样子的？
2. 在数字化背景下，广告的内容和发布有什么样的特点？
3. 在中国高速发展的背景下，网络营销传播有什么样的地域特点和时代特征？

第 16 章　网络营销的传播路径

16.1　电子邮件营销

20 世纪 90 年代初,因特网网关的出现,终于使不同网络世界的网民可以相互之间收发以文本方式发送的电子邮件了。随着网络服务之间文本流障碍的最终消除,电子邮件成为因特网上使用最为广泛的一种服务,并且逐渐成为一种重要的营销工具。

16.1.1　电子邮件营销的特点

电子邮件是一种因特网上的用户以计算机为基本通信工具进行相互沟通的方法,也是因特网上最早使用的信息传递方式,提供了一种在全球范围内快捷、高效地传递信息和利用信息的手段。

一切电子邮件均采用 STMP 协议,通过因特网把信息传送到 POP3(邮局协议版本 3)邮件服务器。用户只需使用某种电子邮件客户终端程序,如 Outlook Express 5.0 简体中文版即可收取和发送电子邮件。所有电子邮件的使用者必须有自己独立的电子信箱,它既可以是电子邮件的服务机构为用户设立的,也可以是网络上的电子邮件服务机构免费提供的,用户登录这些机构的网站,随时都可以申请到自己的免费电子信箱。网络营销环境下,电子邮件有助于企业与客户之间建立更为紧密的在线联系。

电子邮件之所以会成为普遍的信息传播手段,主要原因有如下几个:

1. 电子邮件已经深入人们生活的每个角落

几乎所有的在线或因特网账号用户都具备收发电子邮件的功能,电子邮件以传播简单的文本信息这种普通而又可靠的方式把互联网上的每一位用户紧密地联系在了一起，从而吸引无数的用户通过它来了解企业的新产品。

2．电子邮件是最物有所值的营销方式

鉴于按照累计的实际流量收费的方式几乎已经取代了按时间收费的方式，目前编写和发送一封电子邮件所花费的时间异常之短，在接收端，电子邮件客户可以通过微软公司的 Microsoft Edge 或网景公司的 Netscape Communicator 等浏览器软件包随时查阅电子邮件信息。由此可见，运用电子邮件进行营销可以降低产品的销售价格，即便开发不常购买的消费者对商家而言也是大有收获的。早在 2000 年年末，NEC 公司在美国就组建了一家新的子公司 Auraline，专门通过电子邮件向消费者发送宣传材料，提供基于电子邮件的直复营销服务。Auraline 公司计划在第一年实现 250 万美元的销售额，并在第三年使这一数字达到 1.04 亿美元。

3．利用电子邮件进行营销快速高效，信息反馈及时

对于常规的邮件，营销人员必须写清楚地址，贴足邮票之后将其投入邮筒内，邮政部门的工作人员才能把邮件递送到收件人的手中。尽管电子邮件也有基本相同的过程，但是，电子邮件根本用不着贴邮票，更用不着去找邮筒。营销人员只需将相关信息与对方的电子信箱地址填写完整，然后点击"发送"（send）按钮，其他的一切工作就可以交由计算机网络系统去完成了。

电子邮件可以异常迅捷地发送给许多人，而且可以持续保留（除非浏览者在打开电子信箱之后将其删除）。多数网友对于电子邮件广告都比较好奇，总免不了会打开看一看，这一做法无疑有助于企业收集更多的有用信息。而且评价电子邮件营销成效的指标之一就是客户的反应率。有客户回应，自然是一件好事，理应及时回复发件人。然而并非每个企业都能做到这一点。不少潜在的客户在给你发出了一封关于产品的询问信之后，一定在急切地等待回音，如果一两天之内还没有收到回复，他一定不会再有耐心等下去，很可能成了你的竞争对手的客户。

16.1.2　制定电子邮件营销的策略

在整个网络营销中，利用电子邮件进行营销有其独特的经济效果，那么在利用电子邮件进行营销时，应该把握哪些重要策略呢？

1．索取电子信箱的策略

网络营销人员只有充分了解客户的电子信箱，才能准确地将电子邮件发送

给客户,因此电子邮件营销的第一步就是收集潜在客户的电子信箱。那么,我们该如何收集电子信箱呢?主要有如下几个途径:

(1)现有客户;

(2)在线企业的邮件列表;

(3)客户推荐;

(4)会员组织(如协会网络、校友会)。

然而,目前最大的问题是缺乏客户的资料,或者缺乏有效管理大量客户资料的办法。收集资料非常困难,对资料进行分析、归类、管理则更为困难。为了达到营销的目的,市场人员必须对数据库信息进行认真分析,了解每位登记者的兴趣爱好所在,然后对每个记录进行分类,建立相应的数据库。这种工作需要企业日积月累地进行下去,建立庞大的数据库有时需要企业花费好几个月,乃至数年的时间。网络营销者在向客户发送电子邮件时,有一个前提就是必须得到对方的认可,否则客户会表示反感的。同时,在获取客户的电子信箱时,一定要尊重对方的隐私权,在没有得到客户允许的情况下,不得复制或使用客户的电子信箱以及客户的背景材料。

2. 设计商业电子邮件的策略技巧

设计商业电子邮件的策略也是多种多样的,下面从不同的角度来介绍制作技巧。

(1)尽量采用企业自己的 URL 与自己的电子邮件广告语言进行制作

如果企业所要推广的网站与其竞争对手的网站具有类似的 URL,则很难引起客户的注意。实际上,企业拥有自己的独立域名远比利用免费网站 URL 的效果要好得多。多数情况下,免费网站并不适合企业进行网络推广。如果制作的商业电子邮件没有一定的特色,而是简单复制或重复利用别人的语言来表达,那么,该企业的商业电子邮件十有八九会被人忘记或不被理睬。将电子邮件作为一种信息传播手段毕竟需要一定的专业知识,需要投入更多的时间去仔细研究。

(2)添加可点击的关于详细内容的链接 URL 与可点击的电子信箱

在制作电子邮件广告时,为了让客户可以直接点击邮件中的网址,可以在网址(如 www.abcd.com)前面加上 http://或者在电子信箱前面加上"mail to:"(即利用"邮向"指示器),否则,由于必须将网址拷贝粘贴到浏览器地址栏才能浏览,客户可能会主动放弃点击,并且,说不定会由于客户不能直接点击而使企业失去一次很好的商业机会。通常情况下,采用电子邮件方式咨询会取得更好的效果,在回应率提高的同时,也可以获得一个可以反复与客户进行沟通的机会。

(3) 电子邮件的主题必须是收件人可以清晰看到的

如果电子邮件的主题富有吸引力,而且十分新颖,则可能会激发收件人的兴趣,进而促使他打开电子邮件。电子邮件最好采用纯文本格式的文档,将内容尽量安排在电子邮件的正文部分,避免使用附件。此外,可以使用一些显著的标题和副标题,不要滥用多种字体,把每行限制在 64 个字符或更少些,尽量使电子邮件简单明了,易于浏览和阅读,尽量节约收件人的上网时间。这主要是因为电子邮件的宣传不同于报纸、杂志等印刷品广告宣传(篇幅越大越能显示出企业的实力和气魄),电子邮件一向力求内容简洁明了,用最简单的话语表达出网络营销的诉求点,并且,对于那些免费电子信箱的使用者来说,由于空间容量有限,太长的电子邮件必定是其删除的首选对象。

3. 传递正确的信息

(1) 淡化商业信息(不要把电子邮件作为销售的途径)

网络营销者最常犯的重大错误之一就是太长的电子邮件内容和第一次联系时就试图向对方推销自己的产品。这些都是徒劳无益的,不仅无法给对方留下一个好印象,而且会产生适得其反的效果。这种带有强迫性的电子邮件营销方式与网络上崇尚自由、民主的口号是格格不入的,而且由于电子邮件是一种带有人际传播特点的网络营销方式,因此网络营销者应该在电子邮件中增加一些人情味,淡化其商业气息。

电子邮件营销的最终目的就是引起人们足够的注意并获得更多的信息,销售工作属于下一步才考虑的事情。所以说,一对一谈话的气氛是网络营销者应该营造的一种正确的氛围,而不是将电子邮件作为一种宣传工具。具体的做法是,在电子邮件中,起初可以直接称呼客户的名字(用户的注册名),以消除距离感,并尽量采用第一、第二人称。在行文时不要过于格式化,要令客户感到亲切,营造一种轻松愉快、随和的氛围。网络营销者还应营造一种人情味较浓的氛围,若碰到客户生日等重要日子,给其发送一些电子折价券、电子贺礼等。

(2) 提供有市场价值的信息

随着社会产品的复杂化和选择的多样化,客户需要获得更为具体的帮助,因此,应经常发送电子邮件给那些与网络营销部门已经联系过的潜在客户。这些客户是不会为收到有价值的信息而有所抱怨的。应定期向本企业的客户和潜在客户传递一些重要的商业信息,尤其是一些优惠信息、产品的最新信息、产品的使用技巧,以及与其所在行业最前沿的新闻相关的信息。应该将最主要的信息和网络营销的诉求重点安排在第一屏比较显眼的位置。

提供绝佳的内容是留住客户的最佳方法,这有助于和客户保持联络,并加深客户对开展网络业务的企业产品或服务的印象。目前,很多企业都制作了电子杂志,网络营销者必须将电子杂志定位于让客户意识到电子杂志绝对符合其兴趣,而且是非常有价值的。

(3) 利用调色板处理电子邮件

衡量电子邮件营销成效的指标之一是客户反应率,网络营销者可能收到的信息主要包括:询问有关产品及服务的详细情况;对客户服务及支持情况的要求;产品订单;既有客户对产品使用情况的评价;一些无聊的垃圾邮件。这些信息都可以通过调色板来处理,这样能提升处理效率。

通常情况下电子邮件较普通邮件有传递高效、信息反馈快等优势,所以客户对电子邮件的青睐度会比对普通邮件高。

知识点延伸

尽管电子邮件是一种公认的高效廉价的营销手段,然而电子邮件营销的伦理和游戏规则也是不可忽视的一个重要环节,如果不能正确地了解,往往会产生事与愿违的结果,甚至会引发收件人的强烈反感。因此,为了更好地进行网络营销活动,在使用电子邮件进行营销时必须注意如下一些不成文的网络规则:

1. 简明、易懂、主题明确

电子邮件毕竟不同于书信、报纸之类的载体,电子邮件上的营销信息最好让人一目了然,文字不要拖沓冗繁,否则会让人产生一种厌恶感,并且简明的信息易于让人嵌入脑海中,根植于记忆里,有利于信息的接收。如果在信息内容中过多出现专业术语,就会使非内行人士在阅读信息时受到很大的限制,那么电子邮件广告的真正意义就不存在了。电子邮件的主题是整个邮件的点睛之笔,是其能否映入收件人眼帘的关键所在。

2. 信息的整体性、透明性

网络营销者所发布的信息可能会被一些潜在的客户群体看到，因此网络营销者应在电子邮件中加入足够的背景信息，比如企业名称、产品名称、服务项目及联系方式等。在进行电子邮件营销时，特别需要注意写清楚自己的电子邮件回复信箱，这样便于客户回复和反馈信息。对于自己的姓名，最好写清楚，否则会给对方一种不知道你想干什么的感觉，进而导致正常的商务活动因一时之疏忽而失败。甚至还有一些电子邮件，把发件人写成"美国总统""你的朋友""漂亮女孩"等，这样不管你怎样进行伪装，你的电子信箱还是会被对方查出来，而且似乎显得缺乏诚意。

3. 通晓网络缩略语，避免情感化和错别字

在电子邮件中有大量的缩略语，网络营销者应用心记住最常用的缩略语，但应尽量少使用；此外，应尽量避免使用标点符号来表达情感的变化，否则会被理解成让他人领情；把一则嵌有错别字的信息发送给客户是一种极其不尊重客户的行为，而且有时会引起信息误导，特别是语句上的错误，更不利于企业的营销宣传。发送的电子邮件关系到企业的网络形象问题。

4. 对主动来信的客户不要乱抬价格

有时候，一打开收件箱，发现有几封客户主动发来的订购单，不少网络营销者就认为客户已经选定了自己的产品，因此可以趁机对其索要高价，这就大错特错了！在互联网这个开放的大市场里，同类产品的供应者数不胜数，通常，客户会同时向数个商家发出同样的询问信件，然后对比各商家产品的性能和价格，寻找合适的供应者。如果你的报价偏高，那对方绝对不会再与你联系！而且，通过电子邮件报价显得相当被动，发出的电子邮件根本无法改变，也无法探听到竞争者的价格，更无法看到客户的反应，因此自己的报价一定要公平，不要企图欺骗客户。总而言之，为客户提供优质的产品、最低廉的价格是网络营销取得成功的关键所在。

5. 锁定目标，节约电子邮件资源

无论网络营销者手头上的客户资源是从哪里来的，在获取这些资源后，都必须对自己的目标受众加以具体区分，有针对性地发送一些电子邮件，这样才能节约资源，取得事半功倍的效果。因此，最好采用纯文本格式的文档，把内容

尽量安排在电子邮件的正文部分，除非插入图片、声音等资料，否则，请不要使用附件！

6. 不宜采用"轰炸"式的网络营销手段

研究表明，同样内容的电子邮件，每个月发送2~3次为宜。不要一味地追求发送频率的提高，滥发电子邮件不仅不会加深收件人的印象，过于频繁的电子邮件"轰炸"反倒会让人感觉厌烦。如果一周重复发送几封同样的电子邮件，网络营销者肯定会被客户列入"黑名单"，这样，其电子邮件营销计划就会因此而永远失去那些潜在客户。

16.2 病毒营销

许多人一听到"病毒营销"这四个字，马上想到的是计算机病毒，其实它们根本不是一回事，两者有着本质的区别。所谓病毒营销，是信息通过用户的口碑宣传网络，像病毒一样传播和扩散，利用快速复制的方式传向数以千计、万计乃至更多的受众。也就是说，通过提供有价值的产品或服务，"让大家告诉大家"，通过他人为你宣传，发挥"营销杠杆"的作用。病毒营销已经成为网络营销最为独特的手段，被越来越多的商家和网站成功利用。

16.2.1 什么是病毒营销

Hotmail开创了病毒营销的先河。Hotmail最初推出电子信箱服务的时候，在IT界还是一家很不起眼的公司，但在短短的10个月内，公司的注册用户就达到了上千万，而且每个月注册的用户还在以数十万的速度递增。公司的策略很简单，每一封从Hotmail发出的电子邮件下面都加了个标签"从www.Hotmail.com得到您的个人免费信箱"，即公司首先向人们赠送免费的电子信箱，然后人们看到消息，注册自己的免费电子信箱，接着发送消息给朋友和同事。每次从Hotmail发出的电子邮件都自动添加了这个标签，使得更多的人知道这个消息，而更多的人成为信息的传递者，就像病毒一样极快地传播开来。

应该说口碑营销与病毒营销是一对兄弟，甚至很多人直接将它们合二为一，称为"口碑病毒营销"或"病毒口碑营销"。虽然它们的表现形式和操作手

法很像,却有着本质的区别:

1. 从传播动机和观点看

病毒营销利用的是"看热闹的羊群效应"。在病毒营销的实施过程中,用户是基于觉得有趣而主动传播,而对于传播的内容几乎是不了解的。他们只是出于感到新鲜有趣才参与其中,却不对传播的内容负责。

而口碑营销利用的是"中国人更相信他人的意见"这一心理。在口碑营销的过程中,用户是基于信任而主动传播,他们对传播的内容不但了解而且很认可,并且愿意对传播的内容负责。

2. 从传播效果看

病毒营销满足的是知名度,通过高曝光率使用户达成共识,但是"知道"并不代表"认可"。

而口碑营销满足的是美誉度,通过引导用户口口相传,达到提升用户信任度和认可度的目的。

16.2.2 制造病毒

病毒营销的操作过程与计算机病毒类似,第一步都是制造病毒。一种好病毒的前提是传播力要足够强,而如何才能制造出传播力强的病毒呢?可以从以下几方面入手:

1. 免费和利诱

对于免费的好东西或是可以给我们带来利益的东西,谁都无法拒绝,也最容易形成病毒效应。比如前面提到的 Hotmail,走的就是免费路线。再比如 2010 年轰动一时的"肯德基事件",就是因为肯德基的秒杀活动太实惠了,通过下载其提供的电子优惠券,就可以以一半的价钱购买原价为 64 元的全家桶。这么实惠的好事,用户当然会奔走相告,结果这张电子优惠券像病毒一样被传播了出去,无数人拿着它涌向全国各地的肯德基。肯德基不堪重负,拒绝为用户兑换,最终引发了此次事件。

2. 娱乐

用户上网最重要的目的之一就是娱乐,所以娱乐类的内容很容易引发病毒效应。比如,最典型的就是各种搞笑的图片、视频,这类内容是用户最愿意主动传播的内容之一。像"百变小胖",仅靠一张照片就红遍互联网,而且其照片至今仍在被广泛传播。

3. 情感

在前面所述的口碑营销中,曾提到过从受众的心理需求入手比较容易引发口碑效应,在病毒营销中,那些方法同样适用,从情感层面引导用户帮助企业进行病毒传播是良策。

4. 邀请推荐

开心网上线之初为什么发展得如此之快,其中一个重要原因就在于它的邀请注册机制。开心网不能自由注册,只能通过已注册用户的邀请链接进行注册。当然,仅仅是这个机制,还不足以引发病毒效应。开心网主打的是各类休闲小游戏,而邀请他人注册是大量增加游戏金币最直接的方法。有了"金钱"的驱动,病毒效应自然就形成了。

此方法用在注册类的产品上非常有效,比如对于论坛社区这类产品,增加有奖推荐注册机制后,注册量都会大增。

5. 投票

投票也是能够引发病毒效应的有效手段之一,当然,前提是相关的投票活动能够引发大家的关注和兴趣,能够激发大家的拉票欲望。最典型的案例是2006年日本申请加入联合国安理会常任理事国期间,中国各大网站纷纷推出反对日本加入联合国安理会常任理事国的投票活动,一时间此类投票活动席卷互联网,据称当时有超过1亿人参加。

6. 恶搞祝福

逢年过节时,我们都要给亲朋好友带去一声问候、送上一份祝福,而各类节日也是制造病毒的绝好素材。比如在2019年中秋节期间,某站长制作了一个别出心裁的祝福页面,结果该页面在节日期间日 IP 访问量超过了 70 万。

与各种祝福页面异曲同工的还有各种整人页面、恶搞页面。适当地与朋友开开玩笑,搞个小小的恶作剧,可以起到调节气氛、增进友谊的作用。而如果企业能够为用户提供此类富有创意、趣味十足而又不失友好的页面,自然会被用户广泛传播。

16.2.3 发布病毒以及再传播

病毒制造好后,便开始大范围发布。在发布这个环节,有以下几个技巧:

1. 无须努力即可向他人传播的方式

病毒营销最终要由人即用户去传播,而用户传播的力度有多大,在很大程度上取决于传播方式的复杂程度,所以企业应该尽可能设计一种无须努力即可向他人传播的方式。比如,病毒营销的开拓者 Hotmail 之所以大获成功,就是因为其传播方式太简单了,甚至用户根本不需要做任何事,只需正常地和亲朋好友通信,就能够帮助其完成传播。

再比如,开心网的成功也是因为传播方式的多样化和简单化。一般网站的邀请方式是提供一行文字或代码,鼓励用户发送给其 QQ 好友。这种方式看似简单,实则很麻烦,因为普通用户最多复制粘贴并发送给十几个人就会感到厌倦。而开心网的一个重要的邀请手段是导入"MSN 好友",即只要输入 MSN 账号和密码,剩下的工作系统就能自动完成。

2. 找准"低免疫力易感"人群

如同现实中的感冒病毒一样,病毒营销要想传播得快,也要像感冒病毒一样找到那些"低免疫力易感"人群,通过他们才可以将病毒扩散出去。一般来说,低端用户、低年龄用户、感性用户都是比较易感的人群。

3. 选好病毒发布渠道

在传播病毒时,应该选择那些人群集中、互动性强、传播迅速的平台。IM(即时通信)、QQ、论坛、电子信箱等是常用的渠道。

4. 为大家提供发布和传播的动力

所谓"无利不起早",没有动力,用户是不会主动传播的,所以企业需要给用户一个有力的传播理由。具体可以参看前面的内容,如利诱、情感引导等。

病毒营销是有周期性的,就好像计算机病毒一样,时间一长,大家对病毒有了免疫力,病毒营销的传播力就会衰减。所以要想吸引公众继续参与传播,就要及时更新病毒,不断植入新的"病毒按钮"。

知识点延伸

一个好的病毒营销计划远远胜过投放大量广告所产生的效果。病毒营销并不是随随便便就可以做好的,有些看起来很好的创意或很有吸引力的服务,最终并不一定能获得预期的效果。

尽管每个网站具体的病毒营销方案可能千差万别，但在实施病毒营销的过程中，一般都需要经过方案的规划和设计、信息源和信息传播渠道的设计、原始信息的发布和推广、效果的跟踪和管理等基本步骤。认真实施每个步骤，病毒营销才能最终取得成功。

第一，应该对病毒营销方案进行整体规划，确保其符合病毒营销的基本理念，即传播的信息对用户是有价值的，并且这种信息易于被用户自行传播。

第二，病毒营销需要独特的创意，并且需要精心设计病毒营销方案（无论是提供某项服务还是提供某种信息）。最有效的病毒营销往往是独创性的。独创性的计划最有价值，有些跟风型的计划也可以产生一定的效果，但要进行相应的创新才会更吸引人。同样一件事情，同样的表达方式，第一个是创意，第二个是跟风，第三个就可以说是无聊了，甚至会令人反感。

第三，信息源和信息传播渠道的设计。虽然说病毒营销信息是用户自行传播的，但是这些信息源和信息传播渠道还是需要进行精心的设计。

第四，原始信息的发布和推广。最终的大范围信息传播是从比较小的范围内开始的，如果希望病毒营销方案可以很快传播开来，那么原始信息的发布也需要进行认真筹划。原始信息应该发布在用户容易发现并且乐于传递的地方（比如活跃的网络社区）。如果有必要，还可以在较大的范围内主动传播这些信息，等到自愿参与传播的用户数量比较大之后，再让其自然传播。

第五，对病毒营销的效果需要进行跟踪和管理。在病毒营销方案设计完成并开始实施之后（包括信息传递的形式、信息源、信息渠道、原始信息发布），其最终的效果实际上是无法控制的，但并不是说就不需要进行这种营销效果的跟踪和管理了。实际上，对病毒营销的效果进行分析是非常重要的，不仅可以及时掌握营销信息传播所引发的反应，也可以从中发现这项病毒营销计划可能存在的问题，以及可能的改进思路。应该将这些经验积累下来，为下一次的病毒营销计划提供参考。

中国营销好故事

拼多多的"9.9元"

拼多多的发展趋势让天猫、京东这些领先的电商不得不重视。在短短的几年内，拼多多就完成上市，而且在微信朋友圈中经常可以看到转发拼团的信息。

那么，拼多多究竟是怎么做到这一切的呢？

炎炎夏日，或许只有"家用迷你简约速冻冰箱，抢购价9.9元"这样的标题才能吸引你的眼球。近日，就有消费者在微信朋友圈中被推送了这样一条广告。点击进入广告链接，并没有进入商品购买页面，而是被提示需要下载拼多多App才能购买，果然，天上掉馅饼的事并不存在。

打开拼多多App，9.9元的冰箱并不是直接购买，而是要邀请好友下载App，一起拼团，确定拼团成功的才有低价购买的资格。该消费者看过不少拼多多的广告，而且这条广告来自微信，可信度比较高，于是费尽唇舌让自己的亲朋好友下载了App，一起加入自己开的拼团里。拼团里的亲朋好友每人支付了9.9元后被系统告知，该团能否拼成是有概率的，需要系统在后台进行设置，只有抽中的才有资格以9.9元的价格购买这款冰箱，否则系统就会自动退款。

不过，消费者并未被告知可以以9.9元购买冰箱的数量和获得奖励的概率。约一周后，大多数消费者会突然收到一条"微信退款通知"，提示有9.9元退款到账，他们这时才发现，原来低价冰箱并没有宣传中的那么容易买到。

拼多多有大量的低价广告，如"9元购买智能手机""9.9元购买行车记录仪""9.9元购买平衡车"等。其中大部分都是"先扣款再开奖，不中奖就退款"的模式，这也是拼多多大量现金流的来源之一。拼多多招股说明书显示，截至2018年第一季度，拼多多流动资产中仍有现金和现金等价物86.34亿元，经营性现金流为正（2018年第一季度为6.29亿元），其中主要是商家预付款和存款贡献。

拼多多的瞩目成就是广大微信用户一手促成的，拼多多频繁推出低价活动，以极低的成本消费用户的人情，这种活动的目的是以低价换取流量和新客。

凭借物美价廉的产品和微信平台的巨大优势，拼多多一举成为又一个电商巨头，但是不少人也对拼多多的营销方式和商品存在一些质疑，但是，单从营销的角度看，其无疑又是一个非常成功的病毒营销案例。

资料来源：文付，《拼多多怎么营销？经典病毒营销案例分析》，易赏网，2018年9月11日。

16.3 搜索引擎营销

搜索引擎营销(search engine marketing,SEM)是一种新的网络营销形式。SEM 所做的就是全面而有效地利用搜索引擎来进行网络营销和推广。SEM 追求最高的性价比,以最小的投入获得最大的来自搜索引擎的访问量,并产生商业价值。SEM 主要有四种手段:搜索引擎优化、竞价排名、百度底层营销、站外优化。

16.3.1 搜索引擎优化

搜索引擎优化(search engine optimization,SEO)的主要原理是通过提高目标网站在搜索引擎中的排名来达到推广目的。比如企业做了一个手机类的网站,当用户搜索与手机相关的关键词时,企业通过技术手段使网站出现在结果页的前几名中,这就叫 SEO。

经常有人把 SEM 与 SEO 混淆起来,弄不清它们之间的关系。SEM 与 SEO 可以被理解成父与子的关系,SEO 包含在 SEM 当中。

在 SEO 圈子中,经常提到两个名词:搜索引擎规则和搜索引擎算法,有经验的 SEO 从业者会告诉你,只要洞悉了搜索引擎的规则和算法,就可以提升网站在搜索引擎中的排名,从而带来大量流量。那么搜索引擎的规则是什么呢?

很多人会告诉你,页面的关键词密度要控制在 2%~8%,要多做伪原创、多做外链等。那按照这些方法做了,关键词排名就一定会上升吗?事实告诉我们,很多人这样做了,不但关键词没有上升,反而被惩罚了,这是为什么呢?原因就在于这些根本不是所谓的搜索引擎规则和算法,顶多只能算操作时的注意事项,而把注意事项当成了规则,当然会出问题,甚至会适得其反。那么搜索引擎的规则到底是什么呢?

在了解搜索引擎的规则之前,我们先要了解搜索引擎追求的目标是什么,因为规则一定和目标有关。首先要明白一点,搜索引擎不是公益组织,也不是慈善家,它是商业产品,而所有搜索引擎的背后都是商业大鳄,他们最终的目标都一样,就是赚钱。而想要赚钱,就一定要先抢占市场,让用户使用他们的产品、认可他们的产品,并最终爱上他们的产品。

那搜索引擎应当如何做,才能让用户爱上自己呢?很简单,为用户呈现靠谱的搜索结果,让用户对搜索结果满意,而且要非常满意,也就是所谓的搜索体验要足够好。只有搜索体验好了,用户才会经常使用搜索引擎,甚至爱上搜索引擎。如果总结成一句话,就是"为用户提供最精准的优质内容"。而搜索引擎所谓的规则和算法,也一定是围绕这条核心思想去设计的。即使不同搜索引擎的规则和算法有差异,核心理念也是相似的。

那怎么去衡量搜索出来的内容优质不优质、精准不精准呢?以什么为评判依据呢?答案很简单,就是站在用户的角度去判断。因为搜索引擎是给人用的,搜索出来的结果也是给人看的,所以只有用户认为搜索结果精准和优质才算数。而所谓的搜索引擎规则或算法,就是通过一系列的技术手段,模拟真实用户的评判标准,去判断企业网站的内容是否优质。

知识点延伸

通过上面的分析,我们已经明白了搜索引擎的商业本质和目的,那么,想让搜索引擎爱上企业的网站,给予企业更好的排名,为企业带来更大的流量,就需要企业先帮助搜索引擎留住用户,先实现它的商业价值。也就是说,企业的网站应该围绕"为用户提供最精准的优质内容"这一核心思想进行优化,要围绕用户的感受与需求去建设。只有先帮助搜索引擎留住用户、赚到钱,搜索引擎才能关照企业。不要一味地追求所谓的技术和算法,否则就会被搜索引擎抛弃。

网络上那些抱怨搜索引擎不稳定,反映网站收录量下降、排名下降的人,都有一个共同点:为了优化而优化,甚至自己的网站纯粹是建给搜索引擎看的,一切都是根据所谓搜索引擎规则而做的。这类网站一般要内容没内容、要质量没质量,偶尔更新的几篇文章,还都是所谓的伪原创。用这种思路和方法去做SEO,肯定不会有好结果。因为在这种指导思想下做出来的网站,在用户眼里全是无效内容,如果搜索引擎推荐了这样的内容,用户就会流失。

16.3.2 竞价排名

SEO的推广方式性价比高,效果好,但并不是人人都能熟练掌握SEO技术,并不是人人都有能力将指定的关键词优化到搜索引擎结果页首页。对于那些没有条件实施 SEO,却又想在搜索引擎结果页中抢占好位置的企业来说,该如何做呢？答案就是竞价排名。在竞价排名系统中,企业可以直接通过花钱的方式来获取好排名,出的钱越多,排名就越靠前。

竞价排名的基本特点是按效果付费,只有用户单击了企业的链接,企业才需支付相应的费用,如果用户没有单击,企业就不必支付推广费。而且企业可以自己控制单击价格和推广费用,精准统计用户单击情况;同时还可以根据时间、地区等显示结果,提升精准度。所以竞价排名虽然是一种付费推广方式,但是性价比却比较高,费用也相对较低,是一种非常精准的推广方法,得到了广大企业的认同和喜爱。

1. 竞价排名与 SEO 并用的原因

SEO 和竞价排名产生的效果基本上一样,就是在搜索引擎结果页中获得更好的排名。但是 SEO 是免费的,而竞价排名却要收费,那么是不是有了 SEO,就不需要竞价排名了呢？其实在有条件的情况下,二者可以同时操作,主要原因如下：

① 在操作 SEO 时,因为技术和资源等方面的限制,企业不可能无限选择关键词,只能挑选主要的关键词进行优化。而在做竞价排名时,不需要考虑关键词数量的问题,只要是与产品有关的词,都可以选择,因为竞价排名的特点是不单击不要钱。

② 在操作 SEO 时,还要考虑竞争的问题。对于一些竞争性强的词,是很难优化的。而对于这样的词,企业就可以考虑用竞价排名的方式去获取排名。

2. 竞价排名的注意事项和关键点

同 SEO 一样,竞价排名由于其优越性,已经成为首选的推广方法之一,普及率非常高。由于篇幅所限,本书就不详细介绍竞价排名的操作步骤和细节了。下面重点介绍操作竞价排名时的几个注意事项和关键点：

（1）关键词精准度

关键词选择是竞价排名的重点之一,而选择关键词最重要的原则就是要精准。这里所说的精准,不仅仅是像 SEO 选择关键词那样,只要选的关键词与网站业务有关,然后有一定搜索量即可,关键是要有转化率,至少要满足以下两个条件：搜索该词的人有明确的消费需求与能力,搜索该词的人容易被转化成企业的用户。

（2）引导页

即使选的词精准,由该词带来的用户有很强的消费欲望,也不代表用户来到企业的页面马上就会下单。吸引用户浏览页面,只是完成了第一步,能不能让用户下单,还要看引导页能不能打动用户。而引导页就是用户搜索一个词后,单击进去所看到的页面(也叫落地页、着陆页)。一个成功的引导页,应该围绕用户行为及特点设计,至少应该符合几个要求:根据目标用户群的特点与喜好进行设计;能够给用户足够的信任感;提供的内容是对用户有帮助的;能够解答用户心中潜在的问题。

16.4 新媒体营销

16.4.1 新媒体营销的概念

"新媒体"一词是英文"New Media"的直接翻译。作为传播媒介的一个专有术语,"新媒体"最早由美国广播电视网技术研究所所长 P.戈尔德马克(P. Goldmark)提出,用来指代电子录像,后来逐步在美国和世界范围内流行开来。目前学界对其尚无统一定义。

中国人民大学的匡文波教授提出,"新媒体"严格说来应该是"数字化互动式新媒体",是"利用数字技术,通过计算机网络、无线通信网、卫星等渠道,以及电脑、手机、数字电视机等终端,向用户提供信息和服务的传播形态"。而美国《连线》杂志对新媒体则有更宽泛的阐释,即"所有人对所有人的传播"。

1994 年,中国接入国际互联网,新媒体应运而生。2008 年,网络媒体开始跻身主流,次年微博诞生且蓬勃发展。2011 年,微信公众平台正式开启,"双微"逐渐成为国内大热平台。2013 年,4G 移动通信开启,互联网产业发展迅速,自媒体强势崛起并于 2015 年成为潮流。2016 年,大红的直播平台因监管和变现手段等问题热度逐渐回落,只剩头部平台依然坚挺。2017 年,大型互联网公司纷纷开始抢占自媒体市场。2018 年,抖音短视频爆火,再次开启短视频潮流,中国的社交网络及新媒体平台愈发多元和复杂。

根据新媒体的发展历程,结合行业内著名第三方大数据公司易观数据公布的每月移动 App 活跃用户数量等数据可以看出,新媒体平台的主要代表有微信平台、新浪微博平台、百度、知乎、直播平台、短视频平台(抖音、快手、西瓜)等。

总体来说,新媒体营销是指企业或个人在新媒体思维的指导下,充分利用新媒体平台的功能、特性,通过对目标受众的精准定位,针对目标受众的需求,研发个性化的产品和服务,采取新媒体营销方法,开展新媒体营销活动的全过程。

中国营销好故事

中国互联网新媒体传播矩阵

互联网时代综艺节目将新媒体作为节目宣传的重要手段,《上新了·故宫》节目播出期间,共有38个微博热搜,累计阅读量8.3亿。截至2020年2月,节目主话题"上新了·故宫"阅读量达到40.9亿,讨论量达到1 331.5万,在新媒体平台如百度、今日头条、B站、知乎、抖音短视频等上多次荣登热榜。第二季播出期间,节目在微博平台上采用联动方式进行宣传,联合主流媒体如《中国日报》、中国青年网、观察者网等,文博机构如故宫博物院、微博文博等,微博用户如各地共青团、政务警务微博、地方媒体、节目嘉宾等进行同步转发和推广;在微信平台,有各家媒体及行业微信大号、设计类和娱乐类微信公众号进行推广;与新闻客户端合作进行全网推广,并与今日头条合作推出了今日头条App国风频道,邀请专家入驻与大众分享研究成果,用户可以在上面搜索故宫趣味知识,如"皇子一般几点起床?"等。融媒体背景下的"三微一端"(微博、微信、微视以及客户端)改变了传统媒体的单向信息输出方式,《上新了·故宫》节目开播后迅速提升了关注度和讨论度,通过鼓励网友参与传播,对节目内容进行评论、分享、再创作,拓展了节目内容,形成了以故宫文化为核心,围绕节目热点话题和文创产品设计创作展开的一系列内容生态。

第44次《中国互联网络发展状况统计报告》显示,截至2019年6月,我国互联网普及率达到61%,用户规模达到8.54亿,其中99.1%的用户使用手机上网。在融媒体时代,传播的话语主体和传播方式发生了显著变化,传统媒体如报刊、广播、电视等与新兴媒体如微信、新闻客户端、微博等相互融合,全面提升了媒体资源的社会价值。

16.4.2 新媒体营销的核心理论

在传统媒体时代,信息传播是"教堂式"的,信息自上而下,单向线性流动,消费者只能被动接受。而在移动互联网时代,信息传播是"集市式"的,信息多向、互动式流动,声音多元、嘈杂、互不相同。新媒体营销的核心理论来自网络整合营销的"4I 理论原则"。

1. 趣味原则

趣味原则(interesting)指的是营销活动必须具有娱乐化、趣味性的属性。当前的网络消费者以年轻人居多,他们在互联网上,除了必要的工作、学习,大部分时间用于娱乐,例如,玩网络游戏、看网络视频、聊八卦新闻……因此,新媒体营销活动要想打动目标受众,首先就需要做到趣味性,通过有趣的标题、图片、文字等信息,引起目标受众的关注,这样才能进一步达成利益合作的关系。

2. 利益原则

利益原则(interests)指的是营销活动必须为目标受众提供其所需要的利益。企业需要设身处地地站在目标受众的立场,思考企业自身能够为目标受众带来的好处有哪些。

当然,"利益"不仅仅是指实际的物质利益,还包括获得更有利的资讯信息、更强大的功能或更优质的服务、超过心理预期的满足感、更高的荣誉……

3. 互动原则

互动原则(interaction)指的是充分挖掘网络的交互性特征,充分利用网络的特性与目标受众展开交流,让新媒体的营销功能发挥到极致。消费者亲自参与互动和创造的营销过程,会在大脑皮层回沟中刻下更深的品牌印记。将消费者作为一个主体,发起其与品牌之间的平等互动交流,可以为营销带来独特的竞争优势。未来的品牌将是半成品,剩余的一半由消费者体验、参与来确定。当然,营销人员找到能够引领和主导两者之间互动的方法很重要。

4. 个性化原则

个性化原则(individuality)指的是利用网络的数字流特征,采用"一对一"的个性化营销手段,使得目标受众产生"焦点关注"的满足感。个性化原则使新媒体营销手段能投目标受众所好,更容易引发目标受众的互动与购买行为。因为个性,所以精准;因为个性,所以诱人。

16.4.3 新媒体营销的形式

根据新媒体的不同类别,新媒体营销的应用形式有很多,最主要的有下述几种:

1. 微信营销

微信营销是指个人或企业使用微信的基本功能,实现建立个人品牌、宣传产品信息、发布促销活动、开展产品销售、维护客户关系等目标的一系列的精准营销活动。微信营销是网络经济时代企业或个人营销模式中的一种。微信不存在距离的限制,用户注册微信后,可与周围同样注册的"朋友"形成一种联系,订阅自己所需的信息,企业通过向用户提供其所需要的信息,推广自己的产品,从而实现点对点的营销。

2. 微博营销

微博营销是指企业或个人通过微博平台,发现并满足用户的各类需求,从而为企业或个人创造价值的一种营销行为。微博营销以微博作为营销平台,每个粉丝都是潜在的营销对象,企业通过更新自己的微博内容向粉丝传递企业信息、产品信息,树立良好的企业形象和产品形象。该营销方式注重价值的传递、内容的互动、系统的布局、准确的定位,微博的火热发展也使得其营销效果尤为显著。

3. 抖音营销

抖音是由今日头条孵化的一款音乐创意短视频社交软件,该软件于2016年9月20日上线。用户可以通过抖音选择歌曲,拍摄音乐短视频,形成自己的作品;平台会根据用户的爱好,来更新其喜爱的视频。抖音是继快手、小咖秀、美拍等后又一个短视频 App,利用抖音这种方式进行营销和营利已经非常普遍。

4. 公众号营销

公众号营销是指个人或企业通过微信公众号,利用文字、图片、语音、视频等多种表现形式,实现与特定目标群体的全方位沟通、互动,形成线上线下互动营销的方式。

5. 社群营销

社群营销是指个人或群体通过集聚有相同或相似兴趣爱好的网友的网络服务平台，与目标群体创造长期沟通的渠道，通过提供产品或服务满足目标群体需求的社会化营销过程。这个网络服务平台早期有BBS、论坛，当前主要包括贴吧、博客、Facebook等。

由于新媒体营销的应用形式之间存在交叉融合，因此，这里删繁就简仅予以重点介绍。

知识点延伸

自媒体又称"公民媒体"或"个人媒体"，是指私人化、平民化、普泛化、自主化的传播者，以现代化、电子化的手段，向不特定的大多数或者特定的单个人传递规范性及非规范性信息的新媒体的总称。

自媒体可以分为广义的自媒体和狭义的自媒体。广义的自媒体可以追溯到20世纪末，当时的个人主页、BBS个人专辑都可以叫自媒体，而后就发展为博客、微博等。而狭义的自媒体则是以微信公众号为标志，随着互联网技术的发展，各大主流媒体纷纷推出自己的自媒体平台，如百度百家、搜狐公众平台、腾讯企鹅号等。

自媒体的本质是信息共享的即时交互平台，是利用网络新技术进行自主信息发布的那些个体传播主体。人们所获取的信息不再仅仅来自主流媒体机构，也有可能来自某一个团体或某一个人。与此同时，人们获取信息的方式更为自由，每个人都是信息的生产者和消费者。因此，自媒体具有以下三大基本特征：

1. 平民化、个性化

平民化、个性化是自媒体最根本的特点。从"旁观者"转变为"当事人"，每个人都有自己的媒体宣传平台，每个人都可以通过互联网成为新闻传播的主体或是表达自己的观点。人们可以自主地在自己的"媒体"上表达自己想要表达的观点，传递自己的情感，构建自己的社交网络。

2. 低门槛、易操作

对电视、报纸等传统媒体而言，媒体运作无疑是一件复杂的事情，需要花费大量的人力和财力去维系，并且要通过严格的审查，门槛极高。自媒体依托于互联网,无须耗费大量的时间精力,无须具备专业的媒体知识,使平民大众成立并拥有一家属于自己的"媒体"成为可能。

3. 交互强、传播快

自媒体没有空间和时间的限制,在任何时间、任何地点,我们都可以经营自己的"媒体",迅速地传播信息,时效性大大增强。此外,自媒体的互动性更强,作者与读者之间、作者与作者之间均可产生深度的互动,甚至作者和读者之间的界限也变得模糊起来,有时甚至会融为一体。

 **本章要点**

1. 了解网络营销传播的主要方式和手段。
2. 了解新媒体及其对网络营销传播的意义和作用。
3. 了解网络营销传播的变化和革新。

? 分析思考园地

1. 随着科技的发展,网络营销传播的方式具有怎样的变化?
2. 在当下的网络营销传播中,新媒体起到什么样的作用?举例说明网络营销传播的实现过程。

第 17 章 网络营销的传播内容

17.1 内容营销策略

内容营销(content marketing)这一概念最早出现于 1996 年。内容营销是指"所有涉及媒体内容创建与共享的营销形式",目的是接触和影响现有客户与潜在客户,通过持续提供有价值的信息使客户保持关注,从而提高客户忠诚度。随着数字媒体时代的到来,营销环境发生了显著的变化,消费者从营销信息的接收方逐渐转变为主动搜寻获取信息,内容营销成为重要的数字营销方式之一。

国内外学者关于内容营销的研究主要围绕内容营销的模式分析和实际应用方面展开。Pulizzi 和 Barrett 提出内容营销的 BEST 规则,认为内容营销需要具有行为导向性(behavioral)、必要性(essential)、战略性(strategic)和针对性(targeted)四大特点。① 随着媒介信息传播方式和消费者决策机制的转变,内容营销以价值内容为基础的跨媒介、场景化、互动性营销手段使其区别于传统营销。一般来说,内容营销策略分为三种:热点型内容策略、时效型内容策略和知识型内容策略。

1. 热点型内容策略

热点型内容即某段时间内搜索量迅速增大,在社会经济领域受到广泛关注的"热点"。可能是大型事件,如奥运会、世界杯等大型赛事,二十国集团峰会、互联网大会等大型会议;也可能是一些偶然事件,如网红事件、突发事件等。为

---

① Pulizzi, J. and N. Barrett, *Get Content Get Customers: Turn Prospects into Buyers with Content Marketing*, McGraw-Hill Education, 2009, pp. 3-20.

什么要蹭热点呢？因为热点就代表着流量,时下人们最为关注的事件或人物,在任何平台上都可以引发"轰动"和"看点",而这里所说的"轰动"和"看点"就是大量的流量。因此,合理利用热点事件能够迅速带动流量的提升。当然,热点事件的利用一定要恰到好处。特别是对于灾害类、时政类热点,要特别注意方向性,传播真善美。

2. 时效型内容策略

某些具有新闻属性的内容,时效性是其价值的一个重要因素。时效性越强,其效果和作用就越大。所以在素材收集、编辑、发布等各个环节都要迅速、及时,尽量缩短与事实发生的时间差,做到快人一步、先人一招。

时效型内容价值较高,题材来源广泛,上下游行情、原材料价格波动等都可以作为内容切入点,因此越来越被营销人员所重视,并且逐渐加以利用,以使其效用最大化。营销人员往往利用时效性创造有价值的内容并将其展现给用户。作为一名合格的营销人员,必须合理把握以及利用时效性,创造丰富的主题内容。

3. 知识型内容策略

学习知识、经验和技能是大部分人的正常追求。知识型内容针对广泛的受众群,以传播和普及知识为目的,传播的知识往往是一般读者都应该知道的,有很强的实用性和指导性。最受欢迎的知识型内容有两类:第一类是与行业技能提升有关的知识,如销售知识、房地产知识、法律知识等;第二类是与拓展读者知识面有关的知识,如历史知识、科学知识、健康知识等。

内容营销要考虑用户碎片化阅读的特点,将知识性与趣味性充分结合,可以通过课堂、经验分享等形式,用通俗易懂的语言、深入浅出的方式介绍某一学科、技术、标准、人物的发展历史等。在语言上应尽量摒弃修辞等夸饰技巧,恢复其纯净面目,力争简明扼要地向受众传达知识型内容。

17.2 内容营销形式

内容营销指的是以文字、图片、视频等介质传达有关企业的相关内容。内容营销所依附的载体,可以是企业的商标(视觉识别系统)、画册、网站、广告,甚至T恤、纸杯、手提袋……载体不同,传递的介质也各有不同,但是内容的核心必须是一致的。内容营销是一个总称,包括所有的营销方式,涉及建立或共享的内容,目的是接触并影响现有的和潜在的消费者。做好内容营销的关键是做好有价值的信息工作。通过这些信息表明企业了解消费者的需求并希望与他们建立客户关系。

17.2.1 软文营销

软文营销,又叫文案营销,大多是由企业的策划人员或广告公司的文案撰稿人负责撰写的文字广告。

1. 软文营销的定义和分类

软文营销的定义有很多种,最早期的是指企业花钱在报纸或杂志等宣传载体上刊登的纯文字性的广告,也就是付费文字广告,这也是狭义的软文营销。而广义的软文营销是指企业在直邮、网络、报纸、杂志等媒体上刊登的一些宣传性、阐释性的文章,其中包括新闻报道、行业评论、短文广告、案例分析等,其目的是提升企业品牌形象和知名度,以提高其销售业绩。有的电视节目会以访谈、座谈方式进行宣传,这也属于软文营销的范畴。

软文营销不同于传统意义上的硬性广告,它更注重向人们传输价值观念,而不是简单地宣传产品,因而能够收到意想不到的效果。

相对于传统的硬性广告,软文营销的优势如表 17.1 所示。

表 17.1 软文营销的优势

优势	具体内容
成本较低	所需费用一般不会超过硬性广告的 5%
更易被消费者接受	软文能够将真实、可靠的事件向公众阐述清楚,所以更容易被消费者接受、信赖
传播速度快	许多企业在做软文营销时,会关联近期发生的事件,迅速将其推广开来,这样一来,消费者会更有兴趣关注并迅速传播
持续宣传	软文可以连续报道事件的发展进程,这样不仅使受众完整、全面地了解事件内容,更主要的是使事件获得持续关注,在一个阶段内持续地向受众灌输某一观点
多点传播	好的软文容易被转载,可进行二次或多次传播
受众广泛	软文非常贴近日常生活,同时又能调动人们的情感,使人们更愿意关注,因此受众更广泛,除了产品客户,其他人也会关注

但是,营销人员写出一篇好的软文并不容易,需要合适的事件和扎实的写作功底,这些都需要长期的经验积累和深刻的洞察能力才能做到。正因为如此,软文营销对于小企业而言的成本负担并不低。此外,软文的推广需要很长的时间,短期内很难看到效果,所以说软文营销没有搜索引擎营销见效快。

不同的企业对软文的需求也不同,这使得软文的表现形式多种多样。根据传播渠道及受众的不同,软文大体可以分为三类:新闻类软文、行业类软文、用户类软文。

新闻类软文是企业在软文营销发展初期常用的手法,也是最基本的软文形式。此类软文的特点非常鲜明,以新闻报道的形式表现出来,如新闻通稿、新闻报道以及媒体访谈等都属于这个范畴。

行业类软文是指面对某一行业内人群的软文,写作此类文章的人员通常比较了解该行业的基本情况和专业知识,其目的主要是提高行业声誉,打造行业品牌。所以行业类软文的写作难度比较大,写作者下笔之前必须明确写作的目的和要求,这样才能有针对性地查找资料,组织文章结构,此外还要对行业现状有一定的认识,只有这样才不至于犯常识性错误。

知识点延伸

实际上,任何一篇行业类软文都要根据从业者的经验来写,这样才能让人信服。一般来说,行业类软文应该从以下几个方面入手:

① 从业者的个人经验。目前网络上有许多人在做这样的工作,通过在网上专门发帖,传播知识与经验,帮助读者少走弯路、解决问题。而读者免费接受了指导和帮助以后,就会觉得该网站非常有价值,接着就会向身边的朋友、同行推荐,于是个人影响力就慢慢建立起来了。

② 观点交流。观点交流型的文章是以思想取胜,而且相对容易,写作者不需要有太多的经验,只要善于思考和总结就可以引起读者的共鸣。

③ 数据分析。这一类的软文更像是技术帖,它体现的是比较专业的知识。无论哪个行业,都需要各种调查数据、分析报告、趋势研究等资料,如果能够对一些数据调查、研究等做出分析,发布一些软文,就会受到欢迎。

④ 人物访谈。简单地说,就是针对行业内的名人进行访谈,然后将访谈内容整理成文章发布,这么做的好处是,不需要自己组织和准备大量的内容,只要

选择合适的访谈嘉宾,准备好问题,后期整理好访谈内容即可。

⑤ 第三方评论。邀请第三方人士,让他们发表自己的观点,这样做会显得比较客观,容易被人接受。

总的来说,行业类软文对文采的要求不高,但是一般需要写作者提前做好大量的准备工作。

用户类软文是相对于行业类软文来说的,是指面向用户的文章,最常见的就是产品软文。用户类软文能够提升产品的知名度、扩大其影响力,赢得用户的好感与信任,最终带来企业销售业绩的提升。用户类软文的指向性很强,专门针对具有某一类功能的产品。

2. 软文营销的注意事项

软文营销已经是一种非常普及的营销方式了,也是企业进行商品营销、品牌推广最常用的营销方式,具有成本低、收益高的优势。在写作软文的过程中有几点是必须要注意的,这些决定了软文营销的最终效果。

(1) 软文营销要有闪光点

软文营销要聚焦产品的某些优点或特点。也许你的产品有很多优点,比如描述一款手机,你可能会说它屏幕大,机身厚度薄,续航时间长,外观漂亮,价格适中,又使用了视网膜显示技术等。看得出来,你想说这是一款好手机,而且这些属性也是用户希望了解的。可是用户在查看网页的时候,大多是"浏览"而不是"阅读",所以不要指望所有用户都有足够的耐心。如果你把产品的所有属性都列举出来,想要面面俱到,是很难留住用户的。因此,软文要突出产品的某一方面,让用户有详细了解产品的兴趣。

可是,这一点当然不是那么容易就能做到的,这需要我们了解用户的心思,同时对产品也要有一定的了解。举个简单的例子:写一篇关于国产手机的软文,首先,你要了解用户的心理,中国的用户最愿意听到的几个关键词是什么?其中可能包括性价比、支持国货、创新能力,等等。性价比很好理解,你可以介绍一下手机的价格,比如说只要 2 299 元,这个价格是大多数人都可以接受的,在同行业中算是中等水平,但是也不要过于强调这一点,否则可能会让人对价格因素产生顾虑,比如"我可以用这些钱买一款更好的手机"。在介绍价格优势的同时,还应推荐这款手机的高配置,如它的屏幕有多大,是哪个厂家生产的,处理器是什么型号的,运行内存有多大,像素有多高,等等。这些都会在无形之中给人一种错觉——"这些配置就是我想要的高端配置"。实际上我们都知道,影响一款手机使用体验的,不仅仅是高端的配置,还有零件的质量和系统的流畅程度,但是至少高端配置让人感觉很不错。我们应该在软文中反复提及这款手机的性价比是比其他手机更具优势的,这样才能让用户加深印象,软文的效果才能显现出来。

(2) 赋予软文灵魂

在软文营销盛行的大环境下,软文的创作越来越多,出现了专门的软文制作网站,甚至有软文模板,稍微改动一下就能拿来使用。但是,如何才能让你的软文脱颖而出呢?答案是,让软文具有灵魂。在这方面,苹果公司的广告很值得我们借鉴。苹果公司在拍摄广告时,大多不去直接描写产品的参数,而是展现用户使用苹果产品制作的作品,或者用户使用苹果产品的场景,这使得他们的广告显得非常特别,更加富有生活气息。虽然苹果公司的广告是视频,而不是纯文字,但依然非常值得学习。

(3) 从用户的需求出发

这是写作软文最重要的注意事项,一篇软文能否被用户认可,完全取决于这一点。如果软文能够解决用户的实际需求,就很容易吸引用户,软文营销就是成功的。要想做到这一点,写作者就必须事先对产品潜在用户群体进行调查。用户的需求是随时变化的,如果不事先做调查,我们根本无从得知用户的需求。调查完毕之后,便着重针对这个需求对软文进行写作和编辑。比如国庆假日很多用户都会出去游玩、拍照,因此手机的照相功能就显得相当重要,我们的软文就要围绕这一需求,详细阐述手机的拍照功能,这样用户对这一类软文便会更乐于接受和认可。

如果你的软文满足了以上几点要求,基本上就算是一篇不错的软文了。

17.2.2 图片营销

1. 图片营销的优势

我们对图片营销一点也不陌生,日常生活中随处可见图片广告,例如车身广告、广告牌、广告灯、网站图片,等等,这些广告都是图片营销。新一代的图片营销更加偏好于网络营销,因为大部分网友都在使用 QQ、微信、微博等社交媒体,一张优质图片会快速在网络上传播。所以如何利用网络将这些广告图片传播开来,就是我们要说的主题——图片营销。

同软文营销相比,图片营销具有很多优势,如表17.2所示。

表17.2 图片营销的优势

优势	具体内容
营销的范围更广	在互联网上,几乎所有带有评论功能的网站平台都可以通过图片进行互动
成本较低	同软文和视频广告相比,电子图片的制作并不难,设计软件十分流行,所以制作成本低廉
更加直观	图片相比文字具有更强的感性认知,给人的印象更加直观和深刻

网络为图片营销提供了便利,网络的传播范围很广,网民纵使相隔万里,也可以使用通信软件即时给多人发送图片。网络的传播速度很快,省去了传统媒体的印刷、制作、运输等环节,在降低成本的同时加快了速度。

2. 图片营销的技巧

图片营销具有十分明显的优势,而且随着社会经济和网络科技的快速发展,图片营销的地位将会更加重要。目前,图片营销已经从传统的纸质海报宣传发展到网络图片宣传。图片营销的形式不再局限于对产品的直接宣传,也可以用来宣传企业。网络意见领袖也可以用图片来博取点击量,提高人气。那么,图片网络营销应该怎么做呢?

(1) 建立一个高权重的相册

在用关键词搜索图片时,搜索结果第一页里通常会出现"关键词+图片搜索结果",大的搜索引擎都是如此。如果你仔细观察百度的搜索结果,就会发现其中很多带有关键词的图片来自百度空间的相册,另外,网易、新浪等博客相册中的图片也占有很大的比重。这说明这些网站中含有很多高权重的相册,它们在搜索结果中会优先出现在用户的视野中,这给我们利用图片推广网站提供了很大的便利。如果你有一个权重较高、粉丝很多的博客或空间,不妨在里面单独建立一个相册,以吸引更大的访问量。

(2) 图文结合

图文结合的目的一方面是吸引读者,积攒人气,另一方面是进行优化,让搜索引擎能够直接搜索到。需要注意的是,在图片的标题中融入容易搜索的关键词是相当重要的,靠近图片的文字也很重要,同样会被列为搜索判断依据。

(3)建立SNS社区空间相册

并不是所有网站都可以搜索到(如百度空间、51个人空间等),如果需要对这些网站进行营销,就需要在这些SNS社区空间里建立相册来进行营销。

(4)利用社交媒体群发图片

要想达到推广产品或主页的目的,最终还是要处理广告图片,将其变成有价值的帖子在社交媒体中传播开来。如果你的广告图片能够像病毒那样传播开来,带来的流量之大是无法想象的。

知识点延伸

做SEO最重要的是内容,SEO圈内有一句话,叫作"内容为王,链接为皇",这句话被众多SEO人员奉为真理。然而如何表现内容则是对SEO人员的考验了,总的来说,应当遵循紧扣主题、创意鲜明这两个原则。

图片营销与其他营销方式有很大的不同,它必须有一个统一的创意,而且这个创意应贯穿整个营销过程,因为人们的话题焦点始终集中在图片上,他们是被图片吸引过去的,在谈论产品时必将受到图片创意的影响。也正因为如此,图片营销需要管理者有极强的创意能力和指挥协调能力,需要实施者有极强的执行力和团队精神,只有这样才能确保图片营销的顺利实施。

图片营销的最终目的是推销企业和产品,所以它的核心切入点肯定是企业和产品。设计人员和营销人员要对产品的内容及形式有一定的了解,做出最合适的创意策划,提高产品对用户的吸引力。许多成功的营销人员在做图片营销时,都会强调市场调研的重要性,他们的经验是"以需求为导向,以问题为导向",通过发掘用户的需求,做出适合市场实际情形的创意策划。

图片营销的直接落脚点是市场,要通过销售的渠道、手段、策略等方面的创新,最大限度地提升产品的知名度、扩大其影响力,进而提高产品的市场占有率。许多媒体在做图片营销的过程中并没有完全盯着图片和网络,而是举办各种公益活动吸引媒体的注意力,或是开展互动性强的社区活动吸引受众参与,以及在各种媒体终端同时进行全方位推介等。这种商业运作是非常成熟的,既体现出了职业精神,也充分发挥了创意的作用。

在做图片营销时,最好是找专门的设计人员做原创图片,一来不用担心版权,二来自己做的图片更符合产品的特征,不至于出现创意和产品脱节的尴尬情形。如果你并没有足够的资金和精力去作图,也可以从网络上搜索最贴近产品的图片。图片的素材来源很广泛,比如一些搞笑的图片或新闻、热点片段等。国内有几个不错的设计网站,如昵图、站酷、猪八戒等,有许多设计师和设计爱好者在上面发布有创意的图片;国外也有一些专门分享图片的网站。

挑选到合适的图片后,你可以加入一些文字说明,以强化宣传效果,只是加入的文字必须符合图片所营造的氛围,否则就会让人产生"驴唇不对马嘴"的感觉。优秀的图片营销,应当既要有生动有趣的图片,又要有说服力强的软文。

17.2.3 视频营销

1. 视频营销的概念及类型

(1) 视频营销的概念

近年来,视频网站逐渐兴起,越来越多的网民选择用网络来观看电视剧、电影、娱乐节目等文化产品。由于网络视频具有多元化的盈利模式,因此很多企业和个人也通过网络视频的方式开展营销活动。比如,淘宝卖家为了让买家更好地了解商品,采用卖家秀的方式予以展示,从而促进其销售。

由此可见,视频营销是指主要基于视频网站的网络平台,以内容为核心、创意为导向,利用精心策划的视频内容达成产品营销与品牌传播的目标,是"视频"和"互联网"相结合的产物。

(2) 视频营销的类型

① 微电影营销

微电影,也叫迷你电影,是近年来比较流行的新的影像形式。与传统电影相比,微电影最大的特点就是片长——一般在一个小时之内;与一般视频相比,微电影最大的特点就在于其具有完整的故事,并且具备较高的制作水准。

微电影一般在视频网站比较盛行,而通过微电影的方式进行营销的大都是为企业定制的影视营销。这一点与影视植入广告相同,只不过它没有采用广告那种生硬的宣传方式,而是采用一种更加柔和的、融入故事本身的叙事风格,使观众在潜移默化中接受企业品牌。微电影由于受到时间的限制,因此以情节取胜,这与商业大片有些类似,而企业可以比较轻松且自然地将品牌信息融入故事情节中,通过故事主人公的"事与情"引发关注和情感共鸣等。

② 短视频营销

和微电影一样,短视频一般也出现在视频网站上。优酷视频前的贴片广告、初代网红 papi 酱视频中的植入广告等都算网络短视频营销。短视频营销是指通过短视频的内容为用户创造其想要的价值,通过渠道分发与用户建立并维持关系,以获取回报的过程。短视频营销其实就是获取流量,在各个渠道上发布视频增加曝光,让用户看到自己!短视频营销的外表是短视频,核心是内容。

③ H5 营销

H5 是 Html 5 的简称,是一种制作万维网页面的标准计算机语言。H5 营销是指利用 H5 技术,在页面上融入文字动效、音频、视频、图片、图表、音乐、互动调查等各种媒体表现方式,重点突出品牌核心观点,使页面形式更加适合阅读、展示及互动。

④ 直播营销

直播营销是指在现场随着事件的发生、发展进程同时制作和播出节目的营销方式,其以直播平台为载体,使企业达到品牌提升或销量增长的目的。

2016 年起,互联网直播进入爆发期,直播平台超过 300 家,用户超过 2 亿人。互联网直播就是用户在手机上安装直播软件后,利用手机摄像头对发布会、采访、旅行等进行实时呈现,网民在相应的直播平台上可以直接观看和互动。直播营销就是企业以直播平台为载体开展营销活动,达到品牌提升或销量增长的目的。

基于互联网的直播营销通常包括场景、人物、产品、创意四大要素。一是场景,企业需要用直播搭建销售场景,让观众仿佛置身其中;二是人物,主播或嘉宾是直播的主角,其定位需要与目标受众相匹配,并友好地引导受众互动、转发或购买;三是产品,企业产品需要巧妙地植入主持人、道具、互动之中,从而达到将企业营销软性植入直播之中的目的;四是创意,受众对于常规的"歌舞晚会""朗诵直播"等已经审美疲劳,新鲜的户外直播、互动提问、明星访谈等都可以为直播加分。

企业直播营销的主流形式包括直播+发布会、直播+产品互动、直播+互动活动、直播+解密、直播+广告植入、直播+大佬访谈以及直播+产品售卖等。

2. 视频营销的特征

(1) 成本低廉

网络视频营销与传统的电视广告、冠名活动或者节目等方式相比成本较低,这是很多企业开始尝试这种方式的一个重要原因。相比传统电视视频广告动辄几百万、上千万甚至数千万元的广告费用,网络视频营销则只需要几千元就可以,甚至只需要一个好的创意、几位员工就可以做一个好的短片,免费放到视频网站上进行传播。另外,视频网站较多,选择也更多,因此可以选择投入成本更低的网络平台。

(2) 目标精准

目前,国内主流的视频网站每天至少有1亿的流量,而且视频更利于搜索引擎的优化,相同的关键词,视频往往会在搜索引擎结果中获得更好的排名,由于访客都是有需求主动搜索的,因此针对的人群更为精准。此外,视频网站中有"群设置"——网络上有相同视频兴趣网民的集合,因此令人感兴趣的内容更能吸引受众,相比传统营销的广撒网,面对的目标客户人群更为精准。

(3) 传播速度快且难以复制

视频营销可借助互联网的超链接特性快速地将信息传播出去,发布信息快,网友们分享、转发网络视频也让网络视频传播的速度更快,有效地实现营销。

(4) 互动性强

与传统营销不同,视频营销的互动渠道更为便捷。网络视频网站都有评论、弹幕功能,受众可以在观看过程中或者观看后及时发布自己的感想和反馈信息。同时,互联网可以传输文字、声音、图片等多种媒体信息,这使得视频营销活动的互动性更强,进而双向沟通得以更好地实现。及时反馈以及便捷互动在很大程度上可以提升营销的效率,组织机构可以根据受众的反应进行营销过程评估,进而及时予以调整,提升营销活动的效果。

(5) 传播范围广

与传统营销活动相比,视频营销表现出来的优势非常明显。由于网络的辐射空间极为广泛,因此其传播范围非常广,辐射半径并不局限于国内,可以扩展至全球任何有网络的地方,突破了物理空间的限制。这对于一些着眼于海外市场的企业来说极为有利,这种广泛的传播范围能极大地提高其营销效率。

3. 视频营销的模式

(1) 贴片广告

贴片广告又叫随片广告,是指在视频的片头或者片尾以及播放的过程中以各种形式插入的广告。网友在网站上观看视频之前屏幕上总会弹出60秒左右的广告,或者在观看视频正片的过程中会出现30秒左右的广告,而且这些广告是其必须观看的,只有在广告播放结束后才可观看正片,或者注册开通会员后才可享受取消观看广告的服务。这种视频营销中最为明显的贴片广告,我们称之为"硬广告"。这类贴片广告是广告的运营商和广告主合作的结果。尽管这种广告形式会受到广大网友的诟病,但是有调查显示,它能够让观众产生深刻的记忆,因为人们如果要接着观看视频中的内容就必须等待广告播放结束,而人们面对传统的电视广告时则会选择调换节目,所以电视广告的到达率要低于贴片广告。

另外,还有一种贴片广告摆脱了"硬广告"的直白诉求,以更加隐蔽、积极的方式进入人们的视野。广告制作者利用视频中的人物形象、服装、道具、台词、情景等,将其巧妙地与企业(产品)相结合,制作成一段独立的视频或者融入其中成为内容的一部分,一起推送给网友,这种类型的贴片广告被称为"植入式广告"。由于人们对广告有天然的抵触情绪,"植入式广告"以一种隐性的、人性化的方式将广告与内容相融合,能使观众在无意识中产生深刻的印象,因此其效果要优于"硬广告"。这种类型的贴片广告越来越受到市场的追捧。

(2) 病毒视频营销

病毒视频是当今网络社会病毒的一种新形态,主要借助微博、视频博客、YouTube等大型视频网站、微信等网络平台在互联网上大面积传播。从内容上看,病毒视频一般都十分诙谐幽默,除了一些精彩的原创内容,还有为数众多的"改编"作品;从传播方式上看,有些是在某个契机下偶然间获得了大量关注和转载(这类视频较为草根),还有一些是经过商业包装引起观众的情感共鸣,从而得到大量的传播(这种一般是广告主精心策划和创作后的结果)。病毒视频营销是将企业要传播的信息用创意性的手段融入视频中,经过精心策划和包装后进行病毒式的传播,或者创造性地巧妙运用偶然性的病毒视频传播企业信息,从而激发市场,产生企业所希望达到的效果。

(3) 用户原创内容视频营销

用户原创内容(User Generated Content, UGC),也就是用户创造内容,即用户将自己创造的内容上传到互联网平台进行展示或者与其他用户共享。用户既可以作为创作者,也可以作为浏览者,具有演员和观众的双重身份,其核心在于给用户提供一个自由发挥的空间,从单向传播转化为双向传播,让用户带动用户,激励其参与共创。国内外比较知名的 UGC 平台主要有 YouTube、优酷网、土豆网等。这类网站以视频的上传和分享为中心,它也存在好友关系,但相对于好友网络,这种关系很弱,更多的是通过共同喜好而结合在一起。

UGC 视频营销主要是网络用户自己创作或者加工制作视频上传,从而达到营销的目的。无论是原创视频爱好者还是网络视频观众,都可以成为原创内容的用户。同时,UGC 视频营销是一种低成本营销的方式,比起请专业摄影团队和演员拍摄短片的高昂费用,UGC 视频营销能节约很大一部分成本,并且风险还比较低。

(4) 互动视频营销

互动视频营销是企业或个人通过在同一网络视频环境下组织多人在线,以视频形式进行聊天、表演、教学等互动活动,达成企业或者个人的目标。这种营销模式让受众不再是被动的接受者,而是变成参与者和创作者,增强了受众与组织者之间的互动性,受众会参与拓展视频内容,甚至成为内容的一部分,从而带来更好的用户体验。

知识点延伸

一般来说,在线视频营销操作模式有以下几种:

(1) 短视频加广告

在短视频内容中加入文字、图片等广告内容,视频的片头、片尾均是广告类型的。

(2) 短视频做内容营销

内容营销有别于传统的视频广告植入,其把广告包装成内容,内容即是广告,这是未来的趋势。

(3) 短视频做活动营销

大量的商家和企业都做过类似的活动,比如有奖视频大赛,即用×秒的视频来说明××产品是最好的,鼓励参加的用户制作原创视频。

（4）拍摄答疑型知识短片

通过答疑型的知识短片，让用户更为深入地了解平台，产生信任。

（5）拍摄产品介绍视频

通过对产品的拍摄，再配上相应的解说音乐，让用户对产品有更为深入的了解，从而产生信任和购买行为。

 本章要点

1. 了解内容营销策略和准则。
2. 了解营销内容的有效表达和实现形式。
3. 了解营销内容的表达技巧。

 分析思考园地

1. 根据内容营销策略，举例说明营销策略在实践中的作用。
2. 举例说明软文、图片和视频营销各自的优缺点。
3. 举例说明软文、图片和视频营销综合运用的情况。

篇后研习

一

以书影音评价起家的豆瓣，自诞生以来，一直是影视产品口碑评价的重要参考。豆瓣上的评分，很大程度上可以说明一部影视作品的口碑，因此一直受到影视产品出品方的重视。甚至有些出品方会投入水军，注册账号，只为获得一个良好的豆瓣评分。

作为研究电视剧口碑的重要平台，豆瓣不仅为影视剧提供了打分平台，也为喜欢讨论的影视观众们提供了"小组"阵地。豆瓣小组相当于一个个社群，汇集了具有相似爱好的人群。因其讨论兼具趣味性与专业性，故很多小组中犀利精辟的言论会被转载至微博等平台，引发新一轮的讨论。因此，豆瓣小组中对于影视作品的讨论，对于作品的热度与口碑具有较大的影响。

长期以来，国产动画电影一直不太受中国电影市场的热捧，直到 2015 年 7 月 10 日上映的《西游记之大圣归来》。由于宣发经费不足，《西游记之大圣归来》上映前与同档期其他电影相比知名度并不高，上映当日的排片率不足一成，在《小时代 4》近乎疯狂的六成排片率和首日票房破亿元的压制下，艰难完成了 1 850 万元的首日票房。

其后来居上的成功很大程度上得益于互联网社交媒体的口碑传播。凭借 8.7 分的豆瓣高评分和众多网友在豆瓣、知乎、微博、微信等社交媒体上的自发大力宣传，《西游记之大圣归来》在 3 天内票房过亿元，最终票房超过 9 亿元，夺得国产动画电影票房冠军，创造了国内动画电影史上的逆袭奇迹。

思考题：

1. 从网络营销传播的角度，分析豆瓣评分对影视产品营销的作用。

2. 在上映前期，营销效果不足导致上映首日排片不足的背景下，《西游记之大圣归来》实现了口碑与播放量逆袭。为什么网络传播会加持营销的广告效果？

二

谷歌目前被公认为全球最大的搜索引擎,它提供了简单易用的免费服务,用户可以在较短的时间内获得相关的搜索结果。

在访问谷歌主页时,你可以使用多种语言查找信息、查看新闻标题、搜索超过88 000万幅的图片,并能够细读全球最大的Usenet(新闻组)消息存档,其中提供的帖子超过84 500万个,时间可以追溯到1981年。

用户不必特意访问谷歌主页就可以访问所有这些信息。使用谷歌工具栏可以从网上任何一个位置进行搜索。即使身边没有电脑,也可以通过WAP和i-Mode两种无线互联技术支持的无线平台使用谷歌。

谷歌因其实用性及便利性而获得众多用户的青睐,它几乎完全是在用户的交口称赞下成为全球最知名品牌之一的。作为一家企业,谷歌通过提供广告服务来获取收入,使广告客户能够刊登与特定网页内容相关的、重要而又经济实用的在线广告。这不仅为谷歌提供了实用的广告信息,同时也给刊登广告的广告客户带来了好处。谷歌认为,用户有权知道在其面前展示的信息是否为付费的。因此,谷歌始终将搜索结果或网页上的其他内容与广告区分开来。谷歌不出售搜索结果中的排名,也不允许有人付费来获取搜索结果中的较高排位。

思考题:

1. 作为搜索引擎,谷歌有什么固有特点?

2. 假如你是一名做搜索引擎的创业者,对于百度和谷歌的搜索模式,你认为哪些是值得借鉴的,哪些是需要摒弃的?

3. 分析搜索引擎营销有什么不足之处。

参考文献

[1] 赵燕平.电子商务概论[M].2版.北京:高等教育出版社,2008.

[2] 瞿彭志.网络营销[M].2版.北京:高等教育出版社,2008.

[3] 沈莹.网络营销基础与实务[M].北京:化学工业出版社,2009.

[4] 陈勋,关勇.网络营销与实训[M].北京:化学工业出版社,2011.

[5] 武新华,刘伟霞,孙世宁.网上开店实战指南:店铺开张[M].北京:化学工业出版社,2009.

[6] 夏丽萍.电子商务基础与应用[M].北京:北京师范大学出版社,2007.

[7] 吴吉义.电子商务理论与案例分析[M].北京:人民邮电出版社,2008.

[8] 周长青.电子商务与物流[M].北京:电子工业出版社,2006.

[9] 谭浩强.网络营销[M].北京:清华大学出版社,2008.

[10] 陈志浩.网络营销[M].武汉:华中科技大学出版社,2010.

[11] 沈凤池.网络营销[M].北京:清华大学出版社,2005.

[12] 张卫东.网络营销理论与实践[M].3版.北京:电子工业出版社,2011.

[13] 褚福灵.网络营销基础[M].北京:机械工业出版社,2003.

[14] 杨坚争.网络营销教程[M].北京:中国人民大学出版社,2011.

[15] 黄敏学.网络营销[M].3版.武汉:武汉大学出版社,2015.

[16] 王锐.美空:网红工场[Z].北京大学管理案例中心入库案例,2016.

[17] 科特勒,卡塔加雅,塞蒂亚万.营销革命4.0:从传统到数字[M].王赛,译.北京:机械工业出版社,2018.

[18] 王锐,王小龙."淘宝直播":电商的下半场?[Z].北京大学管理案例中心入库案例,2021.

[19] 王锐,王小龙.直播电商的搅局者:国美零售[Z].北京大学管理案例中心入库案例,2021.

[20] 王锐,王卓.数字时代来临,农牧巨子正大集团全产业链发展之道[Z].北京大学管理案例中心入库案例,2020.

[21] 成也,王锐.网络直播平台的治理机制:基于双边平台视角的案例研究[J].管理案例研

究与评论,2017,10(4):355-363.

[22] 王锐,冯羽.盒马鲜生:"中国式"的新零售范本[J].营销科学学报,2019,15(1):106-121.

[23] 王锐,成也.各国移动互联网产业政策比较和政策互动的影响[J].管理现代化,2015(5):15-17.

[24] 刘童.实体零售企业转型升级问题研究:以苏宁云商城为例[D].北京:北京大学,2018.

[25] LAUTERBORN B, New marketing litany: four ps passé: c-words take over[J].Avertising age, 1990, 61(41): 26.

[26] MCCARTHY E J, Basic marketing: a managerial approach[M]. Homewood(Illinois): R. D. Irwin, 1960.

[27] AAKER D A, Measuring brand equity across products and markets[J]. California management review, 1996, 38(2): 102-120.

[28] DYSON P, FARR A, HOLLIS N S, Understanding, measuring, and using brand equity[J]. Journal of advertising research, 1996, 36(6): 9-21.

[29] KELLER K L, Conceptualizing, measuring, and managing customer-based brand equity[J]. Journal of marketing, 1993, 57: 1-22.